Dipl.-Psych. Dr. Petra Küspert

WIE KINDER
BESSER RECHNEN LERNEN

Dipl.-Psych. Dr. Petra Küspert

WIE KINDER BESSER RECHNEN LERNEN

NEUE STRATEGIEN GEGEN DYSKALKULIE

2. völlig neu überarbeitete Auflage, 2017 Oberstebrink by Körner Medien UG
Alle Rechte liegen beim Verlag.

Titelfoto: Picture-Factory/fotolia.com
Gestaltung (1. Aufl.): magellan, Düsseldorf
Satz und Herstellung: ism Satz- und Reprostudio, München
Redaktion: Tobias Schudok, Körner Medien UG
Druck: Sagalara, Lodz, Polen

Fotos: S. 14, 40, 42, 66, 178, 196, 210, 248 contrastwerkstatt/fotolia.com, S. 17, 152, 177 Robert Kneschke/fotolia.com, S. 21 jovannig/fotolia.com, S. 23 vasilisa_k/fotolia.com, S. 27 Gina Sanders/fotolia.com, S. 33 nadezhda1906/fotolia.com, S. 54 Nick Freund/fotolia.com, S. 62, 99 vitapix/fotolia.com, S. 75 drubig-photo.com, S. 84 lordn/fotolia.com, S. 90 photophonie/fotolia.com, S. 100, 128, 138 Oksana Kuzmina/fotolia.com, S. 105 gpointstudio/fotolia.com, S. 113, 151 Andrey Kuzmin, S. 125 Christin Lola/fotolia.com, S. 130 Andrey Kuzmin/fotolia.com, S. 142 Dan Race/fotolia.com, S. 158 Daniel Nimmervoll/fotolia.com, S. 169 Lsantilli/fotolia.com, S. 212, 246 gpointstudio/fotolia.com, S. 218 Gribanov/fotolia.com, S. 223 Andrey Kiselev/fotolia.com

Verlag:

Oberstebrink
c/o Körner Medien UG
Herzog-Heinrich-Str. 5
80336 München
Tel. 089/33095656, Fax: 089/33095473
info@koerner-medien.de
www.oberstebrink.de

ISBN: 978-3-934333-70-3

Für
Lisa, Isabel, Tristan, Madlen, Sandra, Amélie, Felix, Melissa,
Hannah W., Hannah Z., Leonie, Anna, Milena, Florian, Ramona, Tim,
Lena, Sophie, David, Alicia, Johannes, Nannette, Katharina, Maike, Lena,
Charlotte, Gina, Franziska, Lisa-Marie, Janine ...
Mit Euch kann man rechnen!

GRUSSWORT

Es gibt die umschriebene Rechenstörung, die Dyskalkulie. Die Rechenstörung gibt es genauso wie die Lese-Rechtschreibstörung, die Legasthenie. Trotz normaler Intelligenz, guter familiärer und schulischer Förderung im Rechnen und trotz normaler körperlicher und psychischer Entwicklung scheitert der Schüler mit Rechenstörung daran, im Rechnen dem Klassenniveau gerecht zu werden. In allen anderen schulischen Lernfächern sind die Leistungen wesentlich besser, geradezu ausgestanzt sind sie im Rechnen schlechter. Die Noten „mangelhaft" und „ungenügend" bei mathematischen Prüfungen, tägliche Hausaufgabenprobleme im Zusammenhang mit den Rechenaufgaben und Alltagsschwierigkeiten bei Rechenanforderungen wie etwa dem Geldgebrauch lassen den betroffenen Schüler leiden. Mit ihm leidet die Familie und auch die Lehrer, die darin scheitern, dem Kind dem Klassenniveau entsprechende Rechenfertigkeiten beizubringen. Solche täglichen Misserfolgserfahrungen führen zu Entmutigung. Die Frage stellt sich dem betroffenen Schüler, den Eltern und den Lehrern: Wie ist das zu verstehen, wer kann wie Hilfe anbieten? Auf diese Fragen gibt dieses Buch von Frau Dr. Küspert Antwort.

Ausgezeichnet ist das Buch, weil es – aus der Praxis heraus erfahren und lebendig geschrieben – ein hervorragender Ratgeber ist, wenn ein Kind bereits auch vorschulisch und erst recht schulisch sich übermäßig schwertut oder sogar scheitert im Erlernen rechnerischer Fertigkeiten. Das Buch führt ein in das vorschulische Rechnen bis hin zum schulischen Rechnen. Die vieljährige Erfahrung von Frau Dr. Küspert in der täglichen Therapie von Rechenstörungen spiegelt sich in zahlreichen Beispielen aus der Praxis wider. Die Beispiele lassen Mutter, Vater, Erzieher, Lehrer und Fachleute das Kind erkennen und verstehen, das im Rechnen scheitert – schon auch vorschulisch. Die Beispiele veranschaulichen die Untersuchungen, die für eine Diagnose notwendig sind, und zeigen systematisch die Schritte der Therapie.

Ausgezeichnet ist das Buch, weil es wissenschaftlich begründet ist. Ratgeber gibt es in Hülle und Fülle. Dieser Ratgeber aber gründet auf Ergebnisse international anerkannter Studien, zu denen auch Frau Dr. Küspert selbst wissenschaftlich beigetragen hat. Diagnostik und Behandlung beachten Erkenntnisse aus medizinischer, psychologischer und pädagogischer Forschung.

Ausgezeichnet ist das Buch schließlich auch deshalb, weil es von Schuldgefühlen befreit, frei ist von moralischen Anklagen und Appellen. Stattdessen bestärkt es Kind und Eltern, schafft Klarheit zu der Rechenproblematik und gibt Handreichung zur Hilfe. Das Buch ist ein fundierter Ratgeber für Eltern – ebenso wie für Fachleute, denen Kinder und Jugendliche mit Rechenschwierigkeiten anvertraut sind: für Ärzte, klinische Psychologen, Psychotherapeuten, Erzieher und Lehrer. Frau Dr. Küspert führt durch das unübersehbare Dickicht von diagnostischen Verfahren und Förder- und Therapieangeboten. Wer die Kapitel zur Früherkennung, zur vorschulischen Frühförderung, zur Diagnostik der Rechenstörung und zur Therapie liest, weiß, worum es geht, und weiß, was er zu tun hat. Das Buch ist fachlich kompetent, klar gegliedert, didaktisch ausgefeilt und taktvoll im Stil. Es macht Freude, dieses Buch als Ratgeber zur Seite zu haben.

Prof. Dr. med. Andreas Warnke, ehemaliger Direktor der Klinik und Poliklinik für Kinder- und Jugendpsychiatrie, Psychosomatik und Psychotherapie der Universität Würzburg

Liebe Eltern!

Können Sie sich noch daran erinnern, wie Sie seinerzeit die „Kunst des Rechnens" erlernten? War es eine mühelose, spannende, vielleicht sogar erfüllende Reise in die Welt der Zahlen? Oder denken Sie mit Grauen an das „Angstfach" Mathe?
Wenn Ihnen selbst das Rechnenlernen leichtfiel, werden Sie wohl kaum verstehen, dass ein Kind – vielleicht Ihr Kind – sich damit unendlich schwertut. Und Äußerungen wie *„Das ist doch logisch!", „Warum geht das denn nicht in deinen Kopf?"* oder *„Das habt ihr doch schon gelernt!"* sind naheliegend.
Gehören Sie aber zu den Menschen, denen die Mathematik immer als Buch mit sieben Siegeln erschien, die viel üben mussten, aber wenig verstanden, werden Sie – falls bei Ihrem Kind ebenfalls Rechenprobleme auftauchen – all die alten Ängste wieder spüren und in der Hoffnung, es Ihrem Kind ein wenig leichter zu machen, nach guten Strategien zu seiner Unterstützung suchen.
Dieses Buch richtet sich an alle, die einen Einblick in mathematisches Lernen erhalten möchten, die verstehen möchten, warum sich manche Kinder damit äußerst schwertun, und die sich um die effiziente Unterstützung solcher Kinder bemühen. Es richtet sich an Eltern, aber auch an Lehrkräfte und an Erzieherinnen, die bereits im Kindergartenalter einen Beitrag zur Vorbeugung von Rechenschwäche leisten möchten.
Das vorliegende Werk entstand aus meiner langjährigen Tätigkeit als Dyskalkulie-Therapeutin, aber auch aus der kontinuierlichen wissenschaftlichen Arbeit und der Fortbildung von Lehrkräften und Erzieherinnen. Gerade die Vernetzung der Bereiche Praxis, Forschung und Lehre erlebe ich als sehr befruchtend. Sie ergibt einen ganzheitlichen Blick auf die Problematik der Rechenschwäche und fordert ein, dass wissenschaftliche

Erkenntnisse weitergegeben und eingesetzt werden, um möglichst vielen Kindern das Schicksal einer Rechenschwäche zu ersparen.

Mein herzlicher Dank gilt Herrn *Prof. Wolfgang Schneider*, der mich wissenschaftliches Denken lehrte, Herrn *Prof. Andreas Warnke*, der meinen Blick für die Not rechenschwacher Kinder öffnete, der Vorstandschaft des Bundesverbandes für Legasthenie und Dyskalkulie e. V. und all meinen Therapiekindern und deren Familien für ihr Vertrauen und ihre geduldige Mitarbeit.

In freundschaftlicher Kooperation bin ich Frau *Prof. Kristin Krajewski* verbunden, die meinen mathematischen Horizont erheblich erweiterte, ebenso Frau *Dr. Mechtild Visé* für unsere langjährige vertrauensvolle Zusammenarbeit in der Praxis. Mein innigster Dank gilt meinem Mann, *Werner Küspert*, der mich in allen Phasen der Arbeit unterstützte und mit dem ich das teilen darf, was wirklich zählt.

Ihnen, liebe Leserinnen und Leser, wünsche ich viel Spaß bei der Lektüre und viel Erfolg bei der Förderung und Betreuung rechenschwacher Kinder.

Herzlichst, Ihre

INHALT

1. ELTERN BERICHTEN: „SO WAR'S BEI UNSEREM KIND" 15
- Johanna, Lara und Felix 16
- Liebe Eltern eines Schulkindes 25
- Liebe Eltern eines Vorschulkindes 32
- Kapitel 1: Das Wichtigste in Kürze 40

2. RECHNEN LERNEN: WIE FUNKTIONIERT DAS? 43
- Was beim Rechnen im Gehirn passiert 44
- *„Wer kann, der kann."*
  Wie schon Säuglinge Mengen und Anzahlen erfassen 51
- In welchen Schritten lernt unser Kind das Zählen? 54
- Rechnen lernen in Stufen 60
- Kapitel 2: Das Wichtigste in Kürze 66

3. RECHENSCHWÄCHE: WAS VERBIRGT SICH HINTER DYSKALKULIE? 69
- Was hinter der Diagnose „Dyskalkulie" steckt 70
- *Die* Dyskalkulie gibt es nicht 75
- Symptome einer Dyskalkulie 78
- Mögliche Ursachen der Dyskalkulie 85
- Warnsignale im Alltag 90
- Was tun bei Verdacht auf Dyskalkulie? 92
- Was wird aus Dyskalkulikern? 97
- Kapitel 3: Das Wichtigste in Kürze 99

4. MATHEMATIK: BEGINNT SIE ERST IN DER SCHULE? 101
- Fundamente des Rechnens 102
- „Vorläufermerkmale" des Rechnens 111
- *Wann* sollte mein Vorschulkind *was* können? 124
- Forschung für Förderung 126

Kapitel 4: Das Wichtigste in Kürze 128

5. DIE KINDERGARTENZEIT: WAS UNS ALLES AUFFALLEN KANN 131
- Aufmerksam beobachten und liebevoll unterstützen 132
- „Schulreife" – ganz speziell fürs Rechnenlernen 135
- Tests fürs Vorschulalter 144
- „Schulreife" ganz allgemein: was ist sonst noch wichtig? 148

Kapitel 5: Das Wichtigste in Kürze 151

6. VORBEUGUNG: SPIELERISCHE FÖRDERUNG IM VORSCHULALTER 153
- „Verschulung" des Kindergartens? 154
- Die vier Säulen mathematischer Frühförderung 155
- Ein Förderprogramm für das Kindergartenalter 159
- Was Sie als Eltern tun können 163

Kapitel 6: Das Wichtigste in Kürze 177

7. Die Schule: Wie kann sie helfen? Wie hilft sie? ... 179
- Schule und Dyskalkulie ... 180
- Chancen für den Mathematikunterricht ... 186
- Die Eckpfeiler des schulischen Förderunterrichts ... 202
- Wann braucht mein Kind eine ausserschulische Dyskalkulie-Therapie? ... 206
- Kapitel 7: Das Wichtigste in Kürze ... 210

8. Das „Kind im Brunnen": Was können Lehrer tun? Was können Eltern tun? ... 213
- Schule und Elternhaus: das Netz, das rechenschwache Kinder tragen kann ... 214
- Sinnvolle Mathematik-Übungen für zu Hause ... 222
- Förderprogramme ... 236
- Wie hilfreich sind solche Förderprogramme? ... 244
- Kapitel 8: Das Wichtigste in Kürze ... 246

9. Info-Magazin ... 249
- Glossar ... 250
- Nützliche Adressen ... 253
- Weiterführende Literatur ... 254

Eltern berichten:
„So war's bei unserem Kind"

In diesem Kapitel erfahren Sie, ...

▶ wie Johanna, Lara und Felix das Rechnen lernten (oder auch nicht)
▶ wie Sie – als Eltern eines Schulkindes – handeln sollten, wenn Sie Ihr Kind in einer unserer drei Geschichten „wiedererkennen"
▶ was Sie – als Eltern eines Vorschulkindes – tun können, wenn Sie bei Ihrem Kindergartenkind ähnliche Risikofaktoren wie bei Lara oder Felix entdecken

Johanna, Lara und Felix

Lernen Sie zu Beginn dieses Buches drei Grundschulkinder und ihre unterschiedlichen „Rechenschicksale" kennen: **Johanna** (zehn Jahre alt), für die Rechnen offensichtlich kein Problem ist – **Lara** (neun Jahre alt), die sich selbst für zu dumm zum Rechnen hält – **Felix** (neun Jahre alt), der anscheinend zu verträumt für Mathematik ist. Schauen Sie, ob Sie Ihr Kind oder Teile seines Verhaltens in diesen Geschichten wiedererkennen. Die anschließenden Kommentare zu den drei Fällen geben Ihnen vielleicht schon erste wichtige Hinweise für Ihre eigene Situation.

Rechnen – für Johanna kein Problem

Eigentlich waren wir von Anfang an unsicher, ob mit Johanna, unserem ersten Kind, alles „glatt" laufen würde. Vielleicht sind wir einfach übervorsichtige und ängstliche Eltern, vielleicht gab uns Johanna aber auch etliche Hinweise, dass ihre Entwicklung eben nicht streng nach Programm ablaufen würde. Es begann damit, dass sie einfach nicht krabbeln wollte. Während alle anderen Säuglinge aus ihrer Krabbelgruppe spätestens gegen Ende des ersten Lebensjahres kräftig krabbelten, wollte Johanna nur robben oder sich in einer recht eigenartigen „Rolltechnik" fortbewegen.
Die Leiterin der Krabbelgruppe verunsicherte uns: Sie betonte, wie wichtig das Krabbeln für die Entwicklung des Gehirns sei, weil dabei beide Gehirnhälften gleichmäßig beansprucht würden. Außerdem sei das Krabbeln wichtig für die Körperwahrnehmung des Kindes und als erste Orientierung im Raum unverzichtbar. Kinder, denen diese *„Raumerfahrung"* fehle, bekämen später unweigerlich Lernprobleme, weil sie sich auch im *„Zahlenraum"* und somit in der Mathematik nicht zurechtfinden könnten.
Als Johanna schließlich mit zwölf Monaten vom Liegen zum Laufen überging, war uns klar, dass sie damit einen offenbar ganz entscheidenden Entwicklungsschritt übergangen hatte, den wir ihr nie mehr ermöglichen könnten. Später im Kindergarten berichteten die Erzieherinnen viel Positives über unsere Tochter: Sie sei sozial kompetent, könne sich schon sehr gut konzentrieren und sei bei den meisten Beschäftigungen interessiert und ausdauernd. Außerdem sei sie sprachlich sehr weit und liebe insbesondere Vorlese- und Erzählangebote. Als Johanna beim Malen dann aber die linke Hand bevorzugte, als sie

Legespiele und auch Memory nicht so gern mochte wie die anderen Kinder, waren wir doch wieder etwas unsicher. Und als kurz vor der Einschulung einige Gleichaltrige schon „rechts" und „links" unterscheiden konnten, Johanna aber mit diesen Begriffen völlig willkürlich umging und außerdem einen auffallend schlechten Orientierungssinn zu haben schien (sie verlief sich ständig im Gebäude der Musikschule, obwohl sie dort doch regelmäßig war und nur ganz kurze Wege hatte), drängte sich wieder der Gedanke der fehlenden Raumerfahrung auf.

Die Erzieherinnen beruhigten uns und betonten, Johanna könne gut zählen und Mengen vergleichen, schon viele Buchstaben und auch Zahlen schreiben und gehe bei spielerischen Rechnungen mit Muggelsteinen sehr geschickt vor. Aber das schien uns nicht so wichtig. Das war ja Angelerntes. Wir fragten uns vielmehr: Was war mit dem *Raum*, der später einmal zum *Zahlenraum* werden sollte? Was war mit der frühkindlichen Erfahrung, die nie nachzuholen sein sollte?

In der ersten Klasse erwarteten wir Probleme, aber sie blieben aus. Das führten wir anfangs darauf zurück, dass die Lehrerin sich unendlich viel Zeit ließ, bis es endlich mit dem „richtigen Rechnen" losging. Wir dachten uns, mit den echten Rechnungen kämen dann auch die Schwierigkeiten. Dass die Lehrerin in dieser Anfangsphase viel Mühe darauf verwandte, den Kindern im Umgang mit Mengen, mit Zahlen und mit den Beziehungen zwischen Mengen und Zahlen Sicherheit zu geben, begriffen wir erst viel später. Uns fiel nur auf, dass die Parallelklasse bereits am Rechnen war, während unsere Kinder immer noch Mengen verglichen, ordneten, in sogenannte Rechenschiffchen einräumten, Anzahlen bestimmten und verglichen oder Rechengeschichten erfanden. Außerdem bekamen die Kinder zu Beginn des Schuljahres eigenartige Haus-

„Falsche Hand"
Richtig rechnen auch „mit links"

aufgaben: Sie sollten beim Tischdecken helfen und jedem Familienmitglied Besteck, Teller und Gläser zuordnen. Ein andermal sollten sie gar gefaltete Handtücher in den Schrank ordnen und schätzen, wie viele noch ins Fach passen. Aber dieses Fundament war offensichtlich tragfähig. Johanna fand sich im Verlauf der ersten Klasse im Zehner-Raum prima zurecht. Selbst Platzhalteraufgaben (5 + □ = 9) bereiteten ihr keine Probleme. Und erstaunlich bald konnte sie sogar die Ergebnisse zu kleinen Aufgaben auswendig, brauchte also schon lange kein Material mehr oder die Finger.

Und während Johanna sich immer noch hin und wieder in der Musikschule verlief, war ihre Orientierung im Zahlenraum perfekt. Auch „rechts" und „links" waren schon längst kein Thema mehr. Es ist fast überflüssig zu erwähnen, dass Johanna ihr Wissen aus dem Zehner-Raum problemlos auf den Zwanziger- und später auf den Hunderter- und Tausender-Raum übertragen konnte. Sie ist eine gute Schülerin, ihr Lieblingsfach ist ausgerechnet Mathematik – und das trotz der vielen Umwege ...!

Lara – zu dumm zum Rechnen?

Später möchte unsere Lara einmal Kinderbuchautorin werden – erstens, weil man da nicht rechnen muss, und zweitens, weil man zum Geschichten Erfinden sehr viel Phantasie braucht. Beide „Voraussetzungen" erfüllt unsere jüngste Tochter in hervorstechender Weise. Ihr Ideenreichtum scheint unerschöpflich: Kaum ein Bild, zu dem sie – aus dem Stegreif natürlich – keine interessante Geschichte zu erzählen vermag; kaum eine Situation, in der sie keine Spielidee hat; kaum ein Material, aus dem sie nichts basteln kann. Ihre Lehrerin lobt ihre Kreativität, ihr Wissen, ihr Interesse an Neuem, aber auch ihre Sorgfalt und Bereitschaft, sich auch richtig in eine Arbeit hineinzuknien, beim Verfassen eines Aufsatzes beispielsweise. In den Rechenstunden aber zeige Lara weder Interesse noch Sorgfalt oder Durchhaltevermögen; ja, hier wirke sie geradezu desinteressiert, weinerlich und planlos in ihrem Arbeitsverhalten.

Warum kann sie in Mathe nicht, was sie in allen anderen Fächern beherrscht? Seit Jahren hören wir immer nur: *„Mehr üben, dann wird das schon!"* So üben wir seit Langem täglich, aber der vorhergesagte Effekt tritt nicht ein. Lara leidet immer mehr – und die Beziehung zu unserem Kind ebenfalls.

Und es hatte doch alles so gut angefangen: Lara hatte sich riesig auf die Schule gefreut. Sie konnte schon einige Buchstaben schreiben, auch das Zählen bis

20 klappte (wenn auch nach ewigem Üben, weil Lara einige der Zahlen nicht leiden konnte). Und die Einschulungsuntersuchung des Gesundheitsamts fiel hervorragend aus: Ein gut entwickeltes, waches Kind, keine Probleme in Sicht! Da unsere beiden Großen zu der Zeit schon ohne nennenswerte Probleme das Gymnasium besuchten, hatten wir eigentlich auch nichts Anderes erwartet und begannen – ebenso wie Lara – das erste Schuljahr voll freudiger Erwartungen. Diese erfüllten sich auch in allen Fächern – außer in Mathematik. Mittlerweile, am Anfang der dritten Klasse, löst das Rechnen bei unserer Tochter Panik aus. Am Morgen vor einer Mathematikarbeit ist sie leichenblass, kann nicht frühstücken und kommt mittlerweile regelmäßig weinend und mit schlechter Note nach Hause. Die Lehrerin berichtet, Lara weine schon während der Arbeit. Sie versuche, sie dann zu beruhigen, gebe kleine Tipps, die Lara aber nicht nutzen könne oder wolle.

Mittlerweile hat sich Laras Angst vor Mathe auf die ganze Schule ausgeweitet. Regelmäßig klagt sie frühmorgens über Bauchschmerzen, Übelkeit oder Kopfschmerzen – eigenartigerweise treten diese Unpässlichkeiten nur während der Schulzeit, nie am Wochenende oder in den Ferien auf. Fast hätten wir vermutet, Lara spiele uns etwas vor, um sich der Schule zu entziehen.

Auch die Situation bei den Hausaufgaben ist mittlerweile dramatisch: Während Lara alle anderen Fächer spontan, selbstständig und gewissenhaft erledigt, schiebt sie die Matheaufgaben bis zum Schluss auf und braucht ständig Hilfe. Keinen Moment darf man sie dabei allein lassen, und das leiseste Geräusch lenkt sie völlig ab. Lara beginnt jede Aufgabe mit Kommentaren wie: *„Das kann ich nicht ..., weiß nicht, wie das geht ..., das hatten wir in der Schule nicht ..."* In diesen Situationen wirkt sie richtig zickig, bockig und streitlustig. Man kann es ihr nicht recht machen, und es gibt nach kürzester Zeit Streit. Lara wirft ihre Hefte in die Ecke, weint, schreit und schimpft; sie wirft sich auf ihr Bett, lässt sich nicht beruhigen. Nach einiger Zeit kommt sie richtiggehend angekrochen und ist wenigstens bereit, die Aufgaben hinter sich zu bringen. Allerdings beobachten wir ganz selbstkritisch, dass die Lösungen dann eher von uns kommen als von ihr. Aber wie soll sie auch mit Hundertern rechnen, wenn sie bei den Zehnern noch die Finger braucht?

Auch unser Opa, ein pensionierter Hauptschullehrer, versuchte am Wochenende mit Lara zu üben. Geduldig führte er Aufgaben an Eierkartons vor, legte Aufgaben mit bunten Murmeln und bemühte sich, dass Lara wenigstens die Ergebnisse von kleinen Aufgaben auswendig lernte. Nichts blieb hängen. Auch die beiden großen Geschwister boten ihre Dienste an – bis zu dem Tag, an dem Lara sich völlig verweigerte. Der Druck steigerte sich nun ins Unermessliche: Eine Fünf und eine Sechs in den ersten beiden Klassenarbeiten des dritten Schuljahres, die Lehrerin, die uns schlicht nicht glaubte, dass wir zu Hause üben, und Lara, die keinerlei Selbstbewusstsein mehr hatte und nun wirklich beim Üben blockierte: *„Wozu sollen wir denn üben? Ich bin einfach dumm und werde später mal Putzfrau!"*

Die Situation eskalierte völlig, als Lara auch in Fächern, in denen sie bislang gut war, ihr Selbstbewusstsein verlor: Plötzlich traute sie sich auch in Deutsch oder in Sachkunde nicht mehr an Aufgaben heran, deren Lösungen ihr nicht spontan klar waren. Sie hatte jeden Biss verloren und fiel nun auch in diesen Fächern ab. Und während wir vor einiger Zeit noch schwankten: *„Will sie nicht oder kann sie nicht?"*, wurde uns allmählich klar, dass es hier ein ganz ernstes Problem gab. Wir stellten Lara der Schulpsychologin vor, die sich viel Zeit für eine Vorbesprechung nahm. Glücklicherweise war Lara nicht dabei, so dass wir offen über ihre Problematik reden konnten. Gemeinsam rekapitulierten wir, wann die Schwierigkeiten begonnen hatten: Etwa am Ende des ersten Schuljahres war uns aufgefallen, dass Lara auch häufig geübte Aufgaben nie ohne ihre Finger bewältigen konnte. Und während ihre Klassenkameradinnen kleine Aufgaben wie *„4 + 3 = ?"* ohne großes Nachdenken lösten, musste Lara mühsam an den Fingern hochzählen. Als die Lehrerin das Fingerrechnen verbot, zählte unsere Tochter unter der Bank heimlich weiter. Als wir sie einmal aufforderten, beim Rechnen die Hände flach auf den Tisch zu legen, sahen wir, wie sie durch leichten Druck auf die Tischplatte dennoch zählte. Aber Lara kam immerhin meist auf die richtige Lösung.

Dramatisch wurde es mit den Platzhalteraufgaben, etwa *2 + □ = 9*. Lara war völlig hilflos, weil die Aufgabe nicht in der gewohnten Form dastand. In ihrer Verzweiflung rechnete sie *2 + 9*, was natürlich falsch war. Solche Aufgaben konnte sie weder im Zehner- noch im Zwanziger-Raum selbstständig lösen, geschweige denn das Ergebnis kontrollieren.

Als in der zweiten Klasse der Hunderter-Raum aufgebaut wurde, war Lara total verwirrt, verwechselte Zehner und Einer, schrieb 43 statt 34, 75 statt 57 und versuchte weiterhin zählend zu rechnen, wobei sie sich fast zuverlässig um eins verzählte.

Bald darauf kam plötzlich die große Erleichterung: Mit dem Einmaleins schienen alle Probleme zu verschwinden und Lara schaffte sogar eine Zwei in der

Arbeit. Sie fasste wieder Mut und wir alle waren sicher, dass der Knoten nun geplatzt sei.

Wie dramatisch war aber dann der Einbruch, als plötzlich Aufgaben wie $4 \cdot 8 + \square = 37$ kamen. Lara war am Boden zerstört, als sie mit ihren Hausaufgaben nun wieder völlig überfordert war. Und dann kamen noch Sachaufgaben. Wir hatten das Gefühl, Lara kann nicht mehr lesen, kann das Gelesene nicht mehr verstehen und kann selbst die einfachsten Rechengeschichten nicht erfassen und lösen. So fing sie an zu raten, nahm zwei Zahlen aus der Aufgabe und verrechnete sie irgendwie. Manchmal stimmte die Lösung sogar – reiner Zufall!

Raten statt Rechnen:
Will er nicht oder kann er nicht?

Als die Uhr eingeführt wurde, war Lara genauso überfordert: Sie hatte keinerlei Zeitgefühl und konnte Angaben wie *„In zehn Minuten gehen wir los"* absolut nicht einschätzen. Auch der Umgang mit Geld schien ihr ein Buch mit sieben Siegeln zu sein. Sie traute sich nie, kleine Einkäufe zu erledigen, etwa rasch zum Bäcker zu gehen – aus Angst, das Geld werde nicht reichen, oder man gäbe ihr falsch heraus.

All das berichteten wir der Schulpsychologin im Vorgespräch. Sie fragte uns dann noch nach Laras frühkindlicher Entwicklung. Wir antworteten spontan: *„Alles okay"*, aber das genügte ihr nicht. Und im Laufe des Gesprächs fiel uns dann wieder ein, dass Lara im Kindergartenalter häufig Mengenbegriffe wie „mehr" und „weniger" oder „viel" und „wenig" vertauscht hatte. Außerdem hatte sie Brettspiele nie gemocht, weil sie das Abzählen der Felder nicht hatte leiden können und weil das Ablesen der Würfelaugen ihr oft zu mühsam war. Auch beim Sortieren nach Größe war sie uns immer recht unsicher erschienen. Und dann fiel uns noch ein, dass das Zählenlernen bei Lara viel schwieriger gewesen war als bei ihren großen Geschwistern und dass das Rückwärtszählen für sie lange ein Ding der Unmöglichkeit gewesen war. All diesen einzelnen

Beobachtungen, die uns jetzt plötzlich wieder vor Augen kamen, hatten wir damals keine besondere Bedeutung beigemessen. Heute erschienen sie uns in einem ganz anderen Licht.

Schließlich wurde Lara getestet. Es ergab sich eine gut durchschnittliche Intelligenz und eine Rechenleistung, die so schwach war, dass Lara von 99 % der Gleichaltrigen übertroffen wurde. Damit war die Diagnose einer Dyskalkulie gesichert. Vor allem war klar: Lara ist ein kluges Kind – und sie ist keineswegs „zu dumm zum Rechnen"!

Felix – zu verträumt für Mathematik ...

Vom ersten Schultag an hatten wir das Gefühl, nicht Felix geht in die Schule, sondern wir gehen in die Schule. Oft schaffte er im Laufe des Schulvormittags nicht das Pensum, das die anderen Kinder erledigten, und so kam er mit halb bearbeiteten Arbeitsblättern nach Hause, die wir – zusätzlich zu den regulären Hausaufgaben – noch vervollständigen mussten. An das, was im Unterricht besprochen worden war, konnte er sich nur bruchstückhaft erinnern, und es wurde allmählich zur Gewohnheit, nachmittags bei Klassenkameraden anzurufen und zu fragen, was denn als Hausaufgabe aufgegeben worden war. So hatten wir fast jeden Nachmittag ein dickes Pensum nachzuarbeiten, und es wunderte uns nicht, dass Felix dazu kaum zu motivieren war.

Die Schularbeiten am Nachmittag wurden immer mehr zur Qual. Felix brauchte hundert Aufforderungen, bis er endlich anfing. *„Nur noch kurz fernsehen, sonst kann ich mich nicht von der Schule erholen"*, das war sein täglicher Wunsch. Allmählich fragten wir uns, warum wir ihn überhaupt vormittags in die Schule schickten, wo er sich doch eigentlich erst am Nachmittag mit dem Stoff auseinandersetzte. Wir ließen aber nicht locker, arbeiteten nachmittags fleißig nach, so dass die Lehrerin mit Felix' Leistungen im Großen und Ganzen zufrieden war. Beim Elternsprechtag bemerkte sie dann auch nur, dass Felix recht langsam arbeite, häufig seine Arbeitsmaterialien nicht schnell genug auf dem Tisch habe und noch etwas verträumt und unkonzentriert wirke, aber das werde sich geben – viele Erstklässler müssten erst ein gutes Arbeitsverhalten lernen. So waren wir erst einmal getröstet und sahen auch über Felix' Chaos im Schulranzen und über seine doch sehr schlampige Schrift hinweg.

So ging es mühsam dahin bis zur zweiten Klasse. Mit dem Lesen und Schreiben kam Felix leidlich gut zurecht – nur die Lernwörter wollten nicht so recht sitzen; das Rechnen wurde aber immer mehr zur Qual. Nach wie vor löste Felix alle Rechenaufgaben zählend, verzählte sich dabei oft, musste wieder von vorn anfangen, hatte aber mittlerweile die Aufgabe vergessen. Reine Päckchen mit Plus- oder Minusaufgaben löste er zwar langsam, aber ganz gut. Waren aber Plus- und Minusaufgaben vermischt, konnte man sicher sein, dass er einfach in einer Rechenart durchrechnete. Machte man ihn dann darauf aufmerksam, dass hier „minus" stand und nicht „plus", war er ganz erstaunt und schnell völlig entnervt.

Felix hatte außerdem überhaupt kein Interesse an einer ansprechenden Heftgestaltung. Am liebsten hätte er kreuz und quer in sein Heft geschrieben: Manchmal ließ er halbe Seiten frei, manchmal quetschte er Rechnungen noch an den Rand. Seine Heftführung war völlig unübersichtlich. Zahlen schrieb er oft so schlampig, dass er sie selbst nicht lesen konnte, woraus sich wiederum Fehler ergaben. Ganz schwierig wurde es bei Aufgaben, die aus mehreren Schritten bestanden: Felix hasste es, sich vorher einen Lösungsplan zu machen. Er begann mit den Worten *„Weiß, wie das geht"*, arbeitete in Höchstgeschwindigkeit und hatte so gut wie immer Zwischenschritte vergessen. Korrigierte man ihn dann, ging er „in die Luft", und wir mussten ihm gut zureden, dass er nochmal anfing.

Oft hatten wir das Gefühl, ihm sei es gleichgültig, ob die Aufgaben korrekt gelöst sind. Wichtig schien ihm nur, endlich fertig zu sein, um zum Spielen rausgehen zu können. Mit Textaufgaben war er heillos überfordert. Wir beteten ihm vor, was er Schritt für Schritt zu rechnen habe – und er vergaß wieder die Hälfte. Dabei hatten wir immer das Gefühl: Felix kann rechnen, er bringt es nur nicht aufs Papier.

„Ich weiß schon!":
Ohne Plan zur falschen Lösung

Die Lehrerin beklagte sich mittlerweile sehr über Felix' unselbstständiges Arbeiten und empfahl uns, ihn zu Hause mehr loszulassen. Aber daran war gar nicht zu denken. Eine Woche lang sollte Felix die Hausaufgaben allein in seinem Zimmer machen. Als wir nachschauten, traf uns schier der Schlag: Comic-Hefte auf dem Schreibtisch, Handy daneben, Musik lief und unser Sohn saß am

Computer und spielte. So arbeiteten wir dann doch wieder gemeinsam am Küchentisch, und uns allen ging langsam aber sicher die Kraft aus.

Eine Nachbarin sprach uns auf das Aufmerksamkeits-Defizit-Syndrom an, wir aber wiesen diesen Verdacht weit von uns. Solche Kinder waren doch wild, laut und gingen über Tische und Bänke – nichts davon hatte unser Felix. Natürlich, er war schon immer unser „zerstreuter Professor", verlor oder vergaß vieles, aber das hatte er von seinem Papa geerbt. Außerdem konnte er sich beim Legobauen oder bei Computerspielen stundenlang konzentrieren.

In der dritten Klasse sackte Felix in Mathe auf eine Gnaden-Vier ab, manchmal kam er auch mit Fünfen und Sechsen nach Hause; in Deutsch waren seine Leistungen mittlerweile auch sehr schwankend geworden. Auffällig war seine Tagesform: An guten Tagen brachte er gute oder befriedigende Leistungen, an schlechten Tagen brachte er nichts zustande. Von Note 1 bis Note 6 war alles möglich und das völlig unvorhersehbar. Manchmal hatten wir das Gefühl, der Junge will uns provozieren, nahmen ihn an die ganz kurze Leine, verhängten Strafen, waren völlig entnervt und mussten uns eingestehen, dass sich auch dadurch nichts veränderte.

Felix schienen die Schulprobleme nichts auszumachen. Er fand es „cool", schlechte Noten auf die leichte Schulter zu nehmen, provozierte seine Lehrer durch aufsässiges Verhalten und wurde in der Klasse immer unbeliebter. Die beiden Jungs, die sich mit ihm abgaben, waren uns nicht geheuer. Wir merkten, dass unser Sohn uns langsam entglitt. In unserer Verzweiflung wandten wir uns an den Schulpsychologen. Dort wurden uns dann die Augen geöffnet. Der Schulpsychologe stellte bei Felix eine sehr gute Intelligenz fest. Im Rechentest aber schnitt er verheerend ab (er war schwächer als 93 % seiner Altersgenossen). Außerdem ergaben sich Hinweise auf eine Aufmerksamkeitsproblematik. Der Facharzt für Kinder- und Jugendpsychiatrie bestätigte die Diagnose der Dyskalkulie und stellte eine Aufmerksamkeitsstörung ohne Hyperaktivität fest – ein Aufmerksamkeits-Defizit-Syndrom (ADS). Wir erfuhren jetzt erst, dass ADS-Kinder beileibe nicht immer hyperaktiv sein müssen, sondern dass es auch eine „stille" Form gibt, die häufig übersehen wird, weil diese Kinder eben nicht exzessiv in Bewegung sind, dafür aber verträumt, planlos und unkonzentriert. Der Facharzt informierte uns darüber, dass Aufmerksamkeitsstörung und Dyskalkulie zusammenhängen können, dass beispielsweise die mangelnde Aufmerksamkeit dafür verantwortlich sein kann, dass Felix mit dem Rechnen nicht zurechtkommt.

Der Arzt empfahl uns eine spezielle Dyskalkulie-Therapie zur Behandlung der mathematischen Probleme und zur Steigerung des Selbstbewusstseins unseres Sohnes. Außerdem riet er uns zur medikamentösen Behandlung des ADS, was wir jedoch spontan vehement ablehnten. Als wir aber in den folgenden Wochen unseren Sohn mit geschärftem Blick beobachteten und feststellten, dass er ja am meisten unter seinen Problemen litt, und als die Dyskalkulie-Therapeutin uns darin bestärkte, einen Versuch zu wagen, entschieden wir uns nach langen Überlegungen und intensiven Aufklärungsgesprächen für den Einsatz eines Medikaments. Mittlerweile wissen wir, dass diese Kombination aus Dyskalkulie-Therapie und ADS-Behandlung für Felix der richtige Weg ist. Unser Sohn kann wieder wachsen – nicht nur leistungsmäßig, sondern vor allem auch persönlich.

Liebe Eltern eines Schulkindes

Vielleicht haben Sie die Entwicklung Ihres eigenen Kindes in einer unserer drei Geschichten wiedergefunden; sicherlich nicht haargenau, denn kein Kind gleicht dem anderen, und jedes Kind geht seinen individuellen Weg durch die Schule (auch wenn die Schule nicht immer genügend Raum für Individualität lässt ...). Aber vielleicht haben Sie in der Geschichte von Johanna, Lara oder Felix einige Sätze gefunden, die Sie aufhorchen ließen, weil sie Sie an Ihre Erlebnisse mit Ihrem eigenen Kind erinnern.

Johanna: Erfolgreich auf stabiler Grundlage

Wenn Sie Ihr Kind in Johannas Geschichte wiedererkannt haben, dann dürfen Sie sich freuen. In ihrer Entwicklung lief zwar einiges „nicht nach Plan", aber das schien ohne große Folgen zu bleiben: beispielsweise die Tatsache, dass Johanna nicht krabbelte. Früher wurde das Übergehen der Krabbelphase zum bedeutsamen „Risikofaktor" für spätere Lernstörungen hochgespielt. Heute wissen wir, dass natürlich auch „Nicht-Krabbler" eine gute Entwicklung nehmen können. Auch Johannas Linkshändigkeit wurde nicht zum Problem, ebenso wenig wie ihr schwacher Orientierungssinn. Unsere Kinder können also etliche „Umwege" in ihrer Entwicklung verkraften, ohne dass sich gleich echte Probleme daraus ergeben müssen.

Besonders hilfreich ist es natürlich, wenn Kinder sich in einer förderlichen und anregenden Umwelt bewegen dürfen. Und so profitierte Johanna sicherlich davon, dass bereits im Kindergarten der Umgang mit Zahlen ein Thema war (sonst hätten sich die Erzieherinnen nicht so differenziert zu Johannas Umgang mit Mengen und Zahlen äußern können). Und dass die Lehrerin in der ersten Klasse den Kindern viel Zeit ließ, sich mit den Mengen und Zahlen, mit denen sie später rechnen sollten, intensiv auseinanderzusetzen. Johanna konnte eine stabile Basis aufbauen, die es ihr erlaubte, Mathematik zu *verstehen* und nicht nur *Rezepte anzuwenden*, so wie das viele Kinder tun, die rein mechanisch rechnen.

Wenn Sie also Ihr Kind in dieser Geschichte wiederfinden, kommt es mit der sogenannten „Zahlenverarbeitung" und mit dem Rechnen gut zurecht. Sicherlich: Fehler macht jeder, und es ist (glücklicherweise) noch kein Meister vom Himmel gefallen. Auch Johanna versteht manchmal neuen Stoff nicht auf Anhieb, muss üben und sich bemühen. Aber ihre Mühe wird belohnt, sie macht Fortschritte und muss nicht an der Mathematik verzweifeln.

Lara, das Risikokind

Ganz anders erging es Lara. Über Jahre hinweg wurde erklärt, geübt und korrigiert – natürlich immer in bester Absicht. Oh nein, kein Vorwurf an die Eltern! Sie gaben ihr Bestes, leisteten tagtäglich Hilfe, investierten unendlich viel Zeit, Mühe und Kraft in ihre Tochter. Sie wollten doch nur, dass ihr Kind nicht scheitern muss. Außerdem hat sie nie jemand darüber aufgeklärt, dass *nicht jedes Kind problemlos rechnen lernen kann*. Ein Beispiel am Rande: Kein Mensch würde jemals ernsthaft daran zweifeln, dass es Kinder gibt, die musikalisch begabt sind und leicht ein Instrument spielen lernen, während andere sich unendlich schwertun und letztlich auch bei intensivstem Üben nur bescheidene Erfolge erzielen. Ähnlich ist es im Sport oder bei handwerklichen Tätigkeiten. So ist es ganz selbstverständlich, dass nicht jeder Mensch Klavier spielen lernt, seine Erfüllung in der Leichtathletik findet oder beim Basteln und Bauen. Aber Rechnen, das muss jeder lernen bzw. es wird sogar bewertet, wie gut er sich dabei anstellt. Vielleicht gibt es so etwas wie eine „mangelnde Begabung für das Rechnen", und die Störung liegt gar nicht im Kind selbst, sondern in unserem schulischen System, das alle Kinder so einheitlich bewertet, beurteilt und letztlich vielleicht sogar aussortiert.

Hätte man Laras Lernprobleme vorhersehen können? Vielleicht im Kindergartenalter schon erkennen können, dass sie ein „Risikokind" für eine Dyskalkulie ist? Sie vielleicht auch schon im Vorschulalter spielerisch fördern können, so dass sie hinterher nicht „in den Brunnen fallen" muss? Ja, es gibt mittlerweile sichere Methoden, um Risikokinder bereits im Vorschulalter zu erkennen und anschließend spielerisch zu fördern, so dass auch sie die Chance auf einen guten Start in ihre Schullaufbahn haben. Den Möglichkeiten der Früherkennung und Frühförderung ist ein wesentlicher Teil dieses Buches gewidmet. Aber dazu später mehr.

Felix, der „zerstreute Professor"

Vielleicht haben Sie auch in der Entwicklung von Felix einiges von Ihrem eigenen Kind wiedergefunden. Felix, der „zerstreute Professor" ein pfiffiges Kind, das aber oft nicht ganz bei der Sache zu sein scheint, das verträumt und schusselig wirkt, nie lange an einer Aufgabe bleiben kann und sich von jeder Fliege an der Wand ablenken lässt. Aber Moment, hier müssen wir genauer hinsehen: Bei interessanten Beschäftigungen, wie etwa beim Fernsehen, beim Spielen am Computer oder beim Bauen technischer Geräte, ist Felix hochkonzentriert, und das über Stunden. Wenn es aber um weniger aufregende Angelegenheiten geht – und dazu zählt nun mal die Beschäftigung mit Schulstoff –, dann sind sie plötzlich da: die Unlust überhaupt anzufangen, die schwankende Aufmerksamkeit und das fehlende Durchhaltevermögen.

Hätte man im Vorschulalter schon vorhersehen können, dass Felix Gefahr läuft, in der Schule zu scheitern? Hätte man!

Selbstverständlich sind Kleinkinder in ihrem Konzentrationsverhalten noch sehr außengesteuert, das heißt, sie können sich nur kurz konzentriert mit einer Sache beschäftigen und reagieren stark auf alle Impulse von außen. Das müssen sie auch, denn nur so können sie immer wieder Neues lernen, neue Erfahrungen sammeln und verarbeiten. Im Vorschulalter – also im letzten Jahr vor der Einschulung – können wir jedoch beobachten, dass die Konzentrationsphasen länger werden,

„Zerstreuter Professor":
Pfiffig, aber nicht bei der Sache

dass unsere Kinder zunehmend ablenkungsresistent werden und beispielsweise bei Beschäftigungen im Kindergarten oft schon über zehn oder 15 Minuten ausdauernd malen oder basteln. Das bedeutet, dass unsere Kinder in dieser Zeit immer besser lernen, ihre Konzentration bewusst und willentlich zu steuern, und das eben auch bei Beschäftigungen, die nicht so stark lustbetont sind wie beispielsweise das Fernsehen.

In der Regel stellt man in dieser frühen Phase noch keine ADS-Diagnose, denn unsere Kinder sollen Zeit haben, sich zu entwickeln. Aber man kann wichtige Hinweise darauf entdecken, dass diese Selbststeuerung der Konzentration eben nicht einsetzt.

Felix ist höchstwahrscheinlich kein „echter Dyskalkuliker", das heißt, bei ihm kann die mangelnde Aufmerksamkeit dafür verantwortlich sein, dass er in der Schule vom Unterricht im Rechnen kaum profitieren kann und damit auch große Wissenslücken in diesem Bereich hat. Im Lesen und Schreiben, wo seine Begabung wohl besser ausgeprägt ist als im Mathematischen, konnte er mit seinem Minimum an Aufmerksamkeit den Stoff zumindest besser festigen als beim Rechnen, wenngleich aber auch auffällt, dass das Abspeichern der Schreibweise von „Lernwörtern" auch nicht so sicher funktioniert. Insofern ist bei Felix die Kombination aus der Aufmerksamkeitsförderung und der Dyskalkulie-Therapie sehr vielversprechend. Erstere macht ihn bereit und offen fürs Lernen, letztere hilft ihm, seine Lücken zu schließen und wieder mehr Mut und Selbstvertrauen in diesem Bereich zu gewinnen.

Wichtige Tipps für Eltern eines Schulkindes

- **Wenn Ihr Kind trotz intensiven Übens mit dem Rechnenlernen nicht vorankommt: Lassen Sie sich nicht damit vertrösten, dass der Knoten irgendwann platzt.**
  Bereits am Ende des ersten Schuljahres lässt sich gut erkennen, ob ein Kind den Lernstoff in Mathematik wirklich verstehen und verinerlichen konnte, oder ob es rein mechanisch und ohne eigentliches Verständnis der Zahlen und der Rechenoperationen vorgeht. Die große Gefahr besteht darin, dass sich Ersatzstrategien wie das zählende

Rechnen verfestigen und damit ein tieferes Verständnis der Mathematik verhindern.
- **Sprechen Sie die Lehrerin darauf an, wenn Sie den Eindruck haben, Ihr Kind rechne am Ende des ersten Schuljahres noch ohne eigentliches Verständnis, also rein mechanisch.**
  Das erkennen Sie vor allem daran, dass Ihr Kind hilflos reagiert, wenn Aufgaben einmal in ungewohnter Form, beispielsweise als sogenannte „Platzhalteraufgaben" vorgegeben werden, oder wenn Ihr Kind kaum Verständnis bei „Rechengeschichten" oder „Sachaufgaben" zeigt.
- **Fühlen Sie sich nicht dafür verantwortlich, dass Ihr Kind täglich mit korrekter Mathematik-Hausaufgabe in die Schule kommt.**
  Hausaufgaben sind Aufgaben für unser Kind – und wenn es damit nicht zurechtkommt, ist das ein wichtiges Signal für die Lehrerin, dass beim Lernprozess eine Hürde aufgetreten ist. Fehler sind wichtige Umwege beim Lernen! Wenn Sie aber Ihrem Kind die korrekten Lösungen quasi vorsagen, nehmen Sie der Lehrerin die Chance, Lernblockaden Ihres Kindes zu erkennen.
- **Wenn Ihr Kind auf Ihre Anwesenheit bei den Mathematik-Hausaufgaben nicht verzichten mag: Beobachten Sie Ihre Körpersprache genau!**
  Meistens hängen unsere rechenschwachen Kinder wie gebannt an unserer Gestik oder Mimik; sie bieten uns mehrere Lösungen an und merken an unserer nonverbalen Reaktion genau, ob sie in der Nähe der korrekten Lösung sind. Nur Rechnen lernen sie dabei nicht.
- **Nicht jeder, der selbst rechnen kann, kann auch anderen das Rechnen vermitteln.**
  Und damit sind Eltern oder andere Familienmitglieder selten geeignete „Therapeuten" oder „Förderlehrer" für rechenschwache Kinder. Wenn wir genau hinsehen, können wir es schon während des Übens erkennen: Wir bieten verschiedene Erklärungsweisen an, holen die unterschiedlichsten Materialien zur Verdeutlichung herbei, geben Beispiel um Beispiel – und können einfach nicht verstehen, dass unser Kind nicht versteht. Besonders schlimm wird es, wenn dann noch

andere Personen, wie Oma, Opa oder die Studentin aus der Nachbarschaft einspringen und jeder in einer anderen Weise Erklärungen vorgibt. An diesem Punkt müssen wir erkennen, dass Rechenförderung mehr ist als Vorführen und Einüben.

- **Wenn Sie auch im zweiten Schuljahr noch den Eindruck haben, dass Ihr Kind große Rechenprobleme hat:**
  Lassen Sie es so früh wie möglich vom Schulpsychologen, Kinderpsychologen oder vom Facharzt für Kinder- und Jugendpsychiatrie auf das Vorliegen einer Dyskalkulie untersuchen. Auch die Aufmerksamkeitsleistung und die emotionale Verfassung sollten unbedingt überprüft werden.
- **Solche Intelligenz- und Leistungstests müssen für das Kind keinesfalls unangenehm oder gar beängstigend sein.**
  Ein erfahrener und einfühlsamer Testleiter erwirbt schnell das Vertrauen Ihres Kindes. Wir erleben es häufig, dass den Kindern die Testsitzung Spaß macht, weil sie im Mittelpunkt stehen und selbstverständlich zu keiner Zeit den Eindruck haben, etwas nicht zu können.
- **Nur ein solcher Test gibt Ihnen Gewissheit, ob Ihr Kind an einer Dyskalkulie leidet (und somit professionelle Hilfe braucht) –**
  oder an eingrenzbaren Wissenslücken, die Sie auch durch vermehrtes Üben zu Hause positiv beeinflussen können. Hier wird Ihnen ein sorgfältiger Testleiter auch genau sagen, wo Sie beim Üben ansetzen sollen und welche Übungen sinnvoll sind.
- **Sollte eine Dyskalkulie festgestellt werden, ist ein Nachhilfe-Institut zur Therapie nicht geeignet.**
  Kinder mit einer solchen Störung brauchen eine speziell auf sie abgestimmte Einzeltherapie, in der auf der Grundlage ihrer individuellen Schwächen und Stärken (!) und ihrer individuellen psychischen Situation gearbeitet wird.
- **Auch wenn beim Test keine Dyskalkulie festgestellt wurde: Der Aufwand war keinesfalls umsonst.**
  Denn Sie werden über die Fehlerschwerpunkte Ihres Kindes informiert und erhalten Tipps, wie Sie mit Ihrem Kind Erfolg versprechend üben können. Verlangen Sie ein ausführliches Auswertungsgespräch

mit konkreten Übungshinweisen. Eine Nachhilfe könnte insbesondere dann der richtige Weg sein, wenn sich der Nachhilfelehrer mit dem Testleiter austauscht.

- **Auch wenn Ihr Kind in den ersten Schuljahren nur beim Rechnen Probleme hatte und später in vielen Fächern absackt, kann es sich um eine Dyskalkulie handeln.**
  Die Schwäche „generalisiert", d.h. sie breitet sich auf andere Fächer aus. Denn zum einen spielen Zahlen in vielen anderen Fächern etwa Heimat- und Sachkunde, Geschichte, Physik oder Chemie eine wichtige Rolle, zum anderen aber hat eine Rechenschwäche auch negative Auswirkungen auf die psychische Entwicklung. Ein Kind, das sich für dumm hält, verliert oft auch in anderen Fächern den Biss.

- **Werden Sie also wachsam, wenn Ihr Kind sich auch nach dem ersten Schuljahr nicht vom Rechnen mit den Fingern lösen kann.**
  Viele rechenschwache Kinder mogeln sich zählend durch die ersten beiden Schuljahre und können selbst Aufgaben wie 36 + 58 blitzschnell durch Abzählen an den Fingern lösen. Erst wenn im dritten Schuljahr im Tausender-Raum gerechnet wird, klappt es mit dem Zählen dann nicht mehr. Sie dürfen Ihrem Kind aber keinesfalls einfach nur verbieten, die Finger zu benutzen. Denn durch das Fingerrechnen zeigt es, dass ihm noch keine besseren Strategien zur Verfügung stehen. Wenn Sie Ihr Kind nur vom zählenden Rechnen abhielten, ohne ihm in der Förderung sorgfältig eine bessere Strategie zu vermitteln, bliebe ihm beim Rechnen fortan nur noch die Möglichkeit des Ratens.

- **Eine Klassenwiederholung ist keine geeignete Dyskalkulie-Therapie.**
  Diese bloße Lernzeitverlängerung setzt nicht an den Wurzeln an. Außerdem langweilt sich das Kind in den Fächern, in denen es besser ist.

- **Der schulische Förderunterricht darf sich keinesfalls auf den aktuellen Stoff beschränken,** sondern er muss so weit zurückgehen, dass das Kind auf dem Niveau abgeholt wird, auf dem es noch verstehen kann. Wir nennen diesen Punkt die individuelle „Null-Fehler-Grenze".

- **Tägliches (erfolgloses) Üben wird – auch wenn Sie als Eltern es noch so gut meinen – vom Kind als Strafe erlebt.**
Ihr Kind wird hilflos, denn es kann Ihre Erwartungen nicht erfüllen, versagt tagtäglich vor Ihren Augen. Indem Ihr Kind aggressiv und wütend wird, lässt es die entstehende Energie nach außen ab. Wenn es beginnt, an sich selbst zu zweifeln und sich für dumm zu halten, wendet es die zerstörerische Energie gegen sich selbst und ist in höchster Not!

- **In wissenschaftlichen Untersuchungen zeigt sich ein hoher Zusammenhang zwischen Angst und Rechenschwierigkeiten.**
Das bedeutet, dass die Angst, die sich bei rechenschwachen Kindern unweigerlich aufbaut, wiederum ihre Denk- und Rechenleistung einschränkt. Damit ist ein Teufelskreis in Gang gesetzt. Grundsätzlich zeigen Mädchen eine etwas höhere Angstbereitschaft als Jungen, womit sie besonders leicht in diesen negativen Strudel hineingeraten und sich aus eigener Kraft kaum mehr herausbewegen können. Hier sind sie auf verständnisvolle Lehrkräfte und Eltern angewiesen.

- **Ihr Kind braucht Ihren vorbehaltlosen Rückhalt.**
Das Wichtigste, was Sie Ihrem Kind geben können, sind Verständnis, Geduld, unbedingte Zuneigung und die Gewissheit, dass Ihr Kind zahlreiche Stärken hat, die es einzigartig und liebenswert machen.

Liebe Eltern eines Vorschulkindes

Ihnen ist bewusst geworden, dass das Rechnenlernen nicht von allein und quasi vollautomatisch funktioniert? Dass es auch begabte Kinder gibt, die mit der Grundschul-Mathematik nicht zurechtkommen? Dass Erklären manchmal nicht unbedingt zum Verstehen führt? Gut so! Wir wollen Sie nicht verunsichern, aber Sie sollen wachsam sein. Machen Sie sich klar, dass mit dem Wechsel vom Kindergarten in die Schule ganz neue Anforderungen im Bereich der *Wahrneh-*

mung und der *geistigen Verarbeitung* auf Ihr Kind zukommen. Ihr Kind muss sich nun in den Bereich der Abstraktion begeben, das heißt, den wesentlichen Kern einer Rechenhandlung erkennen. Es muss sich vorstellen können, dass hinter Zahl-Symbolen Mengen stehen, die man verknüpft oder aufteilt. Das Schwierige ist, dass jedes Kind sich sein eigenes Verständnis der Mathematik konstruieren muss (so wie das Pferd, das man zwar zum Wasser führen kann, das aber das Trinken ganz allein bewerkstelligen muss). Dazu braucht Ihr Kind viele Kompetenzen, die man schon im Kindergarten erkennen kann, wenn man richtig hinsieht.

Die Einschulung ist nicht die Stunde Null für das Rechnenlernen

Die Fähigkeiten und Fertigkeiten, die für das Rechnenlernen wichtig sind, entwickeln sich nicht erst in der Schule, sondern sie sind schon im Kindergartenkind angelegt, ja manche der Grundlagen kann man sogar schon bei Säuglingen kurz nach der Geburt feststellen. Der Mensch ist also von Geburt an „vorprogrammiert" auf das Rechnen. Und wir wissen aus der modernen Forschung, dass es schon lange vor der Einschulung möglich ist, sogenannte „Risikokinder" – also Kinder, die mit großer Sicherheit beim Rechnenlernen Probleme haben werden, zu erkennen. Und nicht genug damit! Wir können die Kinder in sehr vielen Fällen im Vorschulalter spielerisch fördern, sodass ihnen das Schicksal einer Dyskalkulie erspart bleibt.

Gehen wir einmal zurück zu Johanna, Lara und Felix und machen wir uns bewusst, welche Signale schon im Kindergarten zu erkennen gewesen wären:

Signale im Kindergarten:
Chance für spielerische Förderung

Johannas Schwächen und Stärken

Wie wir schon bei der Vorstellung von Johanna gesehen haben, darf das Auslassen der Krabbelphase nicht als Hinweis auf ein Risiko für spätere Lernstörungen gesehen werden. Die Entwicklung unserer Kinder ist sehr robust, das heißt, auch wenn einiges nicht „nach Programm" läuft, können sie sich trotzdem gut entwickeln.

Johannas schwache räumliche Orientierung dagegen könnte unter Umständen schon als gewisser Risikofaktor gesehen werden, wenngleich die Forschung hier noch keine einheitlichen Befunde liefert. Aber wir können annehmen, dass die räumliche Vorstellung zumindest etwas mit Geometrie oder auch mit der Orientierung bei schriftlichen Rechenaufgaben zu tun hat, vielleicht auch mit der Vorstellung von Mengen und Zahlen.

Die Linkshändigkeit Johannas bereitete den Eltern ebenfalls Kopfzerbrechen. Hätten sie gewusst, dass es gar keine handfesten Beweise dafür gibt, dass Linkshändigkeit zu späteren Lernschwierigkeiten führt, hätten sie mehr Vertrauen in die Entwicklung ihrer Tochter aufbringen können.

Es fällt auf, dass den Eltern vor allem die vermeintlichen „Schwächen" ihrer Tochter ins Auge stachen, weniger aber ihre offensichtlichen Stärken: So war Johannas gute Konzentrationsleistung sehr bedeutsam für ihren späteren Erfolg beim Rechnen, auch ihr Interesse an Mengen und Zahlen, das sie bereits im Kindergarten entwickelte.

Von allergrößter Bedeutung scheint für Johanna aber die spielerische und von den Erzieherinnen gezielt angeleitete Beschäftigung mit Mengen und Zahlen gewesen zu sein. Denn dadurch konnte Johanna spezifisches Vorwissen aufbauen, das für das eigentliche Rechnenlernen so wichtig ist. Auch Johannas Lehrerin leistete einen wertvollen Beitrag für ihre gute mathematische Entwicklung: Sie gab ihren Schülern Zeit zum Untersuchen von Mengen und Zahlen, zum Aufbau eines sicheren „Mengen-Zahl-Begriffs" und zum Erkennen, dass Beziehungen zwischen Mengen zu Beziehungen zwischen Zahlen werden. Doch darüber werden Sie in diesem Buch noch einiges erfahren.

Laras Warnsignale im Kindergartenalter

Bei Lara hätte es im Kindergartenalter viel zu entdecken und spielerisch zu fördern gegeben, hätte nur jemand mit liebevoll kritischem und geübtem Blick ihre Entwicklung verfolgt.

Lara tat sich schwer beim Sortieren und Ordnen, etwa nach Länge oder Dicke. Das deutet auf Probleme bei der „Seriation" – also der Bildung von auf- oder absteigenden Reihenfolgen – hin. Das Verständnis dieser Seriation ist eine wichtige Grundlage etwa für das Verständnis der Zahlenreihe. Denn auch hier wird in einer bestimmten Reihenfolge aufgesagt und Zahlen können nach der Größe geordnet werden.

Viele Eltern beobachten akribisch genau, was ihr Kind gern macht. Sie setzen sich aber häufig nicht mit den Beschäftigungen auseinander, die ihr Kind *nicht gern mag*. Doch gerade hier könnte der Ansatzpunkt für das Erkennen einer Schwäche liegen. In unserem Zuhause gibt es unendlich viele Möglichkeiten zum Sortieren nach Größe (etwa Plastikschüsseln, Stifte oder Knöpfe), nach Gewicht (beispielsweise Bücher, Lebensmittelpackungen) oder nach anderen Kriterien. So brauchen wir für unsere Kinder keine aufwändigen Lernspiele, sondern eher einen wachen Blick für die Vielzahl sinnvoller und lehrreicher Beschäftigungen mit Alltagsmaterialien.

Lara konnte kaum kleine Mengen auf einen Blick erkennen. Deshalb mochte sie keine Brettspiele. Denn während die anderen Kinder immer spontan erkannten, dass ihnen noch drei oder vier Felder bis zum Ziel fehlen, musste sie Feld für Feld abzählen und konnte übrigens auch die Würfelbilder nie schnell erkennen. Und dann noch das Abzählen der Spielfelder bei größeren Sprüngen: Während die anderen Kinder über die Felder huschten, musste sie immer wieder innehalten und überlegen, welches Zahlwort als nächstes kommt – und bis ihr das Wort dann einfiel, hatte sie schon wieder vergessen, wie viele Felder sie überhaupt laufen wollte. Nein, das machte keinen Spaß. Wir wissen, dass die Simultanerfassung kleiner Mengen bis zu etwa vier Objekten im Kindergartenalter sehr bedeutsam ist für den späteren Umgang mit Mengen und Zahlen.

Lara hatte Probleme beim Zählen, und das bereits im Zehner-Raum. Auch darin ist ein ganz wichtiger Risikofaktor zu sehen. Denn Kinder erfahren den Zahlenraum anfänglich zählend. Und auch erste Rechenaufgaben lösen sie zählend. Darum ist der Aufbau der Zahlwortreihe im Vorschulalter besonders wichtig. Hier kommt es nicht darauf an, dass unser Kind schon unglaublich weit, also bis 50 oder 100, zählen kann. Wichtig ist die Sicherheit des Zählens bis 20.

Laras Unsicherheit mit Mengenbegriffen wie „mehr" oder „weniger" war ebenfalls von Bedeutung. Denn damit beschreiben Kinder Unterschiede zwischen Mengen (*„Tom hat aber mehr Gummibärchen als ich!"*). Dass Lara, die ja sprachlich grundsätzlich gut entwickelt ist, diese Unterschiede nicht in Worte fassen konnte, könnte darauf hinweisen, dass sie ihr gar nicht so recht auffielen. Wie aber sollte sie später dann Unterschiede zwischen Zahlen erkennen und benennen?

All diese Warnsignale sind für sich genommen keine hundertprozentigen Vorboten einer Dyskalkulie. Aber als mögliche Risikofaktoren müssen sie ernst genommen werden. Wären sie schon im Vorschulalter aufmerksam beobachtet und genügend beachtet worden, hätte man dann auch besser verstanden, warum Lara sich später in der Schule einfach nicht vom Fingerrechnen trennen wollte, warum sie so verunsichert war, wenn Aufgaben einmal nicht mechanisch lösbar waren, weil sie in veränderter Form auf dem Arbeitsblatt standen, oder warum sie sich auch die Ergebnisse der leichtesten Aufgaben nie merken konnte.

Und das alles hätte dann auch viel ernster genommen werden müssen. Denn das Zusammentreffen all dieser vorschulischen Warnsignale gibt in der Schule kaum einen Anlass für die Hoffnung, dass der Knoten bald platzt.

Felix' Risiko-Merkmale

Auch Felix ist sicherlich im Kindergartenalter keinesfalls unauffällig geblieben. Schon damals war er ein „zerstreuter Professor" – ein pfiffiges Kind, das oft nicht ganz bei der Sache war, träumte und schusselte, sich nicht lange konzentrieren konnte und sich leicht ablenken ließ.

- **Warum** erwarten wir Eltern, dass unsere Kinder, die wir schon immer als verträumt, zerstreut und unaufmerksam erlebten, sich demnächst als Schulkinder wie verzaubert in aufmerksame, stets ordentliche und pflichtbewusste Schüler verwandeln?
- **Wie** sollen Kinder, die im Kindergarten bei gemeinsamen Beschäftigungen oder im Stuhlkreis oft abwesend waren, Aufträge nicht mitbekamen und dann auch nur die Hälfte erledigten, in der Schule plötzlich hellwach und stets gut informiert sein?

Auch wenn sich Aufmerksamkeit und gezielte Konzentration im Verlauf des Kleinkindalters erst entwickeln, sollten wir wachsam werden, wenn uns bei unserem Vorschulkind zum Beispiel auffällt, dass es im Vergleich mit Gleichaltrigen nur äußerst kurz bei einer Sache bleiben kann. Hier sind übrigens nicht die Beschäftigungen bedeutsam, die unser Kind besonders liebt, etwa Fernsehen oder Bauen, sondern eher die weniger lustbetonten Tätigkeiten.

Es könnte uns auch auffallen, wenn unser Kind meist nur die Hälfte des Gesagten mitbekommt und dauernd nachfragen muss. Hier helfen uns die Beobachtungen der Erzieherinnen besonders und wir sollten ihre Hinweise ernst nehmen.

Aufmerksamkeitsstörungen gibt es nämlich nicht nur in Verbindung mit der Hyperaktivität, sondern auch als stille Form, sogenannte „Hypoaktivität". Diese wird aber oft übersehen, da diese Kinder nicht stören und sich – oberflächlich betrachtet – angepasst verhalten. Sie sitzen still und brav da. Dass sie sich dabei wegträumen, wird oft viel zu spät bemerkt.

Wichtige Tipps für Eltern eines Vorschulkindes

- **Die Voraussetzungen und Vorkenntnisse für das Rechnenlernen entwickeln sich nicht erst mit der Einschulung.**
  Schon Vorschulkinder unterscheiden sich ganz enorm hinsichtlich der „Vorläufermerkmale", die den späteren Erfolg beim Umgang mit Zahlen und beim Rechnen zuverlässig vorhersagen.
- **Als wichtigstes „Vorläufermerkmal" gilt heute die Fähigkeit der Kindergartenkinder, mit Mengen und Zahlen umzugehen.**
  Auf die Frage, wie man diese Fähigkeit im Kindergarten am besten überprüft und was man tun kann, um ein Kind gezielt zu fördern, wird in diesem Buch noch genauer eingegangen.
- **„Mengen und Zahlen" – das klingt so abstrakt. Dabei finden wir zu Hause das beste Übungsfeld, denn Mengen und Zahlen sind überall.**
  Wir sortieren, ordnen, vergleichen, zählen und ergänzen in allen Räumen der Wohnung – sei es im Bad (Wer hat mehr Cremetuben, Mama oder Papa? Wie viele Handtücher passen wohl noch ins Regal?), in der Küche (Welche Lebensmittelpackung ist schwerer?), im Treppenhaus (Wir zählen die Stufen vorwärts und rückwärts) oder in der Garage (Wie viele Radmuttern sind es insgesamt?). Und es wird deutlich: Je mehr wir unsere Kinder in alltägliche Tätigkeiten einbeziehen, umso mehr können sie im Alltag die entscheidenden Erfahrungen sammeln. Und wenn wir uns dann noch die „Mathebrille" aufsetzen, bekommen wir einen guten Blick dafür, was man alles schätzen, zählen oder messen kann.

- **Zahlen sind keine Eigennamen, sondern sie stehen als Symbole für Mengen.**
  Das müssen wir uns vergegenwärtigen, wenn wir unsere Kinder spielerisch auf die Welt der Zahlen vorbereiten wollen. Gerade an diesem tiefen Zahlverständnis scheitern viele rechenschwache Kinder: Für sie ist beispielsweise die „Drei" nicht mehr als ein Name. So ist es für unsere Kinder zwar aufregend, wenn sie mit der „Sieben" im „Siebenerland" Abenteuer erleben oder im „Zweierland" alles doppelt sehen, aber eine solche „Beseelung" der Zahlen steht dem abstrakten Verständnis eher entgegen.
- **Betrachten Sie Ihr Kind liebevoll kritisch: Welche Beschäftigungen oder Spiele meidet es?**
  Versuchen Sie herauszufinden, welche Anforderungen in diesen Spielen stecken und warum Ihr Kind ihnen nicht gewachsen ist. Hier sind beispielsweise Würfelspiele bedeutsam, bei denen Ihr Kind schnell Würfelbilder oder auch kleine ungeordnete Punktemengen erkennen muss. Wie sieht es mit der visuellen Wahrnehmung aus: Kann Ihr Kind sich einfache Muster merken und aus dem Gedächtnis nachbauen? Machen Sie sich bewusst: Niemand tut etwas gern, was ihm sehr schwerfällt.
- **Auffälligkeiten in der visuellen Wahrnehmung oder der Sprachentwicklung müssen unbedingt mit dem Kinder- und Jugendarzt besprochen werden.**
  Ergotherapeutische oder logopädische Behandlungen dürfen keinesfalls bis ins Schulalter aufgeschoben werden. Im Kindergartenalter kann vieles noch spielerisch aufgebaut oder gefestigt werden, ohne dass das Kind in der Schule erst eigenes Versagen erleben muss.
- **Wenn Ihr Kind Schwierigkeiten mit der Feinmotorik – also mit den ganz feinen Bewegungen beim Schneiden, Malen oder Basteln – hat, sollte eine Ergotherapie unbedingt noch im Kindergartenalter beginnen.**
  Besonders wichtig scheint die Sensibilität für die eigenen Finger zu sein: Lassen Sie Ihr Kind die Augen schließen und berühren Sie einen oder mehrere seiner Finger. Kann es angeben, wo es angefasst

wurde? Ist das Kind erst einmal eingeschult, wird in der Regel die Zeit knapp, und die Schwächen schlagen umso drastischer als Misserfolge zu Buche.

- **Beobachten Sie Ihr Kind: Ist es ein „Zappelphilipp", der nie stillsitzen kann, oder ein „Hans-guck-in-die-Luft", der immer nur halb anwesend zu sein scheint?**
Vorsicht: Auch Kinder mit einer ernsten Aufmerksamkeitsstörung können stundenlang gut konzentriert bei ihrer Lieblingsbeschäftigung bleiben. Aber wie ist es in den anderen Situationen (bei Tisch, im Spiel mit Freunden oder einfach bei weniger an- und aufregenden Tätigkeiten)?

- **Bleiben Sie unbedingt mit der Erzieherin Ihres Kindes im Gespräch.**
Sie sieht Ihr Kind täglich zusammen mit Gleichaltrigen, jüngeren und älteren Kindern und kann Stärken und Schwächen Ihres Kindes in dieser Vergleichssituation leicht erkennen. Nehmen Sie die Hinweise der Erzieherin ernst, und stellen Sie Ihr Kind bei den Spezialisten der Frühförderstellen oder einem Facharzt für Kinder- und Jugendpsychiatrie vor. Und: Nehmen Sie der Erzieherin einen falschen Alarm nicht übel. Das ist besser, als wenn sie ein wichtiges Zeichen übersehen hätte.

Kapitel 1: Das Wichtigste in Kürze

- Die entscheidende Grundlage für erfolgreiches Rechnenlernen ist, dass Ihr Kind den Zusammenhang zwischen Zahlen und Mengen versteht und insbesondere die Beziehungen zwischen den Zahlen begreift.
- Ohne dieses Verständnis rechnen die Kinder rein mechanisch und stoßen dann spätestens bei Textaufgaben, Sachaufgaben und Platzhalteraufgaben an ihre Grenzen.
- Das Grundverständnis für Zahlen und Mengen kann Ihr Kind schon im Vorschulalter spielerisch erwerben – im Kindergarten und im häuslichen Alltag.
- Wenn Sie Ihr Kind schon im Kindergartenalter aktiv beobachten, können Sie früh erkennen, ob es später in der Schule Probleme beim Rechnen bekommen wird.
- Warten Sie nicht darauf, dass irgendwann mal „der Knoten platzt". Sprechen Sie mit der Erzieherin bzw. mit der Lehrerin.

Rechnen Lernen: Wie funktioniert das?

In diesem Kapitel erfahren Sie, ...

- wie wir schon von Geburt an auf das Rechnen „vorprogrammiert" sind
- wie Kinder zählen und abzählen lernen
- warum das Rechnen für einen Schulanfänger Schwerstarbeit ist
- warum nicht alle Kinder beim Rechnen wirklich wissen, was sie tun

Was beim Rechnen im Gehirn passiert

Können Sie sich noch daran erinnern, wie das mit der Mathematik damals in Ihrer Schulzeit war? Vergangenheit malt golden, und im Nachhinein zählt nur noch, dass wir es dann doch irgendwie geschafft haben. So haben wir etliche Mühen der Grundschulzeit längst vergessen. Und dennoch: Beim Thema „Mathematik" kommen bei vielen von uns ungute Erinnerungen hoch – und rasch teilt sich die Leserschaft in mindestens zwei Gruppen:

- die Menschen, die Mathe in der Schule immer mochten, weil es so „logisch" schien, weil man nicht viel lernen, nur verstehen musste,
- die zweite Gruppe, die sich mit Grauen an das Fach Mathematik erinnert, weil man schier endlos üben musste – und wenn man schließlich den Lösungsweg zu einer Aufgabe begriffen hatte, stand man bei der nächsten wieder wie der „Ochs vorm Berg".
- Und dann noch eine – wohl recht kleine – dritte Gruppe, die mit der Mathematik gerade so zurechtkam, aber nie eine besondere Liebe zu diesem Fach entwickeln konnte.

Die Gruppen 1 und 2 scheinen besonders stark besetzt zu sein: *„Mathe ist wie Lakritz – entweder man kriegt's runter oder nicht ...!"* (Lars, 7 Jahre alt)

Drei Aufgaben – zwei Blitzlösungen

Lassen Sie uns mit einigen kleinen Experimenten beginnen:

1) Bitte rechnen Sie die folgende Aufgabe **nicht** aus:

4 + 3 =

Was, die 7 ist schon da? Ohne jede Anstrengung, ja sogar ohne dass wir es wollten. Wir konnten es noch nicht einmal verhindern, denn die Lösung drängte sich uns einfach auf!

2) Ein weiteres Beispiel:

Liegt die 79 näher bei der 71 oder bei der 81?

Selbstverständlich kommen Sie mühelos zum korrekten Ergebnis. Doch wie haben Sie die Lösung gefunden? Rechneten Sie erst 79 – 71 = 8 und dann 81 – 79 = 2 und stellten schließlich fest, dass die zweite Differenz geringer ist? Sicher nicht, denn dazu hatten Sie die richtige Lösung viel zu schnell.

3) Und noch eine ähnliche Aufgabe:

Liegt der Buchstabe „P" näher am „I" oder am „W"?

Was tun Sie? Sie zählen mit den Fingern? Aber Sie kennen doch das Alphabet mindestens genauso sicher wie die Zahlenreihe bis 100. Und trotzdem können Sie mit den Zahlen etwas, was Sie mit den Buchstaben nicht beherrschen. Und wenn Sie nun auch noch das ABC rückwärts aufsagen sollten, müssten Sie feststellen, dass Sie die Reihenfolge, die Sie seit Jahrzehnten immer wieder benutzen, eben doch nicht in- und auswendig kennen. Und Sie fühlen sich plötzlich wie ein rechenschwaches Kind, das von der 100 an rückwärts zählen muss. Gut, dass Sie bei diesem Experiment keine Noten bekommen.

Diese Übungen lassen uns erahnen, wie vielfältig die Leistungen unseres Gehirns bei der Verarbeitung von Zahlen und beim Rechnen sind. So wollen wir uns im Folgenden vergegenwärtigen, was bei uns Erwachsenen dabei abläuft. Anschließend können wir dann betrachten, wie sich unsere Kinder in Richtung „Rechnen können" entwickeln. Auch die Forschung hat sich schon seit fast 100 Jahren mit dem Rechnen bei Erwachsenen beschäftigt. Aber die Entwicklungsschritte bei Kindern sind uns erst in jüngster Zeit zugänglich, und hier bestehen auch noch große Lücken und Unsicherheiten.

Früher glaubte man, es gäbe ein „Rechenzentrum" im Gehirn, das quasi die ganze „Zahlenarbeit" erledigt. Heute geht man jedoch von unterschiedlichen „Modulen" im Gehirn aus, die jeweils für einen ganz bestimmten Bereich der Zahlen- und Mengenverarbeitung zuständig sind. Diese Module arbeiten eigenständig, müssen aber auch ganz eng kooperieren können. Wie kann man sich das vorstellen?

Dafür bietet sich das Bild einer großen Firma mit mehreren Abteilungen an: Jede Abteilung hat ganz bestimmte Aufgaben und arbeitet eigenverantwortlich – alle müssen aber auch gut zusammenarbeiten, damit das Unternehmen wirklich erfolgreich sein kann. Als Beispiel erfinde ich nun für Sie die Firma „Plus-Minus-Back", in der sowohl Bio-Produkte als auch konventionelle Backwaren hergestellt werden. So könnte Plus-Minus-Back aufgebaut sein:

BEISPIEL-FIRMA: DREI ABTEILUNGEN

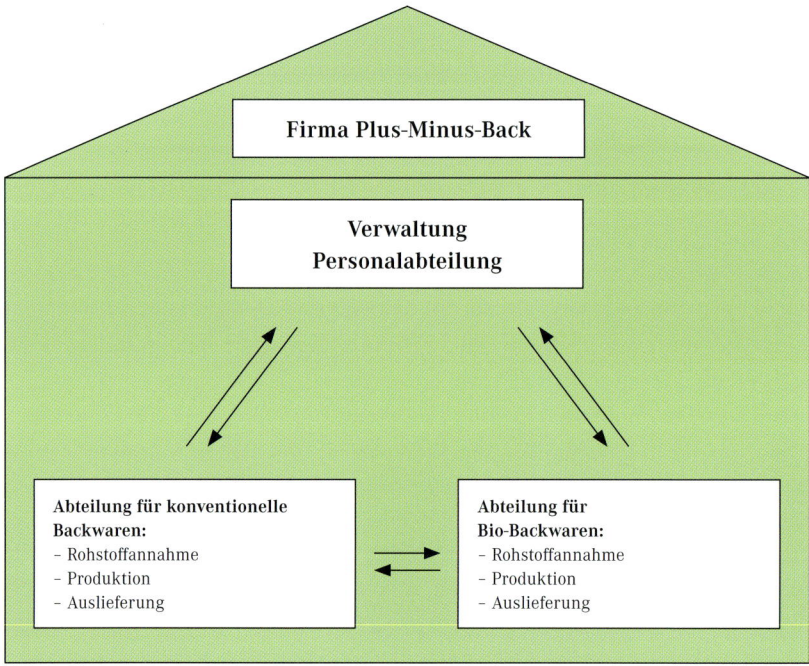

Wir erkennen in dieser Beispielfirma drei getrennte Abteilungen, zwischen denen ständig die Hauspost hin und her geht, so dass Austausch und Kooperation optimal funktionieren. Und wir können uns auch vorstellen, dass Waren- oder Posteingänge gleich von vornherein an die entsprechende Abteilung gehen und dort bearbeitet werden. (An dieser Stelle hinkt der Vergleich mit der Firma ein wenig, denn wir wollen nicht hoffen, dass die Bio-Abteilung im Notfall auf die Rohstoffe der Nebenabteilung zurückgreift ...).

Ähnlich können wir uns die „Rechenfirma" im Gehirn vorstellen. Auch sie ist kein Ein-Mann-Betrieb, sondern besteht aus unterschiedlichen Abteilungen, oder sagen wir etwas genauer: Modulen.

„Rechenfirma" Gehirn: drei Module

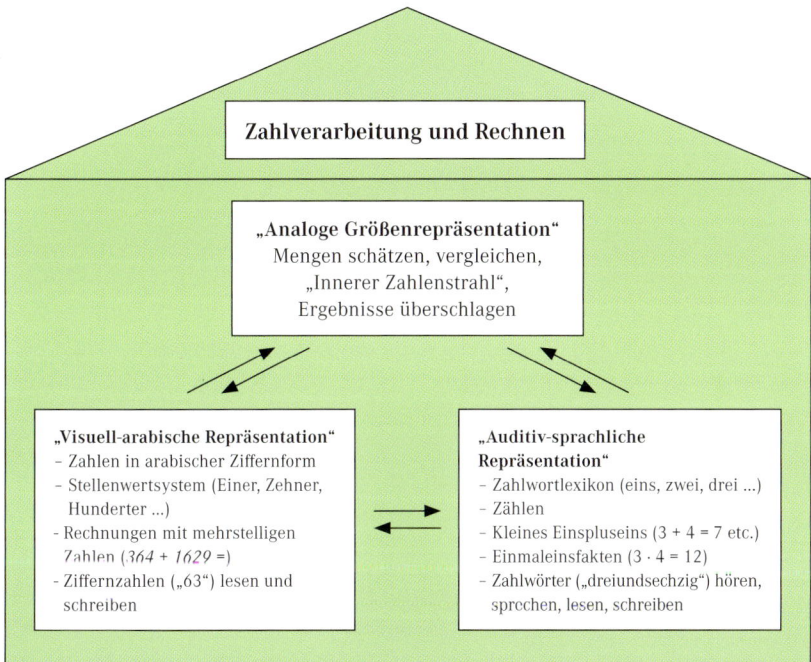

Dieses Modell („Triple-Code-Modell"), das von dem Neurowissenschaftler *Dehaene* entwickelt wurde, verdeutlicht sehr gut die Module, die beim Erwachsenen während des Rechnens aktiv sein müssen. Wenn wir nun noch einmal unsere drei kleinen Experimente betrachten, können wir erkennen, welche Module hier ganze Arbeit leisten mussten:

Auf die erste Aufgabe

4 + 3 = ?

reagierte spontan das Modul unten rechts („auditiv-sprachliche Repräsentation"), in dem das entsprechende Faktenwissen fest abgespeichert und damit schnell und sicher abrufbar ist. Dieses Faktenwissen (man nennt es auch das kleine Einspluseins und das kleine Einmaleins) ist seit unserer Grundschulzeit fest eingespeichert. Der Abruf dieses Wissens ist „automatisiert", das heißt, es ist richtiggehend aufdringlich, und wir können kaum verhindern, dass uns die Lösung sofort in den Kopf schießt, wenn wir die Aufgabe hören. Wie schwer mag sich ein rechenschwaches Kind tun, bei dem sich auch nach langem und intensivem Üben und Lernen keine Lösung aufdrängt.

Auch **die zweite Aufgabe**

Liegt die 79 näher bei der 71 oder bei der 81?

haben wir natürlich nicht rechnend bewältigt. Hier drängte sich unsere „analoge Größenrepräsentation" auf, und unser „innerer Zahlenstrahl" im oberen Modul („Analoge Größenrepräsentation") meldete sofort, welche Zahlen näher beieinander liegen. Wieder also ein völlig müheloses Unterfangen.
Wie schwer Kindern diese Aufgabe fällt, wenn sie keinen „inneren Zahlenstrahl" aufbauen konnten, können wir am eigenen Leibe erfahren ...

... bei **der dritten Aufgabe:**

Liegt der Buchstabe „P" näher am „I" oder am „W"?

Für Buchstaben haben wir Erwachsenen nämlich keinen „inneren Buchstabenstrahl" – wozu auch? Beim Alphabet interessiert üblicherweise nur die Reihenfolge, im Buchstabenraum machen wir keine Sprünge vorwärts oder rückwärts. Und vor allem: Buchstaben werden nicht addiert oder subtrahiert. Sie stehen als „Schriftzeichen für Laute", während die Zahlen Symbole für Mengen sind, die man vergleichen, verknüpfen oder aufteilen kann.
Und Sie haben den Abstand zwischen „P" und „I" tatsächlich an den Fingern abgezählt? Sie wären hilflos gewesen, wenn man Ihnen verboten hätte, die Finger zu benutzen? So geht es einem rechenschwachen Kind, wenn ihm das Fingerrechnen einfach untersagt wird, ohne dass es beim Aufbau geeigneter Strategien unterstützt wird.
Das Modul unten links („visuell-arabische Repräsentation") brauchen wir immer, wenn wir mit mehrstelligen Zahlen zu tun haben. Wenn ich Sie beispielsweise frage, ob 999 größer ist als 111111, werden Sie spontan die richtige Antwort geben und werden nicht auf die Idee kommen, dass drei Neuner mehr wert sind als sechs Einser. Bei diesem Beispiel prüft unser Stellenwertmodul die Anzahl der Stellen und hat die Antwort sofort parat. Frage ich aber, ob 198 größer ist als 189, genügt es nicht, die Stellen zu zählen, denn beide Zahlen

haben drei Stellen. Hier gilt es auch noch zu erkennen, dass die Neun an der Zehnerstelle mehr wert ist als die gleiche Ziffer an der Einerstelle.
Wie intensiv diese Module zusammenarbeiten, zeigt sich bei folgendem Beispiel: Nehmen wir an, Ihnen wird die Aufgabe

„Dreihundertvierundfünfzig plus achtundsechzig"

vorgesprochen. Um diese großen Zahlen verrechnen zu können, werden sie von unten rechts („auditiv-sprachliche Repräsentation") nach unten links („visuell-arabische Repräsentation") geschickt, und das Ganze sieht nun schon viel übersichtlicher aus:

354 + 68

Nun meldet sich das obere Modul („analoge Größenrepräsentation"): *„Vorsicht, die Vierhundert wird überschritten – besonders sorgfältig sein!"*. Sodann erfolgt die Rechnung, wobei das Modul unten rechts die Fakten beisteuert, das Modul unten links aufpasst, dass auch wirklich die Einer mit den Einern, die Zehner mit den Zehnern usw. verrechnet werden. Kämen Sie dann zum

Ergebnis „40220",

würde sich sofort das obere Modul einschalten: *„Stopp, das kann nicht sein, das ist viel zu viel! Bitte noch mal rechnen!"* Sie finden die korrekte Lösung, sprechen sie aus und Ihre Rechenfirma hat ein hervorragendes „Networking" bewiesen.
An dieser Stelle können Sie vielleicht schon erahnen, warum manche Kinder in der vierten Klasse an der Aufgabe

1462 + 996 = ? Überschlage erst und rechne dann!

verzweifeln. Hier muss das obere Modul viel leisten. Wenn aber unser Kind keinen sicheren inneren Zahlenstrahl besitzt, wird ihm das Überschlagen kaum gelingen.
Vielleicht wird Ihnen jetzt auch klar, warum manche Kinder, die sich im ersten und zweiten Schuljahr mit dem Rechnen sehr schwer taten, plötzlich „geheilt" wirken, wenn das Einmaleins eingeführt wird: Diese Kinder haben vielleicht ein starkes sprachliches Modul („auditiv-sprachliche Repräsentation") und können gut auswendig lernen – ohne aber zu verstehen, was sie da genau speichern. (Haben Sie nicht auch früher manche Gedichte auswendig lernen

müssen, deren Sinn sich Ihnen nicht erschloss?) Trotz dieser gespeicherten Zahlenfakten werden diese Kinder höchstwahrscheinlich – ebenso wie unsere Lara aus dem ersten Kapitel – wieder scheitern, wenn sie mit Aufgaben wie

4 · 8 + □ = 37

konfrontiert werden, weil sie dazu mehr brauchen als nur die Einmaleinsfakten. Wie gesagt: Über die Entwicklung der Zahlverarbeitung und des Rechnens bei unseren Kindern wissen wir noch gar nicht so viel. Forschungsbefunde sprechen aber dafür, dass die Fundamente dafür bereits vor der Geburt gelegt werden. Denn tatsächlich können Säuglinge bereits Mengen bzgl. der Anzahl ihrer Elemente unterscheiden! (Diese hochinteressanten Befunde will ich später noch genauer darstellen.)

Die Fähigkeit des groben Abschätzens von Mengen könnte als erste Leistung der „analogen Größenrepräsentation" erklärt werden. Wenn unsere Kinder später mit dem Zählen beginnen, kündigt sich die „auditiv-sprachliche Repräsentation" an. Und wenn in der Schule größere mehrstellige Zahlen behandelt werden, baut sich die „visuell-arabische Repräsentation" auf, die das Stellenwertsystem sichert.

Dadurch, dass unsere Kinder in der Schule ständig mit Zahlen zu tun haben, indem sie Zahlen vergleichen, zerlegen, auffüllen bis zum Zehner, addieren, subtrahieren usw., wird sich dann das obere Modul („analoge Größenrepräsentation") noch deutlich weiter ausbauen. Denn das Kind bekommt durch die ständigen „Spaziergänge im Zahlenraum" allmählich einen festen Eindruck davon, wo sich welche Zahlen befinden, wer ihre Nachbarn sind und wie weit es bis zum nächsten Zehner ist.

Dieser Entwicklungsschritt lässt sich gut mit dem Erkunden einer neuen Stadt vergleichen: Als neu Zugezogener werden Sie kaum eine Vorstellung von dieser Stadt erhalten, wenn Sie lediglich stundenlang den Stadtplan studieren. Wenn Sie aber umherwandern, das eine oder andere Geschäft, Amt, Museum suchen und finden, sich zwischendurch auch einmal verlaufen und immer wieder zurückfinden, werden Sie allmählich einen „inneren Stadtplan" entwickeln. Dieser „innere Stadtplan" gibt Ihnen einen Eindruck der einzelnen Stadtviertel, er hilft Ihnen, bei Erkundungsgängen immer so ungefähr zu wissen, wo Sie sich befinden – und nach einiger Zeit haben Sie einen recht sicheren Eindruck davon, wie weit Geschäft A von Geschäft B entfernt ist und wie Sie auf dem kürzesten Weg dahin kommen.

So lässt sich das Entstehen dieses „inneren Stadtplans" ganz gut mit der Entwicklung des „inneren Zahlenstrahls" vergleichen. Der hilft beim Orientieren, zeigt an, wo man sich gerade befindet, ob es noch weit ist bis zum nächsten Zehner oder Hunderter. So dient der innere Zahlenstrahl als Navigationsgerät durch den Zahlenraum. Sie möchten ein Beispiel für seine Leistungsfähigkeit? Dann berechnen Sie doch bitte

34 + 199 = ?

Und noch bevor Sie 34 + 100 + 90 + 9 rechnen konnten, meldete sich das „Navigations-Modul": „Nimm erst mal 200 statt 199 und zieh dann einfach eins ab!", und bot Ihnen damit eine hervorragende Abkürzung an.
So können wir das Funktionieren der drei Module bei uns selbst beobachten und wollen in einem nächsten Schritt betrachten, wie sie sich bei unseren Kindern allmählich aufbauen können.

„WER KANN, DER KANN."
WIE SCHON SÄUGLINGE MENGEN UND ANZAHLEN ERFASSEN

Gleichbehandlung
Die Zwillinge Tim und Jonas sind gerade mal 1 ½ Jahre alt und lieben Kinder-Kekse. Diese Liebe geht so weit, dass Jonas eben drei Kekse aus der Dose stibitzte und sie nun stolz in beiden Händen hält. Selbstverständlich sieht er überhaupt keinen Anlass dafür, seinem Bruder etwas abzugeben, und Tim kommt nun quengelnd zur Mama. Die gibt Tim auch einen Keks, aber siehe da: Der junge Mann ist nicht zufrieden. Sie gibt ihm noch einen zweiten, aber Tims Blick wandert wiederholt zwischen seinen und Jonas' Händen hin und her und verfinstert sich gefährlich. Erst als die Mutter Tim einen weiteren Keks reicht, kehrt Frieden ein. Was war da los? Kann Tim etwa schon zählen? Wie sonst kann er erkennen, dass sein Bruder mehr Kekse hat als er?

Tatsächlich gibt es eine Reihe wissenschaftlicher Belege dafür, dass sogar schon wenige Tage alte Säuglinge erstaunliche Fähigkeiten im Umgang mit Mengen haben. Ein entsprechendes Experiment könnte so aussehen:

Man nehme einen satten und zufriedenen Säugling, der auf dem Schoß seiner Mutter sitzt und einen Bildschirm betrachtet. Auf dem Bildschirm erscheinen wiederholt Abbildungen von zwei Figuren, und während unser Säugling das anfangs noch recht amüsant findet, wird es ihm mit der Zeit langweilig – immer das Gleiche, er schaut jeweils nur noch ganz kurz hin. Forscher nennen das „Habituieren". Erscheinen nun aber plötzlich drei Figuren auf dem Bildschirm, steigert sich die Blickdauer des Kindes enorm. Offensichtlich hat es einen Unterschied zwischen der Darstellung von zwei und von drei Figuren bemerkt. Und das, obwohl unser Säugling natürlich noch nicht abzählen kann. Während einige Forscher bei solchen Untersuchungen die Blickdauer der Kinder messen, arbeiten andere Wissenschaftler mit Schnullern, die mit einem Sensor ausgestattet sind, sodass man die Nuckelrate der Kinder messen kann. Auch hier zeigt sich, dass die Kinder kaum noch nuckeln, wenn ihnen wiederholt die gleiche Anzahl von Objekten präsentiert wird. Wird aber die Menge vergrößert oder verkleinert, wird genuckelt, was das Zeug hält. Offensichtlich erkennen die Kinder den Unterschied zwischen zwei und drei Figuren.

Nun könnte man argumentieren, drei Figuren sähen ja auch „nach mehr aus" als zwei, allein schon von der Größe der Oberfläche her – das müsse also nichts mit der Anzahl zu tun haben. Dagegen spricht jedoch der Befund, dass Säuglinge, die sich im Experiment beispielsweise an die Darbietung von *drei kleinen* Punkten gewöhnt (habituiert) hatten, auf die nachfolgende Abbildung von *drei großen* Punkten keinesfalls überrascht (nuckelnd oder länger schauend) reagieren:

Offenbar sind drei Punkte für sie drei Punkte, egal, wie groß sie sind. Werden anschließend aber *vier kleine* Punkte gezeigt, wird der Schnuller tüchtig traktiert. Offensichtlich orientieren die Kinder sich also nicht lediglich an der Oberfläche oder der räumlichen Ausdehnung der Objekte, sondern nehmen deren Anzahl in irgendeiner Weise wahr.

Aus solchen Studien lässt sich ableiten, dass unsere Kinder offensichtlich von Geburt an „vorprogrammiert" sind, Mengen zu vergleichen und Unterschiede zwischen Anzahlen zu erkennen. Selbstverständlich funktioniert das nur bei kleineren Anzahlen bzw. wenn bei größeren Anzahlen das Verhältnis zwischen den beiden Vergleichsmengen mindestens 2:1 ist (beispielsweise 16 Elemente im Vergleich zu acht Elementen).

Säuglinge haben sogar schon ein Verständnis von Addition und Subtraktion

Selbstverständlich handelt es sich dabei um eine primitive Vorstellung vom Addieren und Subtrahieren. Aber was die Säuglinge dabei leisten, ist wirklich erstaunlich. Und so laufen solche Versuche beispielsweise ab:
Man nehme wiederum einen Säugling, satt und zufrieden auf dem Schoß seiner Mami, und lasse ihn eine kleine Bühne ähnlich wie beim Kasperltheater betrachten.
- Nun greift eine Hand auf die Bühne und stellt zwei Mickymäuse hin.
- Dann verdeckt ein kleiner Vorhang die Mäuse, der Rand der Bühnenfläche ist aber noch zu sehen.
- Vom Rand der Bühne aus – für das Kind gut sichtbar – greift nun eine Hand hinter den Vorhang und nimmt eine der Mäuse weg.
- Der Vorhang öffnet sich. Steht nur noch eine Mickymaus da, würdigt der Säugling diese nur eines kurzen Blickes. Stehen da aber immer noch zwei Mäuse, inspiziert das Kind dieses Ergebnis wesentlich länger.

Dieser Befund zeigte sich bei nahezu allen untersuchten Säuglingen. Und er verdeutlicht, dass die Kleinen bereits ein grundlegendes Verständnis für solche Rechnungen haben.

In welchen Schritten lernt unser Kind das Zählen?

„Ich zähle bis drei!"
„Lena, *bitte komm jetzt endlich zu mir!"* Schon eine gefühlte Ewigkeit bemüht sich Herr Weber, seine Zweijährige vom attraktiven Süßwarenregal an der Supermarktkasse wegzulocken. Da der Erfolg jedoch bescheiden bleibt und Lena ihm außer einem schmachtenden Blick nichts weiter zurückschickt, greift der Papa zum Äußersten: *„Lena, ich zähle bis drei! Eins ... zwei ... ",* und schwups – steht das Töchterchen an seiner Seite, schmollend zwar, aber gerade noch kurz vor der Drei.

Wenn Herr Weber nun wüsste, dass er soeben bei der Anwendung eines von Generation zu Generation überlieferten „Erziehungstricks" auch noch einen bedeutsamen Beitrag zur Entwicklung der Zählfertigkeiten seiner Tochter geleistet hat, wäre er noch zufriedener mit dem Ergebnis seiner pädagogischen Leistung. Denn Lena, die mit ihren zwei Jahren anfängt, sich mit dem Aufbau der Zahlwortreihe zu beschäftigen, profitiert davon, dass ihr immer wieder die Zahlwörter *„eins, zwei, drei, vier, ..."* vorgesagt werden. Auch die Mama macht das immer, wenn sie Lenas Hemdchen zuknöpft oder ihr Spielsachen reicht. Das Kind macht aber in dieser besonderen Situation an der Supermarktkasse noch eine weitere bedeutsame Erfahrung: Bis drei ist *schnell gezählt!* Diese Erfahrung, dass die Dauer des Zählens etwas mit der Zahl zu tun hat, bei der man letztendlich ankommt, wird für Lena etliche Zeit später noch sehr wichtig werden: Wenn sie nämlich später, vielleicht als Dreijährige, Spielkarten, Gummi-

Zum Beispiel Gummibärchen: *Je größer die Menge, umso länger dauert das Zählen.*

bärchen oder Ähnliches abzählt, wird sie allmählich erkennen, dass sie beispielsweise bis „zehn" oder „acht" viel *länger zählen* muss als bis „drei". Und sie wird dann die Verknüpfung herstellen: *„Länger* zählen bedeutet *mehr* Dinge zählen." Sie wird also anfangen, die Zahlwörter mit Mengen in Verbindung zu bringen. Damit werden wir uns im Kapitel 4 näher beschäftigen. Erst müssen wir klären, wie es überhaupt dazu kommt, dass unsere Kinder das Zählen lernen.

Beim besten Willen können wir Erwachsenen uns nicht mehr daran erinnern, wie wir damals – vor 20, 40 oder 60 Jahren die Zahlwortreihe lernten. Darum schlage ich Ihnen vor: Lassen Sie uns in einer fremden Sprache zählen lernen, dann sehen wir ja, wie es uns ergeht und wo die Schwierigkeiten liegen. (Alle, die Finnisch sprechen, müssen nun leider ausscheiden.)
Es geht los: yksi, kaksi, kolme, neljä, viisi, kuusi, seitsemän, kahdeksan, yhdeksän, kymmenen.

- Nun werden Sie sich wünschen, diese Reihe ganz oft zu hören oder zu lesen, damit Sie sie auswendig lernen können. Nehmen Sie ruhig die Finger dazu, das hilft ein wenig.
- Irgendwann können Sie die Reihe auswendig. Aber wehe, Sie sollen bei „kuusi" beginnen und weiterzählen. Das geht noch nicht, denn Sie können die Reihe nur vom Anfang an.
- Wieviel sind seitsemän? Und welche Zahl kommt davor?
- Und nun bitte das Ganze rückwärts ...

Nachdem Sie sich nun beim Lernen der Zahlwortreihe sicherlich ein wenig hilflos fühlten (vorausgesetzt, Sie haben den Versuch nicht schon zwischendrin abgebrochen), sind Sie wohl aufnahmebereit für all das, was unsere Kinder beim Zählenlernen leisten müssen.

DER ZUGANG ZUM ZÄHLEN

Nach *Fuson* (1988) lässt sich der Zugang eines Kindes zum Zählen in fünf Ebenen beschreiben:

1) Zahlwortreihe als „undifferenziertes Wortganzes"
Etwa ab dem zweiten Lebensjahr geben Kinder die Zahlwortreihe, die sie bis dahin kennengelernt haben, als Ganzes, wie ein einziges langes Wort,

wieder *(„einszweidreivierfünf")*. Sie erkennen aber noch nicht, dass es sich dabei um einzelne Einheiten handelt.

2) Die Zahlwortreihe wird zur „unzerbrechlichen Kette"
Das Kind muss beim Zählen noch immer unbedingt bei der Eins beginnen, es nimmt nun aber die Zahlwörter als einzelne Elemente wahr (eins, zwei, drei, vier, fünf ...). Nun ist das Kind bereit, das Abzählen zu lernen, indem es bei jedem Zahlwort auf ein Objekt zeigt.

3) Die Zahlwortkette „bricht auf"
Mit etwa vier Jahren kann das Kind von einer beliebigen Zahl an weiterzählen (*„vier, fünf, sechs ..."*).

4) Die Zahlwortreihe wird zur „numerischen Kette"
Das Kind kann nun jede einzelne Zahl als Symbol für eine Menge verstehen. Fortan kann es Zahlen miteinander vergleichen, durch Abzählen an den Fingern wird „Rechnen" möglich. Dieses „Rechnen" bedeutet aber noch kein echtes Verständnis der Rechnung, denn das Kind zählt lediglich hoch und herunter *(4 + 3 → „vier ... fünf, sechs, sieben.")*

5) Die „Vorwärts-rückwärts-Kette" entsteht
Diese Phase ist kaum vor Schuleintritt zu erwarten und wird wohl erst im Alter von sieben oder acht Jahren wirklich vollendet. Unser Kind kann nun genauso schnell vorwärts wie rückwärts zählen, es versteht die Umkehrbarkeit von Addition und Subtraktion *(8 - 2 = 6 → 6 + 2 = 8)*, es kann Zahlen in Teilkomponenten zerlegen *(8 = 6 + 2, aber auch 8 = 4 + 4 etc.)*.

Wir erkennen an diesem Modell, dass der Umgang mit Zahlen bereits früh, etwa im Alter von zwei Jahren, beginnt und sich dann immer weiter ausbaut. Und während unsere Kinder zu Beginn „lediglich" Zahlwörter in einer bestimmten Reihenfolge vor sich hinsagen, werden sie sich erst nach längerer Zeit der Bedeutung jeder einzelnen Zahl als Symbol für eine Menge bewusst. Und erst etliche Zeit später fangen sie an zu verstehen, dass Zahlen ebenso wie Mengen zerlegt werden können und Beziehungen zueinander haben. Dieser Prozess beginnt im Zehner-Raum und setzt sich später für größere Zahlen fort. Dabei ist dessen Gelingen im kleinen Zahlenraum von größter Bedeutung, damit das Kind später im Hunderter- oder Tausender-Raum vorankommen kann. Anhand dieses Modells können wir einen ersten Eindruck davon gewinnen, dass ein rechenschwaches Kind, das beispielsweise in der 3. Klasse seine Rechenaufgaben nur durch mechanisches Weiterzählen löst, wohl noch nicht über die vierte Ebene hinausgekommen sein kann.

Wenn ein Kleinkind anfängt, Steine, Kastanien oder Murmeln abzuzählen, können wir auch dabei seine Entwicklung gut beobachten und Fortschritte bei der Anwendung bestimmter Zählprinzipien erkennen. Lesen Sie jetzt, welche Prinzipien das sind:

Die Zählprinzipien

Auch die Forscher *Gelman* und *Gallistel* (1978) untersuchten die Prozesse des Zählens und Abzählens und stellten fünf bedeutsame Zählprinzipien heraus:

1) Das Prinzip der Eins-zu-eins-Zuordnung

*Die dreijährige **Jana** zählt ihre Muscheln am Strand, sie kann jedoch noch nicht synchron zählen und antippen: Einmal nennt sie ein Zahlwort, ohne eine Muschel zu berühren, ein andermal schiebt sie zwei Muscheln beiseite, nennt aber nur ein Zahlwort.*
Sie übt das Abzählen, hat aber das Prinzip der Eins-zu-eins-Zuordnung noch nicht verinnerlicht.

2) Das Prinzip der stabilen Abfolge der Zahlwörter

*Janas kleiner Bruder **Ben** möchte ebenfalls Muscheln zählen: „Eins, zwei, vier, sechs, acht." Beim zweiten Versuch hört man: „Eins, zwei, vier, fünf, drei" und erkennt, dass Ben an der stabilen Abfolge der Zahlwörter noch hart arbeitet.*

3) Das Kardinalitätsprinzip

***Sina** dagegen ist schon etwas weiter als Jana und Ben. Sie zählt ihre Muscheln „eins, zwei, drei, vier, fünf sechs, sieben, acht" und tippt jeweils pro Zahlwort exakt eine Muschel an. Als Papa sie fragt, wie viele Muscheln sie denn nun habe, beginnt Sina sofort wieder demonstrativ zu zählen: „Eins, zwei, drei, vier, fünf, sechs, sieben, acht." Offensichtlich versteht Sina die Frage „Wie viele sind es?" als Aufforderung zu zählen und dabei vorzuführen, wie lange dieses Zählen dauert.*

Das Kardinalitätsprinzip besagt, dass das letztgenannte Zahlwort die Größe der Menge angibt. Das aber hat Sina noch nicht verinnerlicht.

4) Das Prinzip der Irrelevanz der Abfolge
Jakob ist Vorschulkind und kann über die Zählversuche von Jana, Ben und Sina nur schmunzeln. Er zählt für Mama ab, wie viele Muscheln er gesammelt hat, und kommt auf stolze 18. Dabei zählt er schön von links nach rechts. Als Mama ihn aber fragt, wie viele es denn sind, wenn er auf der anderen Seite zu zählen beginnt, antwortet er: „Das weiß ich nicht, ich habe es noch nicht ausprobiert." Er beginnt an der rechten Seite zu zählen und kommt ebenfalls auf 18.
Das war für ihn nicht selbstverständlich. Wenn er diese Erfahrung aber öfter macht, wird er merken: Wenn's einmal 18 sind, sind's immer 18 – egal, von welcher Seite man zählt.

5) Das Abstraktionsprinzip
*Die Erzieherin bittet **Kevin**, alle Kinder im Stuhlkreis zu zählen, und Kevin fragt spontan nach: „Auch die Mädchen?"*
Solche Unsicherheiten sind typisch, denn Kinder müssen erst lernen, dass man auch über Kategorien hinweg abzählen kann. So ist es möglich, im Zoo alle Affen, alle Löwen oder alle Nashörner zu zählen, man kann aber auch alle Tiere insgesamt zählen.

Das Zählen ist innerhalb der mathematischen Entwicklung unserer Kinder von großer Bedeutung. Denn zum einen fangen sie auf dem Weg vom Zählen zum Abzählen an, die Zahlwörter immer stärker mit den zugehörigen Mengen zu verknüpfen (die „Fünf" ist eben kein Eigenname, sondern sie ist das Symbol für die zugehörige Menge) – zum anderen werden die frühen Rechenoperationen (Addition und Subtraktion) durch Zählen gemeistert. Über das zählende Rechnen gelangen unsere Kinder allmählich zu immer effektiveren Rechenstrategien:

Die ersten Rechenstrategien

1) Die Summen-Strategie
Leon *(4 Jahre alt) übt sich im Rechnen. Sein Bruder ist in der ersten Klasse, Leon hat ihm einiges abgeschaut und sitzt nun im Kindergarten am Gruppentisch und rechnet mit seinen Spielsteinen. Vor ihm stehen zwei Becher, von denen der eine drei, der andere vier Steine enthält. Die Erzieherin fragt, wie viele Steine es zusammen sind. Leon zählt nun die Steine des ersten Bechers („eins, zwei, drei"), dann die des zweiten Bechers („eins, zwei, drei, vier") und schließlich alle Steine zusammen: „Eins, zwei, drei, vier, fünf, sechs, sieben. Es sind insgesamt sieben Steine."*

Wir können daran erkennen, dass Leon noch eine „unzerbrechliche Zahlwortkette" nutzt, was dazu führt, dass er immer von der Eins an zählen muss. Er ist auch noch nicht in der Lage, die ersten drei als Anzahl zu nehmen, von der aus er weiterzählen kann.

2) Die Strategie des Weiterzählens
Sarah *hat Leon beobachtet und führt ihm nun vor, dass es auch einfacher geht. Sie zählt die Steine des ersten Bechers („eins, zwei, drei") und zählt dann im zweiten Becher einfach weiter („vier, fünf, sechs, sieben").*

Sarahs Zahlenkette ist bereits aufgebrochen, so dass sie von der Vier an weiterzählen kann.

3) Die Strategie des Aufzählens
*Der 6-jährige **Max** findet das Vorgehen von Leon und Sarah reichlich kindisch. Er erkennt auf einen Blick, dass sich im ersten Becher drei Steine befinden und zählt einfach die Steine des zweiten Bechers auf („**drei** ... vier, fünf, sechs, sieben").*

Sein Vorgehen belegt, dass er bereits über eine „numerische Zahlwortkette" verfügt und das Zahlwort „drei" mit der Menge im ersten Becher verknüpft.

4) Die Minimier-Strategie
Kurze Zeit später merkt Max, dass man sich's noch leichter machen kann: Er beginnt nun mit dem zweiten Becher, in dem er auf einen Blick vier Steine entdeckt, und zählt die anderen Steine auf („vier ... fünf, sechs, sieben"). Damit hat er sich einen Zählschritt gespart.

Dieses Prinzip, dass man Summanden vertauschen darf, lernen die Kinder erst viel später als Kommutativgesetz kennen *(6 + 3 = 3 + 6)*. Viele Sechsjährige, die sich mit dem Abzählen von Mengen beschäftigen, haben dieses Wissen jedoch schon implizit, also ganz nebenbei erworben.

5) Die Abruf-Strategie

*Die Zweitklässlerin **Esther** ist verwundert, dass man sich beim Rechnen so viel Mühe machen kann. „3 plus 4 sind 7, das weiß doch jedes Kind!"*
Sie ruft diese Additionsfakten einfach ab. Wir können aber sicher sein, dass Esther im Laufe ihrer Entwicklung die gleichen Schritte hat gehen müssen wie Leon, Sarah und Max.

6) Die Strategie der Aufgabenzerlegung

Hier handelt es sich um die „hohe Schule" des Rechnens, die wir bei den meisten Kindern erst in der zweiten Hälfte des ersten Schuljahres beobachten können.
*So löst beispielsweise **Philina** die Aufgabe 12 + 6 = ? ganz geschickt, indem sie schon viel Wissen um die Zerlegung von Zahlen, aber auch um das „kleine Einspluseins" nutzt. Weil sie weiß, dass die 12 aus 10 plus 2 besteht, ruft sie einfach das Ergebnis der „kleinen Aufgabe" (2 + 6 = 8) ab und muss dann nur noch die weggemogelten 10 dazurechnen.*
Erahnen Sie, wie weit und mühsam ihr Weg bis dahin gewesen sein mag?

Rechnen lernen in Stufen

Aufbau und Verinnerlichung mathematischer Operationen

Unter „mathematischen Operationen" verstehen wir die Grundrechenarten, also Rechnen mit „plus", „minus", „mal" und „geteilt". Man könnte meinen, diese werden erst in der Schule gelernt. Tatsächlich aber führen unsere Kinder bereits lange vor der Einschulung Rechnungen mit Materialien durch – ohne zu wissen, dass es sich hier um „Mathematik" handelt.
So gibt **Anna** ihrer Schwester zwei von vier Keksen ab und hat damit eigentlich durch zwei dividiert. **Tom** bekommt zu seinen drei Bausteinen noch vier

dazu und erkennt, dass er nun nach dieser Addition sieben hat. **Katharina** gibt von ihren zehn Kirschen vier an ihren Bruder ab und hat damit ihre Kirschen-Menge vermindert, was einer Subtraktion gleichkommt.

Unsere Kinder haben sehr wohl ein Verständnis für solche Handlungen mit Mengen und Anzahlen: Kein Vorschulkind würde erwarten, dass es mehr Gummibärchen hat, nachdem es welche abgegeben oder mit der Schwester geteilt hat. Ebenso weiß es, dass es mehr Bärchen hat, nachdem es welche dazubekam. Man nennt das ein *„intuitives mathematisches Verständnis"*. Kinder gehen mit Mengen und Zahlen um, sie vergleichen, vermehren, vermindern oder teilen auf – sie „operieren" mit Mengen und Zahlen. Zum Beispiel Lea (6 Jahre alt):

Mehr Meerschweinchen

Leas Mutter ist Biologin und züchtet Meerschweinchen. Zwei davon gehören Lea, fünf ihrem großen Bruder Lukas. Lea ist sehr wohl klar, dass sie noch drei Meerschweinchen dazubekommen müsste, um genau so viele Tiere zu haben wie Lukas. Selbstverständlich weiß sie auch, dass sie und ihr Bruder zusammen sieben Meerschweinchen besitzen.

Gäbe man Lea die Aufgabe $2 + \square = 5$, könnte sie damit sicher nicht umgehen, denn diese abstrakte Aufgabe hat für sie keinerlei Bezug zu ihrem alltäglichen Umfeld. Sie gehört zum Gebiet der *„kulturellen Mathematik"*, das sich den Kindern üblicherweise erst in der Schule erschließt.

Am besten ist es natürlich, wenn die Vermittlung der kulturellen Mathematik möglichst gut an das intuitive Verständnis der Kinder anknüpft, so dass die Rechnungen für sie auch alltägliche Bedeutung erlangen.

Das Vier-Stufen-Modell für den Unterricht

Sehen wir uns nun an, nach welchem Schema der schulische Unterricht mathematische Operationen vermittelt und ihre Verinnerlichung ermöglichen soll. Der Schweizer Forscher *Hans Aebli* entwickelte dazu ein vierstufiges Modell:

Stufe 1: Konkrete Handlung

Hier führt die Lehrerin Rechenhandlungen mit Gegenständen vor. Zum Beispiel legt sie drei Äpfel auf den Tisch, fügt zwei Äpfel hinzu, schiebt alle zusammen und hat damit die Addition vorgeführt. Die Kinder sollen das nachmachen. Das

Ziel der Übung ist, dass die Kinder den *Kern* der Handlung erfassen. So ist es egal, ob die Äpfel rot oder grün sind. Entscheidend ist der Handlungsablauf, bei dem zu einer Menge von Äpfeln weitere hinzugefügt wurden. Diese Handlungen führen die Kinder dann auch selbst mit Material durch. Ist die Handlung den Kindern hinreichend geläufig, erfolgt der Übergang zu Stufe 2.

Stufe 2: Bildliche Darstellung
Nun wird die Additionshandlung als Abbildung dargestellt, was beispielsweise so aussehen könnte:

• • •   • •

Während auf der ersten Stufe das Material dreidimensional und die Handlung dynamisch war, sind die Punkte nun nur noch zweidimensional, und die Darstellung der Situation ist statisch. Das heißt: Die Kinder müssen sich vorstellen, dass die Punkte zusammengeschoben werden. Entscheidend ist also, dass die Kinder sich die eigentliche Handlung, die hinter dieser Abbildung steht, immer wieder vergegenwärtigen können.
Wenn das sicher gelingt, kommt Stufe 3.

Stufe 3: Symbolische Darstellung
Nun treten die Zahlsymbole zu der bildlichen Darstellung hinzu:

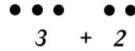
  3   +   2

Das bedeutet eine weitere Abstraktion. Denn die Kinder müssen sich hinter der Zahl 3 die Menge mit drei Elementen vorstellen und schließlich deren Verknüpfung mit den zwei Elementen.
Damit die Kinder mit dieser Ziffernrechnung wirklich zurechtkommen, ist es besonders wichtig, dass sie die ersten beiden Phasen völlig verinnerlichen konnten und damit ständig auf die eigentlich zugrunde liegende Handlung zurückgreifen können. Man kann das beispielsweise daran erkennen, dass ein Kind eine Rechengeschichte zu einer vorgegebenen Rechnung erfindet *("Ich habe drei Meerschweinchen und bekomme noch zwei dazu, dann habe ich insgesamt fünf Meerschweinchen")*.
Erst wenn die drei ersten Phasen erfolgreich durchlaufen wurden, gelangt man zur Stufe 4.

Stufe 4: Automatisierung

Nun baut das Kind auf der Basis des vorangegangenen Verständnisses Faktenwissen auf: Dadurch, dass beispielsweise bei 4 + 3 = immer die 7 herauskommt, entsteht eine Verknüpfung zwischen Aufgabe und Ergebnis. Diese Verknüpfungen werden mit zunehmender Übung so eng, dass die Ergebnisse zu den einzelnen Aufgaben sich „aufdrängen". (Sie haben es zu Beginn dieses Kapitels selbst erlebt.)

In der Schule werden diese Verknüpfungen dadurch angestrebt, dass die Kinder ganze „Päckchen" von Aufgaben rechnen und dabei immer schneller und sicherer werden. Es versteht sich von selbst, dass solche Automatisierungsübungen nur sinnvoll sind, wenn das Kind die vorherigen Phasen wirklich erfolgreich durchlaufen konnte – wenn es also weiß, was *4 + 3* tatsächlich bedeutet.

Ohne dieses grundlegende Verständnis werden Automatisierungsübungen zu sinnlosem Übe-Drill, wie man an vielen rechenschwachen Kindern beobachten kann, denen bei Schwierigkeiten im Fach Mathematik lediglich *„Mehr üben!"* empfohlen wird.

Modell und Umsetzung

Dieses Modell, das den Weg von der konkreten Handlung zur abstrakten Vorstellung beschreibt, wird allen Grundschul-Lehrkräften im Studium vermittelt und bildete viele Jahrzehnte lang das Fundament für den Mathematikunterricht. Leider wird dieses Modell jedoch auch häufig missverstanden und ist darum heftig in die Kritik geraten.

Ein wesentliches Missverständnis besteht darin, dass man meint, alle Kinder würden in Phase 1 tatsächlich den *Kern* der Handlung erkennen und das „abstrakte Gerüst" der Rechenhandlung verinnerlichen. Dazu ein Dialog zwischen einem Erstklässler und mir:

Äpfel sind Äpfel – mehr nicht
David: „Heute hatte Frau Fischer Äpfel in der Schule dabei."
P. K.: „Wie viele?"
David: „Keine Ahnung, ich hab' die doch nicht gezählt."
P. K.: „Was hat Frau Fischer denn mit den Äpfeln gemacht?"
David: „Erstmal ist einer runtergefallen, den hat der Tobi gefunden und reingebissen."

P. K.: „Und dann, wie hat Frau Fischer denn die Äpfel auf den Tisch gelegt?"
David: „Einer war schon ganz runzelig, richtig eklig."
P. K.: „David, erzähl doch mal, was sie euch vorgeführt hat mit den Äpfeln."
David: „Du, die hat an jedem Finger 'nen Ring und dann hat sie noch ganz braune Flecken auf den Händen, ist das 'ne Krankheit?"
Meinen Sie, David gelangte tatsächlich zum „Kern" der Rechenhandlung?

Förderlehrerinnen beklagen immer wieder: *„In den Förderstunden arbeiten wir intensiv mit Material, wir hantieren in einem fort mit Steckwürfeln, Rechenketten oder Abakus – und wenn die Kinder dann ohne Material rechnen sollen, sind sie keinen Schritt weiter."*
Ist das denn wirklich so verwunderlich? **Sandra**, das erste rechenschwache Kind, mit dem ich arbeitete, berichtete mir, sie übe in der Schule mit dem Abakus. Als ich fragte, wie viele Kugeln denn da in einer Reihe sind, schaute sie mich nachdenklich an: „Fünf, oder acht, oder hundert?" Wie sollte Sandra eine Vorstellung von etwas aufbauen, das sie noch nicht durchdrungen hatte?

Man sieht nur, was man weiß

Ein gutes Beispiel kommt aus meiner eigenen Erfahrung: Als mein Mann und ich uns erst kurze Zeit kannten, erzählte er mir von seinem Interesse am barocken Baustil. Selbstverständlich begleitete ich ihn im Urlaub in jede Kirche und war auch willens gut hinzuschauen, damit wir hinterher unsere Eindrücke austauschen könnten. Doch während er mir noch tagelang von der herrlichen Kartusche unter dem gesprengten Giebel, den anmutigen Vasen, Gesimsfiguren und filigranen Pilastern vorschwärmte und auf Ähnlichkeiten mit den gestern, vorgestern oder letzte Woche besichtigten Bauwerken hinwies, erschöpften sich meine Eindrücke in weit profaneren Bildern („Da war es aber ganz schön kalt" • „Viel zu bunt" • „Jemand hatte seinen Schal vergessen" ...). Ich hatte dieselben Kirchen besichtigt wie er, aber ganz andere Dinge gesehen (und sicher nicht die wesentlichen). Erst nach vielen gemeinsamen Jahren und unzähligen Kirchen und Erläuterungen habe ich ähnliche Vorstellungsbilder wie er. Denn jetzt weiß ich, worauf ich schauen muss.

Unsere Kinder sehen und speichern nur das, was sie verstehen und einordnen können. Außerdem müssen wir ihre Übertragung in die Vorstellung schrittweise begleiten, indem wir viel über das Wesentliche der Rechenhandlungen sprechen und die Kinder die Handlungen, die sie gerade gesehen haben, beschreiben lassen, während das Material unbenutzt vor ihnen liegt. Wesentlich ist also nicht das Handeln oder Hantieren an sich. Entscheidend sind das Nachdenken und das Sprechen darüber, *warum ich wie viele* Perlen bewege, *warum ich eine ganze Reihe schiebe* etc. Das kommt häufig zu kurz – auch im Rahmen des schulischen Förderunterrichts. Stattdessen nutzen die Kinder das Material schlicht als Zählhilfe, und das Wesentliche – nämlich das Sprechen über das mathematisch Bedeutsame und die gezielte Übertragung in die Vorstellung – bleibt auf der Strecke.

In diesem Modell werden Zahlen in ihrer Bedeutung als Platzhalter für Mengen betont. Das ist grundsätzlich sinnvoll, es fehlt aber die Hinführung der Kinder zu der Erkenntnis, dass Zahlen nicht nur als Platzhalter für Mengen stehen, sondern dass diese Zahlen auch Beziehungen untereinander haben. Man spricht hier vom Aspekt der „Relationalzahl". Der bedeutet, dass beispielsweise zwischen der Zahl 3 und der Zahl 5 eine Beziehung besteht, denn die 5 setzt sich aus der 3 und der 2 zusammen. Ein solches Verständnis der Zahlbeziehungen ist beispielsweise in folgender Aufgabe gefragt:

Fritz hat 5 Murmeln, Hans hat 3 Murmeln.
Wie viele Murmeln hat Fritz mehr als Hans?

Dieses Verständnis der Zahlbeziehungen ist für ein tiefes mathematisches Verständnis der Kinder unabdingbar. Starke Rechner erkennen diese Zahlbeziehungen ganz nebenbei, während sie sich mit Zahlen beschäftigen. Schwache Rechner müssen zu diesem Verständnis explizit hingeführt werden.

Wir sehen: Mathematik lässt sich nicht durch bloßes Einüben erlernen oder dadurch, dass wir Kindern immer wieder vormachen, wie es geht. Jedes Kind muss sich sein eigenes mathematisches Verständnis konstruieren. Wir Erwachsenen können ihm nur Weggefährten sein, indem wir nicht nur geeignete Materialien vorgeben, sondern das Kind ausdrücklich und unmissverständlich zum Wesentlichen hinführen.

Kapitel 2: Das Wichtigste in Kürze

- Der Umgang mit Zahlen und das Rechnen stellen große Anforderungen an die Wahrnehmung und die geistige Verarbeitung unserer Kinder.
- Jedes Kind muss sich sein eigenes mathematisches Verständnis konstruieren.
- Schon Säuglinge können Unterschiede zwischen Mengen bzw. Anzahlen erkennen.
- Das Zählen ist für Kinder der erste Zugang zum Rechnen. Doch wenn ein Kind seine Aufgaben nur durch Weiterzählen lösen kann, hat es noch kein echtes Verständnis der Addition.
- Es ist nicht sicher, dass Kinder beim bloßen „Hantieren" mit Anschauungsmaterial wirklich zum „Kern" der Handlung gelangen.
- Zahlen haben verschiedene „Gesichter": Sie sind Glieder, die an einer bestimmten Stelle der Zahlwortreihe stehen. Sie dienen als Symbole für die Mächtigkeit von Mengen. Und sie haben Beziehungen zu anderen Zahlen.

RECHENSCHWÄCHE: WAS VERBIRGT SICH HINTER DYSKALKULIE?

In diesem Kapitel erfahren Sie, ...

- ▶ was man unter dem Begriff „Dyskalkulie" versteht
- ▶ welche Ursachen für eine Dyskalkulie verantwortlich sein können und welche Warnsignale Sie ernst nehmen sollten
- ▶ wie man eine Dyskalkulie feststellen kann
- ▶ welche fatalen Folgen eine unerkannte Dyskalkulie für die Seele eines Kindes haben kann
- ▶ wie aus einer Dyskalkulie ein allgemeines Schulversagen werden kann

Was hinter der Diagnose „Dyskalkulie" steckt

Fragen über Fragen
„Ist Dyskalkulie eine Krankheit?" • „Ist das eine Behinderung?" • „Wie sind die Heilungschancen?" • „Wird mein Kind jemals einen Schulabschluss schaffen?" • „Wird es wenigstens später einmal im Alltag mit Zahlen zurechtkommen, etwa beim Einkaufen, bei Bankgeschäften und in all den anderen Lebensbereichen, in denen der Umgang mit Zahlen selbstverständlich ist?" • „Woher kommt so etwas?" • „Was haben wir falsch gemacht?"
Fragen über Fragen schießen Janas Mutter durch den Kopf, als die Kinderpsychologin ihr die Diagnose mitteilt: „Wir haben bei Ihrer Tochter eine Dyskalkulie festgestellt." Sicherlich wird sie beraten, denn jetzt gibt es viel zu tun: Mit der Schule muss besprochen werden, ob Jana dort eine gezielte Förderung erhalten kann. Außerdem ist zu klären, ob die Klassenlehrerin die Mathematiknote eine Zeitlang aussetzen kann. Die Eltern wollen sich einer Selbsthilfegruppe anschließen, um sich im Gespräch mit anderen Eltern Entlastung und Tipps zu holen, Jana soll eine Dyskalkulie-Therapie bekommen. Diese muss beantragt und eine geeignete Stelle für die Therapie gefunden werden und und und ...

Wie heißt dieses Matheproblem nun eigentlich? Rechenschwäche, Rechenstörung, Dyskalkulie, Arithmasthenie ...? Ein Wirrwarr an Bezeichnungen ist im Umlauf und sorgt für Verwirrung. Tatsächlich verwenden verschiedene Forschergruppen und auch Therapieinstitute unterschiedliche Begriffe, die bislang noch nicht klar voneinander abgegrenzt sind. Vielfach wird unter unterschiedlichen Bezeichnungen die gleiche Problematik verstanden, nämlich die Tatsache, dass ein normal begabtes Kind die Grundschulmathematik – also den Umgang mit „plus", „minus", „mal" und „geteilt" – trotz intensiven Übens nicht meistern kann.

So wird bei der Definition einer Dyskalkulie von folgenden Eckpunkten ausgegangen:

> ### „UMSCHRIEBENE PROBLEMATIK"
>
> Die Problematik tritt in der Regel bereits in der Grundschule auf und betrifft das Verständnis und die Beherrschung der Grundrechenarten Addition, Subtraktion, Multiplikation und Division. Die Rechenschwierigkeiten sind nicht auf eine allgemeine Intelligenzminderung oder auf mangelnde Schulqualität zurückzuführen. Auch Seh- oder Hörstörungen oder andere Störungen müssen als Ursachen ausgeschlossen sein, ebenso neurologische, psychiatrische oder andere Erkrankungen des Kindes. Bei der Dyskalkulie handelt es sich um eine „umschriebene" Problematik, das heißt: Die Schulleistungen in anderen Fächern können durchschnittlich bis sehr gut sein – und trotzdem hat das Kind Schwierigkeiten beim Rechnen.

Bei einem Kind, das im Grundschulalter in Mathematik erfolgreich war, im Gymnasium darin aber große Verständnisschwierigkeiten bekommt, gehen wir in der Regel nicht von einer Dyskalkulie aus, auch nicht bei einem Kind mit geringem allgemeinen Begabungsniveau oder mit Erkrankungen, die üblicherweise eine allgemeine Lernbeeinträchtigung nach sich ziehen. Es handelt sich bei der Dyskalkulie also um ein „erwartungswidriges" Versagen beim Rechnenlernen. Dyskalkuliker sind keinesfalls „zu dumm zum Rechnen", sie sind auch kein Fall für die Förderschule. Sie sind normal intelligente, manchmal sogar hoch intelligente Kinder. Sie haben einen Bereich, in dem sie schwach sind (Wer hat den nicht?). Aber sie haben das Pech, dass dieser Bereich in unserer Gesellschaft und unserem Schulsystem für das Vorankommen äußerst wichtig ist.

VERSAGEN OHNE ERKENNBAREN GRUND

Auch wenn ein Kind im Verlauf des ersten Schuljahres krankheitsbedingt nur selten am Unterricht teilnehmen konnte und sich aufgrund dieses Mangels an Lerngelegenheit in Mathematik schwertut, gehen wir nicht von einer Dyskalkulie aus. Natürlich dürfen auch keine psychiatrische Erkrankung (z. B. Schizophrenie) oder große psychische Belastung (etwa Trennung der Eltern) als Ursache für das Versagen des Kindes infrage kommen.

Besondere Lebensumstände – eine mögliche Erklärung

Neben diesem *unerklärlichen* Versagen beim Rechnenlernen ist auch ein *„erklärliches"* Versagen denkbar – und das ist von einer Dyskalkulie abzugrenzen: Stellen wir uns einmal vor, ein Kind war im ersten Schuljahr sehr lange krank – dann entstehen natürlich große Lücken im Schulstoff, und Lernprobleme sind oft unausweichlich. Ähnlich wird es einem Kind ergehen, das beispielsweise durch die Trennung seiner Eltern psychisch stark belastet ist – dieses Kind ist sicherlich nicht voll aufnahmebereit für das gesamte Lernangebot der Schule. Auch ein früher Schulwechsel, etwa durch einen Umzug der Familie, kann einen solchen Belastungsfaktor darstellen, der dem Kind erfolgreiches Arbeiten in der Schule erschwert. Diese und noch viele weitere „besondere Lebensumstände" können Ursachen für Probleme beim Rechnenlernen sein.

Dabei werden sich solche Belastungsfaktoren aber nicht nur in Mathematik zeigen, sondern sich auf das gesamte schulische Vorankommen dieses Kindes auswirken. In der Regel verschwinden diese Lernprobleme allmählich, wenn sich die emotionale Situation des Kindes entspannt.

Was ist bei unterdurchschnittlicher Intelligenz?

Noch eine weitere Gruppe von Kindern kann Schwierigkeiten mit der Mathematik haben, und trotzdem gehören diese Kinder nicht in die Kategorie der Dyskalkuliker – nämlich Kinder mit einem *„schwachen allgemeinen Begabungsniveau"*. Das sind Kinder, deren Intelligenz im Grenzbereich liegt. Sie sind nicht so schwach begabt, dass sie in einer Schule zur individuellen Lernförderung (früher: Sonderschule) gut aufgehoben wären. Ihre intellektuelle Grundausstattung reicht aber auch nicht aus, dass sie in der Regelschule problemlos mithalten können.

Diese Kinder haben aber nicht nur beim Rechnen Probleme, sondern alle Bereiche des schulischen Lernens und Arbeitens fallen ihnen meist über die gesamte Schulzeit hinweg schwer. Ihre Probleme beim Rechnen kommen also keinesfalls unerwartet. Diesen Kindern ist zu wünschen, dass sie in der Regelschule eine wirkliche Inklusion erhalten, das heißt, dass sie vermehrt sonderpädagogischen Beistand, gezielte Förderung und vor allem pädagogisches Verständnis erhalten.

Wenn der Intelligenz bei der Dyskalkulie-Diagnose eine solch große Bedeutung beigemessen wird, stellt sich natürlich die Frage, ob man tatsächlich davon ausgehen muss, dass es sich bei einem Kind mit Dyskalkulie um ein gänzlich anderes Phänomen handelt als bei einem Kind, das bei eher schwacher allgemeiner Begabung neben den Matheproblemen auch Probleme in anderen Fächern hat. Liegen also einer Dyskalkulie völlig andere Ursachen zugrunde als einer Rechenschwäche? Diese Frage lässt sich auf der Basis neuer Forschungsergebnisse klar verneinen. Sowohl in Bezug auf die Ursachen als auch hinsichtlich der Förderbarkeit finden wir keine grundsätzlichen Unterschiede zwischen der Dyskalkulie als der schweren, isolierten Form von Rechenproblemen und der Rechenschwäche, die vielleicht noch mit Problemen in anderen Fächern einhergeht. Insofern ist diese „Diskrepanzdefinition" (eine Dyskalkulie besteht nur bei mindestens durchschnittlicher Intelligenz und ebenfalls durchschnittlichen Leistungen in anderen Schulfächern) heute durchaus anzuzweifeln. Jedes Kind, das Rechenprobleme hat, hörte an irgendeinem Punkt auf, die Mathematik zu verstehen, und dieser Punkt war oft erschreckend früh in seiner Schulkarriere. In der Betreuung des Kindes gilt es aber, genau diesen Punkt zu finden, um dem Kind die Grundschulmathematik verständlich zu machen.

DYSKALKULIE – EINE SELTENHEIT?

Von einer Dyskalkulie, die die eingangs genannten Kriterien erfüllt (mindestens durchschnittliche Intelligenz, überdauernde Probleme mit Verständnis und Anwendung der Grundschulmathematik, für die keine äußeren Ursachen auffindbar sind), sind etwa 3 bis 8% unserer Schulkinder betroffen und damit deutlich mehr Kinder, als man noch vor wenigen Jahren annahm.

Demnach sind im Grundschulbereich Kinder mit Dyskalkulie etwa genau so häufig anzutreffen wie Legastheniker. Statistisch gesehen sitzen also in jeder Schulklasse mit durchschnittlich 25 Schülern ein bis zwei Kinder mit Dyskalkulie. Die häufig geäußerte Annahme, Mädchen seien häufiger betroffen als Jungen, scheint nicht zuzutreffen; aktuelle Forschungsdaten sprechen eher für ein ausgewogenes Geschlechterverhältnis.

KOMBINATION VERSCHIEDENER LERNSTÖRUNGEN

Die Diagnosestellung wird im Alltag dadurch erschwert, dass die Dyskalkulie in vielen Fällen in Kombination mit einer Lese-/Rechtschreibschwäche (Legasthenie) oder einer Aufmerksamkeitsstörung (ADS) auftritt. So fällt das Versagen der Kinder in Mathematik nicht so stark auf, weil sie auch in anderen Leistungsbereichen Rückstände zeigen.

Kombinierte Schwächen
*Bei **Maike** beispielsweise wurde am Ende des zweiten Schuljahres eine Legasthenie festgestellt. Die Lehrerin hatte lange an dieser Diagnose gezweifelt, weil Maike in Mathe „ja auch keine Leuchte" sei. Die sorgfältige Diagnostik ergab aber für das Mädchen eine Intelligenz im oberen Durchschnittsbereich, die in großer Diskrepanz zu ihren schwachen Lese- und Rechtschreibleistungen stand.*
Niemand hatte aber wirklich erkannt, dass Maike auch in ihrem mathematischen Verständnis von Anfang an größte Defizite hatte und den Mathematikstoff bislang kaum hatte verinnerlichen können. Bei Rechenaufgaben rettete sie sich durch Zählen und sie zählte mittlerweile wirklich in atemberaubendem Tempo. Bei Arbeiten war ihr die Banknachbarin eine große Hilfe. So hatte sie immerhin eine wackelige Vier halten können. Als Maikes mathematische Ersatzstrategien im dritten Schuljahr schließlich zusammenbrachen, wurde auch noch eine Dyskalkulie diagnostiziert.
Dass Maike schon lange kein Selbstbewusstsein mehr besaß und sich für „dumm" hielt, mag nicht verwundern. Und es fiel für sie auch nicht ins Gewicht, dass sie im Sachunterricht immer hervorragend zurechtkam und die Lehrerin ihr ein sehr gutes logisches Denkvermögen bescheinigte.

Die Zahlen für das gemeinsame Auftreten mehrerer Lernstörungen (Komorbidität) sind noch recht uneinheitlich. Man kann aber grob sagen, dass bei etwa 40 bis 60 % der Kinder mit Dyskalkulie auch Probleme beim Schriftsprach-Erwerb feststellbar sind, während das gemeinsame Auftreten von Dyskalkulie und Aufmerksamkeitsstörungen bei etwa 30 % unserer Kinder beobachtet wird.

Die Dyskalkulie gibt es nicht

Sie wissen inzwischen, dass Zahlverarbeitung und Rechnen sehr komplexe Leistungen sind. So ist auch eine Rechenschwäche nicht als Ausfall eines einheitlichen „Rechenzentrums" zu verstehen, sondern man muss beim komplexen Zusammenwirken der verschiedenen Funktionsbereiche herausfinden, ob die „Module" in sich gut funktionieren und ob sie gut zusammenarbeiten.

Subtypen:
Tiefgreifend, sprachlich, arabisch

Sie erinnern sich noch an die Firma „Plusminus-Back" im 2. Kapitel mit dem „Modell der Zahlverarbeitung und des Rechnens", das in dieses Firmengebäude einzog? Dann wollen wir dieses Modell zu Hilfe nehmen, wenn wir uns – unter der Anleitung des Schweizer Kinder- und Jugendpsychiaters *Michael von Aster* auf die Suche nach Subtypen, also Untergruppen der Dyskalkulie machen.

„RECHENFIRMA" GEHIRN: DREI MODULE

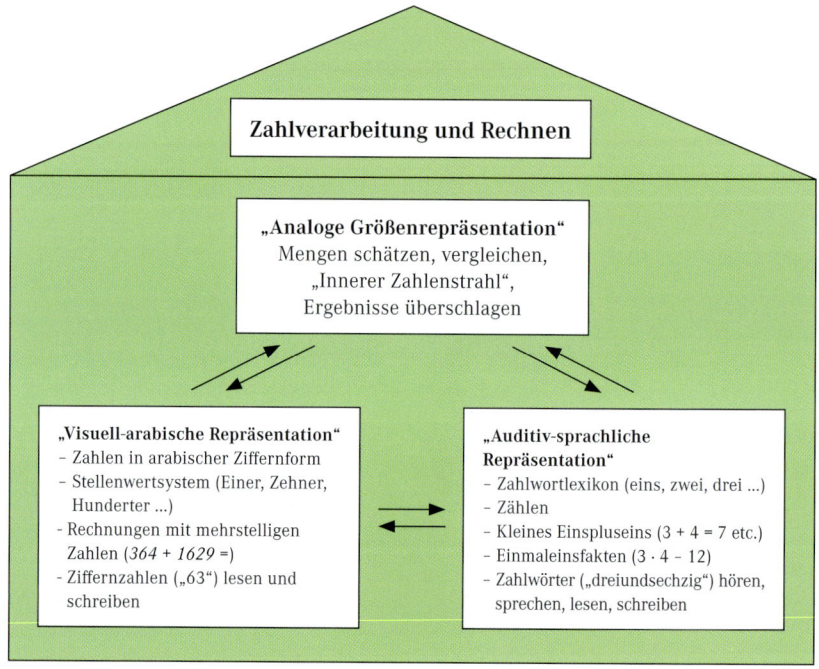

Der tiefgreifende Subtyp

*Für den ersten, den tiefgreifenden Subtyp stelle ich Ihnen **Cora** vor. Sie geht in die dritte Klasse und zeigt gute bis sehr gute Leistungen in allen Fächern außer in Mathematik. Da kommt sie noch nicht einmal im Zwanziger-Raum zurecht. Ihre Mutter, die selbst früher große Probleme mit Mathematik hatte, übt regelmäßig mit Cora das Kopfrechnen, damit ihre Tochter – wie sie betont – ein stabiles Fundament habe. So kann Cora kleine Additionsaufgaben wie 4 + 5 = 9 oder auch das Einmaleins sehr gut. Denn sie hat alles, was sie geübt hat, auswendig gelernt. Und sie hat ein gutes Gedächtnis.*

Fällt ihr aber einmal die Lösung einer Aufgabe nicht spontan ein, weiß sie sich nicht zu helfen und kann das Ergebnis auch nicht auf Umwegen errechnen. Gelingt es ihr zum Beispiel einmal nicht, das Ergebnis von 6 · 8 abzurufen, kann sie nicht den Umweg über 5 · 8 + 8 gehen, sondern wartet hilflos, bis ihr vielleicht doch noch die passende Zahl einfällt.

Cora kann auch Mengen gut abzählen, aber das Schätzen gelingt ihr nicht, und auch die Orientierung an einem inneren Zahlenstrahl ist ihr unmöglich. Cora rechnet rein mechanisch und scheint dabei nicht zu wissen, was sie eigentlich tut, und wie der Zahlenraum ausgestattet ist, in dem sie sich dabei bewegt.

Bei Cora bestehen offenbar große Probleme im *Modul der „analogen Größenrepräsentation"*. Da dieses Modul aber auch den „Zahlensinn" – also das eigentliche, tiefe Verständnis der Bedeutung von Zahlen – beinhaltet, ist davon auszugehen, dass sich auf dieser Basis auch die beiden anderen Module nicht gut weiterentwickeln können. So wird sich für Cora die Grundschulmathematik nie gänzlich erschließen, sofern sie keine gezielte Förderung erhält.

Der sprachliche Subtyp

Nikos Matheprobleme sind eher dem sprachlichen Subtyp zuzuordnen. Seine Freunde nennen ihn den „Bomber" und beschreiben ihn damit sehr gut: Niko ist impulsiv und schnell. Wo er sich befindet, „geht die Post ab". Dabei handelt er oft oberflächlich und ungenau. So sehen auch die Schulhefte des Zweitklässlers aus: unübersichtlich, alles geht durcheinander, und es wimmelt von Flüchtigkeitsfehlern. Auch seine Sprache ist verwaschen und undeutlich.

Niko hat schon mit dem Abzählen von Spielkarten Probleme. Nicht, dass er nicht zählen könnte, nein! Aber während des Abzählens ist entweder die Hand oder der Mund schneller. Es gibt kein synchrones Tempo, und so kommt Niko oft zu unterschiedlichen Ergebnissen, wenn er einen Kartenstapel mehrmals abzählt. Auch das Rückwärtszählen klappt noch nicht zuverlässig, er verhaspelt sich häufig, weil's halt immer schnell gehen soll.

Dabei muss er noch viele Aufgaben zählend lösen, weil er im Gegensatz zu den meisten seiner Klassenkameraden die Zahlenfakten, also das kleine Einspluseins, noch nicht auswendig kann. So wie Niko sich immer wieder verzählt, ist es auch nicht verwunderlich, dass bei 4 + 5 = ? einmal 9 und ein andermal 8 herauskommt. Wie soll er dann das korrekte Ergebnis zur Aufgabe speichern?

Bei Niko scheint vor allem das *Modul der „auditiv-sprachlichen Repräsentation"* betroffen zu sein.

Der arabische Subtyp
Chiara soll uns als Beispiel für den arabischen Subtyp dienen. Sie wächst zweisprachig italienisch-deutsch auf und besucht die zweite Klasse. Größte Probleme hat sie mit mehrstelligen Zahlen. So schrieb sie Folgendes aufs Blatt: 46 + 30 = 49, und als die Lehrerin sie bat, ihr Ergebnis vorzulesen, bekam sie von Chiara zu hören: „vierundsechzig plus dreißig sind vierundneunzig". Sie hatte also völlig korrekt gerechnet, nur hatte sie beim Vorlesen „Zahlendreher" eingebaut. Auch beim Ordnen vorgesprochener Zahlen macht sie immer wieder Fehler.

Alle anderen Module arbeiten bei Chiara gut, nur das *Modul der „visuell-arabischen Repräsentation"* erscheint geschwächt, was durchaus damit erklärt werden kann, dass Chiara in ihrer Erstsprache, dem Italienischen, Zahlen genau anders herum ausspricht: $\underline{32}$ = **trenta**due / $\underline{32}$ = zweiund**dreißig**. Selbstverständlich treten diese Subtypen eher selten in Reinform auf, häufiger sind Mischtypen. Und auch wenn solche Subtypen wissenschaftlich noch nicht stabil abgesichert sind, hilft uns so eine Einteilung bei der Einschätzung der Stärken und Schwächen eines einzelnen rechenschwachen Kindes.

SYMPTOME EINER DYSKALKULIE

Die Dyskalkulie ist keine homogene Störung, die sich bei jedem betroffenen Kind in den gleichen Rechenfehlern äußert. Die Kinder haben ganz verschiedenartige Schwierigkeiten im Umgang mit Zahlen und beim Rechnen:

ZÄHLEN

Sowohl im Kindergartenalter als auch noch im Schulalter lassen sich bei etlichen betroffenen Kindern Schwierigkeiten beim Zählen, insbesondere beim Rückwärtszählen erkennen. So erlebte ich neulich beim Test einer dyskalkulischen Zweitklässlerin, dass sie mit dem Rückwärtszählen ab 41 überfordert war. Wie soll dieses Kind im schulischen Alltag bis 100 rechnen? Ganz besonders problematisch ist für manche Kinder das Rückwärtszählen über „Stufenzahlen" (100, 1000, 10000 ...) hinweg. Bittet man ein solches Kind: „Zähle rückwärts, beginne bei 102", kann das durchaus so ausfallen: „102, 101, 100, 90, 80, 70 ..."

Abzählen

Während das Zählen als rein sprachliche Leistung (Aufsagen einer auswendig gelernten Folge) zu verstehen ist, stellt das Abzählen noch wesentlich höhere Anforderungen. Das Kind muss dazu die Zahlwortreihe perfekt beherrschen, und es muss sich dessen bewusst sein, dass Zählen und Antippen der Objekte synchron ablaufen müssen. Diese „Eins-zu-eins-Zuordnung" ist nicht selbstverständlich und gelingt manchen Kindern sogar im Schulalter noch nicht; sie zählen völlig unsystematisch, tippen dabei manche Objekte doppelt an, andere gar nicht. Von großer Bedeutung ist darüber hinaus die folgende Beobachtung: Lorena zählte Ende der ersten Klasse eine Punktewolke korrekt ab und verkündete: „Das sind 18 Punkte." Als ich sie fragte, wie viele Punkte es wohl wären, wenn sie die Punkte von der anderen Seite beginnend abzählen würde, meinte sie: „Keine Ahnung, aber ich kann's ja mal ausprobieren." Dieses Kind zeigt uns, dass sich seine Mengeninvarianz (wenn ich nichts dazu tue und nichts wegnehme, bleiben es gleich viele) und entsprechend auch die Anzahlinvarianz (wenn ich von links mit dem Zählen beginne und auf 18 komme, sind es von rechts natürlich auch 18) noch nicht hinreichend entwickelt haben. Wie soll man mit solch „dehnbaren" Zahlen rechnen? Wie viele rechenschwache Kinder zählen täglich ihre Finger ab – obwohl sie genau wissen, dass zwischenzeitlich keiner abgefallen oder neu gewachsen ist ...
Manche Kinder verstehen Abzählen lediglich als Vorführen des Zählens und Tippens, nicht aber als Ermitteln der Anzahl. Lea zählt acht Punkte. Als ich sie bitte, mir genau zu zeigen, wo nun diese acht Punkte sind, zeigt sie lediglich auf den 8. Punkt. Es ist ihr nicht bewusst, dass diese „acht" alle bisher gezählten Objekte umfassen, nicht nur die „Nummer 8" beim Zählen. Ein solches Kind, das Zahlen einseitig als Platznummern, nicht aber als ANZAHLEN versteht, ist selbstverständlich noch nicht in der Lage mit Zahlen zu rechnen. Und wenn es doch rechnen muss, bleibt ihm nur eine einzige Möglichkeit: Zählen!
Ob das Kind beim Abzählen bereits an Anzahlen denkt, die zueinander in Beziehung stehen, können wir leicht überprüfen: „Zeige mir sieben Finger" ... „und nun zeige mir acht". Kommt das Kind auf die Idee, bei der zweiten Aufforderung nur einen Finger mehr zu strecken, oder fängt es nochmals ganz von vorne an?

Etwas Theorie zwischendurch: Der Zahlbegriff

Zahlen werden in ganz unterschiedlichen Bedeutungen verwendet: als Telefonnummern, Hausnummern, zum Zählen, zum Rechnen ...
Für die Grundschulmathematik sind insbesondere drei Zahlbegriffe wichtig:
Der ordinale Zahlbegriff beschreibt die Zahlwortreihenfolge, die wir beim Zählen verwenden 1, 2, 3, 4, 5 ... Hier sind Zahlen als Rangplätze zu verstehen.
Der kardinale Zahlbegriff gibt an, wie viele Objekte zu einer Zahl gehören: Zur Zahl „5" gehören etwa fünf Dinge.
Der relationale Zahlbegriff ist quasi als Verschmelzung von ordinalem und kardinalem Zahlbegriff zu verstehen. Damit entwickelt das Kind ein Verständnis für die *Beziehungen* zwischen Zahlen („fünf sind zwei mehr als drei"). Erst dieser Zahlbegriff befähigt ein Kind zum wirklichen Verständnis der Rechenoperationen. Nun kann unser Kind begreifen, was „plus" und „minus" wirklich bedeuten, nämlich nicht nur „vorwärts bzw. rückwärts zählen". Viele rechenschwache Kinder haben aber auch in höheren Schulklassen diesen relationalen Zahlbegriff nicht aufgebaut, so dass ihnen nur zählendes Rechnen bleibt – ohne Verständnis für das, was sie dabei mit den entsprechenden Anzahlen tun.

Zählendes Rechnen

Bitten Sie Ihr Kind, die Aufgabe 7 – 6 = ____ im Kopf zu lösen (ältere Kinder dürfen sich an 19 – 18 = ____ oder 178 – 177 = ____ versuchen). Was geschieht? Zählt Ihr Kind offen oder verdeckt (unter dem Tisch)? Ein solches Kind zeigt uns, dass es beim Rechnen den „relationalen Zahlbegriff" nicht nutzt – denn sonst wäre ihm bewusst, dass „sieben" ja eins mehr sind als „sechs" und dass darum das Ergebnis „eins" sein muss. Das Rechnen würde also über das Verständnis der Zahlbeziehungen gesteuert. Einem Kind, das diese Zahlbeziehungen – selbst bei Nachbarzahlen – nicht verinnerlicht hat, bleibt nur das zählende Rechnen.
Dieses Symptom des überdauernd zählenden Rechnens finden wir bei einem Großteil der rechenschwachen Kinder. **Nina** machte sich selbst bei Aufgaben wie *24 + 68 =* ____ auf den Weg und zählte tapfer 68 auf die 24 drauf. Sie kannte keinen anderen Weg zur Lösung, weil sie „plus" und „minus" lediglich als Auftrag zum Vorwärts- bzw. Rückwärtszählen verstanden hatte. Typisch sind dabei Zählfehler um eins, weil das Arbeitsgedächtnis bei diesen langen

Zählstrecken natürlich stark belastet wird. Zählendes Rechnen setzt daneben aber auch noch einen Teufelskreis in Gang: Durch die aufwändige Zählprozedur sind Aufgabe und Ergebnis zeitlich weit voneinander entfernt, so dass es kaum zu einer Abspeicherung dieser Verknüpfung kommt.

Beispiel: *5 + 4 =* ... sechs, ... sieben, ... acht, ... neun.
Bis das Kind beim Ergebnis ankommt, ist die Aufgabe 5 + 4 längst nicht mehr präsent. So wird schon im Zehnerraum weniger Faktenwissen abgespeichert, und das Kind ist weiterhin auf zählendes Rechnen angewiesen.

Hinzu kommt, dass das Kind beim zählenden Rechnen „dekadische Analogien" nicht erkennt (13 + 5 = ____ hängt mit der Aufgabe 3 + 5 = ____ zusammen). So kann das Kind auch Beziehungen zwischen Rechenaufgaben nicht spontan erkennen und nutzen.

Manche Ratgeber empfehlen Eltern, mit ihren rechenschwachen Kindern das kleine Einspluseins (alle Plusaufgaben im Zehnerraum) und entsprechend das kleine Einsminuseins schlicht über Karteikärtchen auswendig zu lernen. Dies kann bei großem Übungsaufwand sogar klappen – jedoch kennen wir alle die Problematik, die damit verbunden ist, wenn man etwas eigentlich Unverstandenes auswendig lernt: Es ist nach kurzer Zeit wieder vergessen, und die Übertragung auf ähnliche Anforderungen gelingt nicht. Lena beispielsweise hatte lange mit Kärtchen geübt und konnte mir blitzschnell die Ergebnisse von Plusaufgaben im Zehnerraum nennen. Fragte ich jedoch noch 43 + 6 = ____ (direkt nachdem sie 3 + 6 = ____ gewusst hatte), meinte sie verlegen: „Diese Aufgabe haben wir noch nicht gelernt." Sie hatte auch keinerlei Strategie, das Ergebnis aus dem, was sie schon wusste, abzuleiten. Lernt man also Unverstandenes auswendig, gelingt der Transfer auf Ähnliches in der Regel nicht.

So sollten wir sehr wachsam werden, wenn Kinder am Ende des ersten Schuljahres den Zahlenraum 10 nicht weitgehend „automatisiert" haben, wenn sie also Aufgaben im Zehnerraum noch immer zählend lösen müssen. Ein solches Kind ist nicht bereit für den Hunderterraum, denn hier bliebe ihm beim Rechnen nur eine einzige Chance: zählen, und zwar weiter und immer schneller.

Besonderes Augenmerk sollten wir auf den „Zehnerübergang" legen, der üblicherweise in der Mitte des ersten Schuljahres vollzogen wird. Hier kommen nun auch Aufgaben wie 8 + 5 = ____ oder 7 + 9= ____ zum Einsatz. Ein Kind, das keinen sicheren Zahlbegriff aufbaute, wird versuchen, sich zählend durchzumogeln, da es Zahlbeziehungen und damit auch deren Zerlegbarkeit bislang nicht begreifen konnte.

Daneben kann noch der Umgang unseres Kindes mit „Platzhalteraufgaben" sehr verräterisch sein. Rechnet unser Kind bei 6 + ____ = 14 mechanisch die Umkehraufgabe (14 – 6 = 8), oder kann es diese Aufgabe verstehen als Zerlegung von 14 in 6 und einen weiteren, unbekannten Teil? Mit welchem Verständnis ein Kind solche Platzhalteraufgaben löste, erkennen wir nicht unbedingt am korrekten Ergebnis. Machte nämlich die Lehrkraft den Fehler, den Kindern den „Trick" mit der Umkehraufgabe zu verraten ohne sicherzustellen, dass ALLE Kinder den mathematischen Gehalt dieser Platzhalteraufgaben verstanden haben, können auch Kinder mit fehlendem Verständnis zum korrekten Ergebnis gelangen. Ja, sie werden auch bei Aufgaben wie 15 – ____ = 3 einfach das Umgekehrte – also 3 + 15 = 18 – rechnen, die 18 in die Lücke eintragen und überhaupt nicht verstehen, warum man das in diesem Fall nicht darf.

So lassen sich mathematische Missverständnisse oder Verständnislücken vielfach nur dadurch erkennen, dass wir mit dem Kind darüber reden, wie es zur Lösung kam. Die Durchsicht oder Korrektur schriftlicher Arbeiten allein genügt nicht.

Verständnis der Rechenoperationen

Studien belegen, dass viele rechenschwache Schüler der 8. (!) Klasse noch immer kein gefestigtes Verständnis aller Rechenoperationen, also „plus", „minus", „mal", „geteilt" haben. Besonders die Division, aber auch die Subtraktion sind vielfach in ihrem mathematischen Kern nicht verstanden.

Wie prüft man dieses Operationsverständnis? Es genügt, wenn ich eine Handvoll Holzchips auf den Tisch schütte und das Kind bitte: „Zeige mir mal die Aufgabe 6 + 5 = ____ mit diesen Chips". Legt das Kind nun sechs Chips und fügt fünf weitere hinzu, ist das die perfekte Additionshandlung. Bei 8 – 3 = ____ hoffe ich, dass es von den gelegten acht Chips drei wegnimmt. Anna machte es jedoch am Ende der 3. Klasse so: Sie legte acht Chips, legte dann noch drei Chips dazu und dahinter fünf Chips. Auf meine Nachfrage erläuterte sie: „Na ja, hier ist die acht, da die drei und da hinten die fünf, die rauskommt". Hat Anna die Subtraktion verstanden? Bei 5 · 4 = ____ legte sie fünf Chips und vier Chips, dazwischen stellte sie mit einem Chip noch das Malzeichen dar. Bei 12 : 4 = ____ legte sie zwölf und vier Chips und gestaltete das Divisionszeichen mit zwei Chips. Ist es verwunderlich, dass Anna mit allen Aufgaben außer „plus" Schwierigkeiten hat?

Anna zeigt außerdem, dass sie die Beziehung zwischen Addition und Subtraktion nicht verstanden hat. So löste sie eben (zählend) die Aufgabe 8 + 5 = ____, erkennt jedoch keinerlei Zusammenhang zur nachfolgenden Aufgabe 13 − 8 = ____. Anna hat die inverse Beziehung von Addition und Subtraktion nicht verstanden.

Lesen und Schreiben von mehrstelligen Zahlen

Wie Sie wissen, ist das Übertragen einer gesprochenen Zahl (dreiundachtzig) in die Ziffernform (83) nicht einfach. Denn dazu muss ein Kind die Regeln des Stellenwertsystems gut verinnerlicht haben. Außerdem müssen die zwei beteiligten Module (sprachliches Modul und Stellenwertmodul) gut kooperieren. Missverständnisse dabei führen immer wieder zu „Zahlendrehern". Besonders hartnäckig wird die Problematik, wenn ein Kind an einem Lernort (beispielsweise in der Schule) gezwungen wird, bei zweistelligen Zahlen grundsätzlich zuerst den Zehner und dann den Einer zu schreiben, während es zu Hause die Zahlen gerade umgekehrt notiert, weil es damit besser zurechtkommt (denn diese Reihenfolge entlastet das Arbeitsgedächtnis). Dieser Zwang, Zahlen entgegen der gesprochenen Abfolge zu schreiben, (für dessen Sinnhaftigkeit es übrigens keine stichhaltigen, wissenschaftlichen Belege gibt) führt allenfalls zu einer Verschärfung der Unsicherheit im Stellenwertsystem und begünstigt „Zahlendreher", da das Kind keine klare Handlungsvorschrift aufbauen kann. Dass ein Kind mehrstellige Zahlen nach Diktat aufschreiben kann, belegt jedoch noch nicht, dass das Kind den „Bündelungsgedanken", der hinter unserem Stellenwertsystem steht und der besagt, dass in einem Zehner zehn Einer stecken, in einem Hunderter zehn Zehner usf., auch wirklich tief verinnerlichte. Lösungen wie 34 + 20 = 36 oder 80 - 2 = 60 können darauf hinweisen, dass ein Kind noch Unsicherheiten mit dem Stellenwertsystem hat, auch das Untereinanderschreiben beim schriftlichen Addieren klappt dann vielfach nicht:

```
 132
+ 20
----
 334
```

Zur Überprüfung des Verständnisses der Bündelung sind solche Aufgaben hilfreicher: Wie heißt die Zahl, die 3 Hunderter, 4 Zehner und 14 Einer hat? Gibt das Kind als Ergebnis 3414 an, wird deutlich, dass hier noch Unsicherheiten bestehen.

Rechenprozeduren

Wir können beobachten, dass rechenschwache Kinder immer wieder Aufgaben, die sie erst unlängst eingeübt haben, nicht mehr bewältigen können, weil sie sich nicht mehr daran erinnern können, *wie* sie schrittweise vorgehen müssen. So stand **Lea** am Ende des 2. Schuljahres hilflos vor der Aufgabe *42 + 31 = ____*. Erst als sie die Hilfestellung bekam, dass man erst die Zehner, dann die Einer dazurechnen müsse, konnte sie den Ablauf durchführen. Besonders auffällig ist, dass den Kindern immer wieder die Prozeduren der räumlichen Gestaltung und des schrittweisen Vorgehens bei schriftlichen Rechenverfahren entfallen. So können sie sich nicht mehr daran erinnern, wie man etwa beim schriftlichen Addieren die Zahlen untereinander schreibt, wie die Zahlen für die schriftliche Multiplikation anzuordnen sind usw. Werden solche Prozeduren immer wieder vergessen, ist zu prüfen, ob das zugrunde liegende Verständnis in Bezug auf den Zahlbegriff und die Rechenoperation tatsächlich fest verankert ist.

Lernort Schule: *Von der gesprochenen Zahl zu geschriebenen Ziffern*

Orientierung im Zahlenraum

Rechenschwache Kinder scheinen sich beim Umgang mit Zahlen im „luftleeren" Raum zu bewegen, ohne jegliche Struktur oder Orientierungspunkte. Aufgaben, bei denen ein Kind gebeten wird zu schätzen, wo auf einem nur mit 0 und 100 beschrifteten und ungegliederten Zahlenstrahl etwa die 50, 13 oder 89 liegen, sind sehr erhellend. Dann ist es aber auch nicht verwunderlich, wenn Kinder etwa in der 3. Klasse bei Aufgabenstellungen wie „Überschlage erst und rechne dann" völlig hilflos sind, da ihnen die Orientierung im Zahlenraum fehlt und insbesondere auch das Wissen, dass beispielsweise 98 annähernd so viel wie 100 sind.

Und später?

Die hier beschriebenen Symptome wachsen sich nicht etwa in höheren Klassenstufen aus, auch wenn ein Kind sich in einzelnen Bereichen im Laufe der Schuljahre ein wenig verbessern mag. Grundsätzliche Verständnisprobleme – insbesondere im Zahlbegriff – bleiben erhalten. Kinder, die in der 2. Klasse noch zählend rechnen, werden zumeist auch in der 4. Klasse noch darauf angewiesen sein. Hat ein Kind *Beziehungen* zwischen Zahlen noch nicht verstanden, dann kann es auch *Verhältnisse* nicht verstehen, somit fehlen die Grundlagen für „mal" und „geteilt", ganz zu schweigen von späteren Stoffgebieten wie Bruch- oder Prozentrechnen. Sachaufgaben stellen für die meisten Kinder eine besondere Herausforderung dar; für Rechenschwache ist es jedoch schier unmöglich, den mathematischen Gehalt einer Situation zu erkennen.

Mögliche Ursachen der Dyskalkulie

Olli (10 Jahre alt) brachte es am Ende seiner Dyskalkulie-Therapie auf den Punkt: *„Gute Rechner sind nicht intelligenter, sie räumen nur lieber auf."*
Wie Recht er damit hat! Wenn wir die Frage nach den Ursachen der Dyskalkulie aus wissenschaftlicher Sicht betrachten, zeigt sich, dass die bisherigen Erkenntnisse derzeit noch als „vorläufig" bezeichnet werden müssen. Und dieser Forschungsbereich bleibt in Bewegung: Jahrzehntelang betonte Annahmen

erweisen sich in modernen Studien als „zu einfach gedacht", neue Ansätze und Modelle werden laufend wissenschaftlich überprüft.

Sicherheitshalber (und damit der Inhalt dieses Buches auch später noch Gültigkeit hat,) beziehe ich mich nur auf einige gut belegte Ursachen der Dyskalkulie.

ANLAGE UND UMWELT

Sowohl die genetische Ausstattung als auch die Qualität und Stimmigkeit der Lerngelegenheiten in der Umwelt eines Kindes (beispielsweise in der Schule) spielen wohl eine Rolle als Ursachen der Dyskalkulie. Das zeigt schon, dass wir kaum eine einzige Ursache für die Rechenprobleme verantwortlich machen können, sondern dass wir von einem Ursachengeflecht ausgehen müssen, das sich von Kind zu Kind anders zusammensetzt.

DIE VERERBTE „VORPROGRAMMIERUNG"

Die Programmierung auf den Umgang mit Mengen und Zahlen ist eine Art Grundausstattung, die bereits bei der Geburt angelegt ist. Sie befähigt schon unsere Säuglinge dazu, Unterschiede zwischen Mengen und deren Anzahlen zu erkennen. Ohne diese Vorprogrammierung wird ein Kind in der Verarbeitung von Mengen und Zahlen – besonders bei der Verknüpfung von Mengen und Zahlen – Entwicklungsnachteile haben. Diese zeigen sich beispielsweise später beim Mengenvergleich (Wo sind mehr?), Zahlengrößenvergleich (Welche Zahl ist größer?), aber auch beim schnellen Erfassen kleiner Mengen oder bei der Orientierung am Zahlenstrahl bzw. dem Aufbau eines „inneren Zahlenstrahls" – also einer festen Vorstellung vom Zahlenraum, in dem man sich rechnend bewegt. Man nennt das den Bereich der „basisnumerischen Leistungen". Neue Studien belegen, dass der basisnumerische Bereich bereits im Kindergarten zur Vorhersage eines Dyskalkulie-Risikos überprüft werden kann.

MANGEL AN VORLÄUFERFERTIGKEITEN IM VORSCHULALTER

Es ist mittlerweile gut belegt, dass der Schuleintritt nicht die „Stunde Null" für Zahlverarbeitung und Rechnen bedeutet, sondern dass unsere Kinder schon lange vor der Einschulung über Mengen- und Zahlenwissen verfügen. Fehlendes Vorwissen zeigt demnach ein Risiko für spätere Rechenprobleme an. Mit den bedeutendsten Vorläuferfertigkeiten beschäftigt sich Kapitel 4.

Defizite im Langzeitgedächtnis oder Arbeitsgedächtnis

Tatsächlich liegen etliche wissenschaftliche Befunde vor, die auf einen Zusammenhang zwischen Dyskalkulie und dem Speichern bzw. Abruf von Informationen aus dem Langzeitgedächtnis hinweisen. Hier ist aber nicht an eine allgemeine Speicherschwäche zu denken, denn diese Defizite scheinen sich speziell auf den Umgang mit Mengen und Zahlen zu beziehen. Insgesamt ist die Befundlage hier noch nicht einheitlich.

„Aus den Augen, aus dem Sinn"
Von großer Bedeutung scheint aber eine Beobachtung zu sein, die die Erzieherin bei Mia macht. Die Fünfjährige ist clever und aufgeweckt, aber manchmal hat es den Anschein, als habe sie ein Sieb im Kopf: Sie sieht vier Spielsteine auf dem Tisch, dreht sich um und weiß schon nicht mehr, wie viele es waren. Sie hört oder sieht etwas und kann sich eine Sekunde später schon nicht mehr genau daran erinnern.

Diese Auffälligkeiten können auf Defizite im Arbeitsgedächtnis hinweisen. Das Arbeitsgedächtnis ist verantwortlich für die ganz kurzfristige Speicherung und Verarbeitung von Gesehenem oder Gehörtem. Und es lässt sich leicht nachvollziehen, dass ein Kind, das „auf einen Blick" nur wenige Informationen aufnehmen und verarbeiten kann, auch beim Erfassen oder Vergleichen von Mengen schlechtere Entwicklungschancen hat. Ein Kind, das beim Hinhören weniger mitbekommt, ist mithin beim Zählenlernen benachteiligt. Die Leistungsfähigkeit des visuellen und auditiven Arbeitsgedächtnisses spielt also eine entscheidende Rolle für den Aufbau mathematischen Vorwissens im Kleinkindalter. Mias Auffälligkeiten müssen ernst genommen werden.

Angst

Es besteht ein enger Zusammenhang zwischen Rechenschwäche und Rechenangst, den wir als Teufelskreis sehen müssen, der Rechenprobleme verstärkt und aufrechterhält:

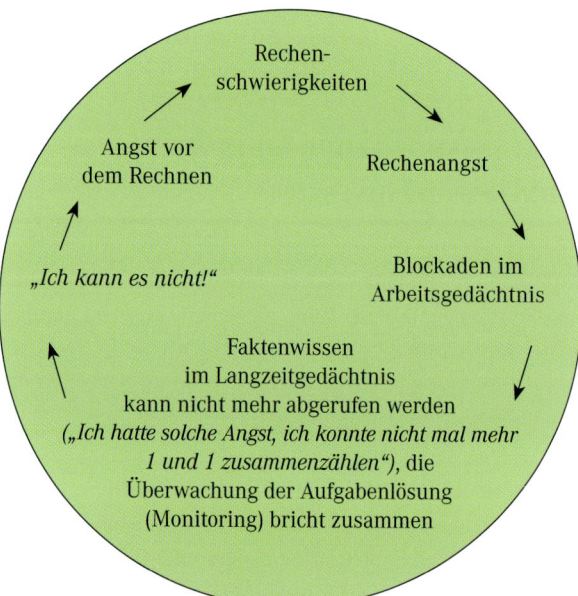

VISUELLE WAHRNEHMUNG

Sicherlich ist die Verarbeitung räumlicher Beziehungen wichtig für den Bereich der Geometrie, und auch der räumliche Aufbau von schriftlichen Rechnungen wird bestimmt davon beeinflusst. Wesentlich zu kurz gedacht ist aber die Annahme, dass räumliche Orientierung die spätere Zahlenraumorientierung bedinge. Denn Raum ist nicht gleich Zahlenraum. Solche einfachen Zusammenhänge werden häufig konstruiert, entsprechen aber nicht dem Stand der Forschung.

MOTORIK

Für den Zusammenhang zwischen allgemeinen motorischen Fähigkeiten und der Dyskalkulie liegen keine überzeugenden Belege vor. So ist die häufig zu hörende Aussage „Bewegungsübungen helfen bei Rechenschwäche" keineswegs legitim. Interessant ist jedoch der Aspekt des „Fingerbewusstseins", also des Gespürs eines Kindes für Bewegungen oder Stellungen der Finger. So können wir uns vorstellen, dass ein Kind, das mit den Fingern die Zahl 3 anzeigt, neben dem sichtbaren Zeichen auch deutlich *spürt*, welche Finger beteiligt sind und damit quasi einen weiteren sensorischen Kanal nutzt, während ein anderes Kind mit eingeschränktem Fingerbewusstsein nur *sieht*, was es zeigt. Dieses mangelnde Gespür für Berührung, Bewegung oder Stellung von Fingern nennt man „Fingeragnosie".

Aufrechterhaltende Faktoren

Die vorgestellten Faktoren können die Entstehung einer Dyskalkulie bedingen, wobei bei jedem betroffenen Kind überprüft werden muss, welche der Faktoren innerhalb seines *„individuellen Ursachenbündels"* von Bedeutung sein könnten. Nicht übersehen werden dürfen aber auch Faktoren, die eine Dyskalkulie sozusagen am Leben halten, die also dafür verantwortlich sind, dass ein Kind sich nicht aus der Rechenproblematik befreien kann. Diese Faktoren möge uns Eva verdeutlichen:

„Ich hasse Mathe"
Eva (2. Klasse): „Als ich am Ende der ersten Klasse merkte, dass ich eine der Schlechtesten in Mathe bin, kam die Angst, und ich dachte: ‚Das schaffst du nie!' Ich bekam immer mehr Panik beim Rechnen, besonders wenn ich beim Klassenspiel ‚Rechenkönig' unter Zeitdruck kopfrechnen sollte. Alle anderen wussten die Ergebnisse immer ganz schnell, ich musste erst nachzählen. Bis ich bei der Lösung angekommen war, hatte ich aber oft die Aufgabe schon wieder vergessen und wurde in der Klasse ausgelacht. Als die Lehrerin mir das Zählen verbot, wusste ich nicht weiter und fing an zu raten, dann lachten erst recht alle.
Ganz schlimm wurde es, als die ‚großen Aufgaben (14 + 5 = ?)' kamen und die Lehrerin meinte, wir sollten einfach an die ‚kleinen Aufgaben' (4 + 5 = ?) denken. Woher sollte ich denn wissen, welche kleine Aufgabe passt? Und das Ergebnis der kleinen Aufgabe wusste ich außerdem auch nicht.
Die absolute Panik kam bei den Sachaufgaben. Ich brauchte meine ganze Energie für das Hoch- oder Runterzählen beim Rechnen und vergaß vor lauter Zählerei meistens die Aufgabenstellung. Seit der ersten Klasse hasse ich Mathe. Ich kann es einfach nicht, und ich werde es nie können!"

An diesem kurzen Bericht können wir erkennen, wie wichtig es ist, den Teufelskreis aus Unsicherheiten und Problemen beim Rechnen, Angst, Hoffnungslosigkeit und negativer Selbstüberzeugung möglichst früh zu erkennen und das Kind da abzuholen, wo es noch erreichbar ist. Evas Dyskalkulie wurde erst am Ende des dritten Schuljahres festgestellt, ihre Lücken hatten sich aber schon im Verlauf des ersten Schuljahres drastisch ausgedehnt. Die Feindiagnostik belegte deutliche Unsicherheiten und Missverständnisse bereits im Zahlenraum 10.

Warnsignale im Alltag

Ob und wie Ihr Kind mit der Verarbeitung von Zahlen und mit dem Rechnen zurechtkommt, können Sie schon bei den Hausaufgaben gut beobachten. Dabei gilt unbedingt: Ihr Kind muss nicht mit perfekten Hausaufgaben in die Schule kommen. Lassen Sie Ihr Kind Fehler machen, und lassen Sie diese Fehler im Heft stehen. Nur so kann die Lehrkraft erkennen, ob Ihr Kind den Stoff verinnerlicht hat.

Die folgenden Hinweise sollen Ihnen als Richtschnur dienen. Sie sind nicht als Symptomliste zu verstehen, die bereits als Beleg für eine ernste Störung dient. Vielmehr sollen diese „Warnsignale" Sie wachsam machen, Ihnen zeigen, worauf Sie schauen müssen.

Standortbestimmung:
Die Fehler sagen, wo ein Kind Hilfe braucht

Achten Sie darauf, ob Ihr Kind ...
etwa zum Ende der 1. Klasse ...
- sinnvoll zählt und beim Abzählen die Eins-zu-eins-Zuordnung einhält
- Zahlen als Symbole für Mengen und nicht als Eigennamen versteht
- auch nahe beieinander liegende Zahlen im Zwanziger-Raum miteinander vergleichen kann
- auch die Zahlbeziehungen versteht (8 sind drei mehr als 5)
- die Rechenzeichen (+, -, =) und die Ziffern sicher verwendet
- wenn es noch die Finger als Rechenhilfe nutzt, diese statisch verwendet und nicht als Zählhilfe zum Hoch- und Herunterzählen
- das Stellenwertsystem als Bündelung (in einem Zehner stecken 10 Einer) verstanden hat
- die Zerlegung des Zehners *(4 + 6 = 10; 7 + 3 = 10* etc.) beherrscht und als Faktenwissen abgespeichert hat
- den Zehnerübergang durch Zahlzerlegung und nicht durch Weiterzählen meistert *(8 + 7 = 8 + 2 + 5 = 15)*
- Wissen aus dem Zehner-Raum *(4 + 3 =7)* auf den Zwanziger-Raum übertragen kann *(14 + 3 = 17)*
- kleine Geschichten (Ernie hat drei Murmeln, Bert hat zwei Murmeln mehr als Ernie ...) versteht und das Ergebnis findet

etwa zur Mitte der 2. Klasse ...
- mit Platzhalteraufgaben zurechtkommt *(25 + ☐ = 31)*
- das Wissen aus dem Zwanziger-Raum auch auf den Hunderter-Raum übertragen kann
- das Bündelungsprinzip auch im Hunderter-Raum versteht
- einen „inneren Zahlenstrahl" für den Hunderter-Raum aufgebaut hat und diesen beim Rechnen zur Orientierung nutzen kann

> **etwa in der 3. Klasse ...**
> - Wissen aus den ersten beiden Schuljahren auf den Tausender-Raum übertragen kann
> - Aufgaben im Zehner- und Hunderter-Raum unter Nutzung von Faktenwissen löst – und nicht mehr zählend
> - Sachaufgaben in Rechenaufgaben übertragen kann und umgekehrt (Erfinden von Rechengeschichten zu vorgegebenen Aufgaben)

Was tun bei Verdacht auf Dyskalkulie?

Ein Wort vorweg: Kein Lehrer – auch nicht der erfahrenste und engagierteste kann eine Dyskalkulie sozusagen auf den ersten oder zweiten Blick bei einem seiner Schüler *diagnostizieren*. Nichtsdestotrotz kann ein wachsamer Lehrer aber *Hinweise* auf das Vorliegen einer Dyskalkulie erkennen und die Eltern ermutigen, diesen Hinweisen nachzugehen und ihr Kind von der Schulpsychologin oder fachärztlich untersuchen zu lassen. Vor allem: Kein Lehrer kann zweifelsfrei feststellen, dass ein Kind, das Rechenprobleme hat, *kein Dyskalkuliker* ist! Diese Aussage ist erst nach einer ausführlichen Diagnostik möglich.
Von größter Bedeutung ist hier die Zusammenarbeit zwischen Ihnen und der Lehrkraft Ihres Kindes. Schildern Sie die Hausaufgabensituation, korrigieren Sie Fehler Ihres Kindes in den Hausaufgaben nicht – die Lehrkraft kann daran Irrwege Ihres Kindes erkennen und einordnen, wo es steht und welche Hilfen es braucht. Vor allem: Versuchen Sie nicht, Ihr Kind durch alle möglichen Erklärungen, Hilfen, Tipps dazu zu bringen, dass es die korrekte Lösung aufs Papier bringt. Oft berichten mir Mütter dyskalkulischer Kinder, sie hätten ihren Kindern eigentlich die Lösung „vorgebetet" oder das Kind habe allein an der Mimik seiner Mutter erkannt, ob es mit der angebotenen Lösung im grünen Bereich läge oder noch weiter raten müsse. Damit helfen Sie Ihrem Kind nur, Fehlstrategien aufzubauen. Ihr Kind soll verstehen und nicht mechanisch arbeiten.
So kann es für Ihr Kind fatal sein, wenn Sie – obwohl der Erfolg ausbleibt – weiter und weiter üben. Sollte der geringste Verdacht bestehen, dass Ihr Kind

speziell mit dem Rechnenlernen nicht zurechtkommt, führt kein Weg an einem vertrauensvollen Gespräch mit der Lehrkraft und dann an einer gezielten Diagnostik beim Schulpsychologen, Kinderpsychologen bzw. beim Facharzt für Kinder- und Jugendpsychiatrie vorbei.

Dyskalkulieverdacht sollten Sie nicht erst dann schöpfen, wenns im dritten oder vierten Schuljahr Fünfen und Sechsen in den Mathematikarbeiten hagelt. Verlassen Sie sich schon in den ersten Schuljahren auf Ihren Eindruck: Lesen Sie das erste Jahreszeugnis genau – auch zwischen den Zeilen. Steht da, dass Ihr Kind auch weiterhin fleißig üben muss, um seinen Zahlbegriff, das Verständnis der Rechenoperationen und deren Anwendung zu meistern? Steht unter den meisten Lernzielkontrollen, Ihr Kind solle noch mehr üben – haben Sie bei alledem das Gefühl *„Mehr üben geht doch gar nicht mehr ..."?* Verlassen Sie sich nicht auf den Knoten, der irgendwann platzen wird, zwingen Sie Ihr Kind und sich selbst nicht zum täglichen (erfolglosen) Üben, holen Sie sich Gewissheit! Je weniger Druck und Misserfolg Ihr Kind erleiden muss, umso weniger wird seine Persönlichkeit, sein Selbstwertgefühl angegriffen.

Was testen Schulpsychologen oder Kinder- und Jugendpsychiater?

Eine Untersuchung auf Dyskalkulie beinhaltet zwei Bereiche: den medizinischen und den psychologischen.

Im Rahmen der medizinischen Diagnostik wird unter anderem die körperliche Entwicklung des Kindes begutachtet, die Hirnaktivität wird über ein EEG erfasst usw. Insgesamt soll über diesen medizinischen Teil der Untersuchung geklärt werden, ob sich bestimmte körperliche (neurologische, physiologische etc.) Ursachen für das Lernproblem erkennen lassen.

Die psychologische Diagnostik besteht im Wesentlichen aus der Durchführung psychologischer Tests. Hier wird zum einen die Intelligenz des Kindes untersucht, dann natürlich die Leistungen im Rechnen. Vielfach wird auch die Konzentrationsleistung noch gesondert untersucht. Solche Tests geben objektive Informationen über den Leistungsstand eines Kindes. Denn sie wurden an sehr großen, repräsentativen Stichproben „geeicht" und erlauben es somit, die individuelle Leistung eines Kindes vor dem Hintergrund dieses Bezugsrahmens einzuordnen – z. B. im Vergleich mit Gleichaltrigen oder Kindern derselben Klassenstufe.

> ## Prozentrang und Intelligenzquotient
>
> Ergebnisse in Leistungstests werden in Prozenträngen (PR zwischen 0 und 100) angegeben. Der Prozentrang bezeichnet den Prozentsatz von Kindern gleicher Klassenstufe, die in diesem Test gleich gut oder schwächer abschneiden. Erzielt ein Kind beispielsweise einen Prozentrang von PR = 10, bedeutet das, dass 90 % der Kinder dieser Klassenstufe besser abschneiden als dieses nun getestete Kind. Mit einem PR = 50 liegt ein Kind dementsprechend genau im Mittelfeld und erbringt eine durchschnittliche Leistung. Ergebnisse in Intelligenztests werden meist als IQ (Intelligenzquotient) angegeben. Hier liegt der „Normalbereich" zwischen 85 und 115, der genaue Mittelwert beträgt 100. Natürlich gibt es auch Intelligenzquotienten unter 85, hier sprechen wir von Minderbegabung. Ab einem IQ über 115 gehen wir auf den Bereich der Hochbegabung zu, ab IQ = 130 beginnt der Hochbegabungsbereich.
>
> Um die Ergebnisse eines Kindes im Intelligenztest mit seinem Abschneiden im Leistungstest vergleichen zu können, werden beide in Testwerte (T-Werte) umgerechnet. Das ist nichts anderes als ein „Übersetzen der Ergebnisse in eine gemeinsame Sprache". Der Mittelwert liegt bei T = 50, der Durchschnittsbereich erstreckt sich von T = 40 bis T = 60.

Was geschieht beim Intelligenztest?

Es gibt viele verschiedene Testverfahren zur Feststellung der Intelligenz und Ermittlung des Intelligenzquotienten eines Kindes. In den ausführlichen Verfahren, deren Durchführung länger als eine Stunde dauert (z.B. WISC-IV oder KABC-II) werden viele verschiedene Aspekte der Intelligenzleistung gründlich überprüft (sprachliche Intelligenz, wahrnehmungsgebundenes logisches Denken, Arbeitsgedächtnis und allgemeine Verarbeitungsgeschwindigkeit). Die Kinder sollen hier bei einer Reihe unterschiedlicher Aufgaben neuartige Probleme lösen. Daneben gibt es noch einfachere, kürzere Tests (z. B. CFT 20-R), die nur spezielle, eingeschränkte Aspekte der Intelligenz (z. B. schlussfolgerndes Denken) messen. Selbstverständlich ist bei der Überprüfung der Intelligenz den ausführlichen Verfahren der Vorzug zu geben, weil sie neben dem IQ noch viele weitere Informationen über die intellektuelle Grundausstattung des Kindes liefern.

Was geschieht bei einem Rechentest?

Wie der Name schon sagt, prüft ein Rechentest, wie gut ein Kind rechnen kann. Im Idealfall sollte dabei nicht nur festgestellt werden, ob ein Kind den Stoff der aktuellen Klasse beherrscht oder nicht, sondern es sollten Stärken und Schwächen erfasst werden, die als Ursachen der Probleme infrage kommen, aber auch im förderdiagnostischen Sinn Chancen und Ansatzpunkte für die gezielte Förderung dieses Kindes darstellen. So ist es sehr bedeutsam, dass neben dem Mathematikstoff des entsprechenden Schuljahres auch Aspekte der basisnumerischen Verarbeitung überprüft werden.

Moderne Rechentestverfahren

In den letzten Jahren wurden etliche hochwertige Testverfahren veröffentlicht. Hier eine Auswahl aktueller, sorgfältig entwickelter Tests:
- Deutsche Mathematiktests (DEMAT 1+, 2+, 3+, 4, 5+, 6+, 9)
- Heidelberger Rechentest (HRT 1-4)
- Neuropsychologische Testbatterie für Zahlenverarbeitung und Rechnen bei Kindern (ZAREKI R)
- Rechenfertigkeiten- und Zahlenverarbeitungs-Diagnostikum für die 2. bis 6. Klasse (RZD 2-6)
- Test zur Erfassung numerisch-rechnerischer Fertigkeiten vom Kindergarten bis zur 3. Klasse (TEDI-MATH)
- Diese Verfahren liefern nicht nur quantitative Ergebnisse (Wie gut ist mein Kind im Rechnen?), sondern auch qualitative Angaben (Wo liegen die Fehlerschwerpunkte meines Kindes?).

WAS SAGEN UNS DIE TESTERGEBNISSE?

Durch die *psychologische Diagnostik* erhalten wir Informationen über die intellektuelle Grundbegabung eines Kindes und darüber, wie es in verschiedenen Leistungsbereichen abschneidet. Zwei Beispiele sollen verschiedene Befundbilder verdeutlichen:

Guter Durchschnitt
Bei **Lotta** (3. Klasse) wurde ein IQ von 101 (WISC-IV) festgestellt. Sie ist demnach durchschnittlich intelligent. Im Rechnen erzielt sie einen Prozentrang von 54 (DE-MAT 2+). Diese Leistung liegt ebenfalls im Durchschnittsbereich. Intelligenz und Rechenleistung passen also gut zusammen. Es ist keine überraschende Diskrepanz zwischen Lottas Intelligenz und ihrer mathematischen Kompetenz feststellbar.

Auf dem Weg nach unten
Mirjam (4. Klasse) ist mit einem IQ von 109 (KABC-II) ebenfalls durchschnittlich intelligent, im Rechentest (ZAREKI-R) erreicht sie aber nur einen Prozentrang von 7. Bei ihr fällt auf, dass ihre Schwierigkeiten nicht erst mit dem laufenden Stoff beginnen, sondern dass in etlichen Bereichen der basisnumerischen Verarbeitung noch deutliche Rückstände bestehen. So schneidet Mirjam auch bei der Einordnung von Zahlen auf dem Zahlenstrahl, beim Schätzen von Mengen, beim Vergleich vorgesprochener Zahlen und beim Kopfrechnen noch weit unterdurchschnittlich ab. Insgesamt erkennen wir eine drastische Diskrepanz zwischen Mirjams Intelligenz und ihren Leistungen im Rechnen, aber auch in der basalen Verarbeitung von Mengen und Zahlen. Mirjam hatte schon seit der ersten Klasse große Probleme beim Rechnen, was aufgrund ihrer basalen Defizite keinesfalls verwunderlich ist. Diese Befunde sprechen für eine Dyskalkulie.

Mirjam leidet sehr unter ihrem ständigen Versagen beim Rechnen, sie hält sich für dumm trotz ihrer guten Begabung. Die Probleme wurden von Jahr zu Jahr schlimmer. Während sie im ersten Schuljahr nur den Eindruck hatte, langsamer zu rechnen als ihre Klassenkameraden, ist sie sich inzwischen sicher, dass sie gar nichts kann. In Deutsch und Sachkunde hat sie zwar meist gute Noten, aber eigentlich wartet sie nur darauf, dass es auch hier bergab geht.

Ihre Mutter stellt tatsächlich fest, dass Mirjam beim Arbeiten für die Schule immer mehr „Biss" verliert. Während sie früher in den „guten Fächern" ausdauernd arbeitete und auch bei Problemen nicht aufgab, bevor sie sich durchgebissen hatte, neigt sie mittlerweile eher dazu, gleich die Flinte ins Korn zu werfen: „So, jetzt bin ich dafür also auch schon zu doof." Da sie im Sachkundeunterricht nun auch immer mehr mit Zahlen umgehen muss, scheint sich ihr Eindruck zu bestätigen, in der letzten Klassenarbeit schaffte sie gerade mal eine „Vier".

Mirjam, die ihren Geschwistern ins Gymnasium folgen wollte, hat diesen Traum mittlerweile begraben. Auch die Realschule traut sie sich schon nicht mehr zu, denn „da muss man auch rechnen können". Neben der Dyskalkulie hat sie eine depressive Störung ausgebildet. Ist das verwunderlich?

Was wird aus Dyskalkulikern?

Rechenstörungen sind sehr stabil – besonders, wenn die Probleme schon früh in gravierendem Ausmaß auftraten. Das bedeutet, dass wir gerade bei Kindern, die sehr große Schwierigkeiten mit der Grundschulmathematik haben, kaum auf einen „platzenden Knoten" hoffen dürfen.
Die große Chance besteht also darin, ein Kind, bei dem sich eine Dyskalkulie anbahnt, möglichst früh, am besten noch vor der Einschulung oder im ersten Schuljahr, zu erkennen und ihm eine effiziente Förderung zukommen zu lassen – und zwar an dem Punkt, an dem es wirklich profitieren und seine „Speicher füllen" kann. Wenn ein Kind mit dem Zahlbegriff und dem Rechnen im Zehner-Raum Probleme hat, lösen diese sich nicht mit steigender Klassenstufe von selbst. Auch bei dyskalkulischen Kindern im vierten Schuljahr muss vielfach der basisnumerische Bereich noch aufgearbeitet werden – und es ist leicht vorstellbar, dass das dem Kind wesentlich mehr Mühe und Frustrationstoleranz abverlangt, als wenn man diese Schwächen rechtzeitig, also vor Jahren festgestellt und bearbeitet hätte. Eine Dyskalkulie ist wie ein Haus mit instabilem Keller: Es gibt einige Ersatztechniken, die das Schlimmste – nach außen hin zumindest – verbergen, auf Dauer wird dieses Haus aber keinen Bestand haben. Rechenschwächen sind ungeheuer stabil und pflanzen sich in weiteren Rechenschwierigkeiten fort. „Platzende Knoten" gibt es kaum.
Die Kinder, die zu Beginn der Grundschulzeit die Schwächsten in Mathematik sind, werden es mit großer Sicherheit auch noch zum Ende ihrer gesamten Schulzeit sein. Ein Übertritt in weiterführende Schulen ist in den meisten Fällen ausgeschlossen – man denke auch an Fächer wie Physik, Betriebswirtschaftliches Rechnen etc. Die Chancen, dass diese Menschen einen guten Schulabschluss schaffen, sind gering – selbst wenn sie im sprachlichen Bereich und in den „Lernfächern" sehr gut sind.
Sicherlich können Menschen mit Dyskalkulie, wenn sie die Schulzeit hinter sich gebracht haben, beruflich (und sicher auch privat) einer Beschäftigung

mit Zahlen halbwegs erfolgreich aus dem Weg gehen, sie werden sich also nicht zu Finanzbeamten, Ingenieuren oder Bankkaufleuten ausbilden lassen. Trotzdem muss es uns zu denken geben, dass selbst hochbegabte Menschen, die von einer Dyskalkulie betroffen sind, sich für „dumm" halten oder auch dafür gehalten werden, weil in der Bevölkerung Rechenschwäche noch immer vielfach mit mangelnder Allgemeinbegabung assoziiert wird. Dyskalkuliker haben ein erhöhtes Risiko, keine gesunde, stabile Persönlichkeit zu entwickeln, weil sie die Belastungen, die mit dem kontinuierlichen schulischen Versagen untrennbar verbunden sind, nicht tragen können.

Neuere Forschungsdaten geben überdies Anlass zu der Vermutung, dass auch die Eingliederung in das Berufsleben für Menschen mit Rechenstörungen noch schwerer gelingt als beispielsweise bei Legasthenikern. Können wir es verantworten, dass nahezu jeder zweite Mensch mit Rechenstörungen in der Arbeitslosigkeit landet?

Dyskalkuliker finden keinen Platz

Menschen mit Dyskalkulie sind von „Ausgliederung" bedroht: In der Grundschule werden sie nicht selten gehänselt, zu Unrecht getadelt, mit Üben bestraft, bleiben trotzdem „sitzen". Später bleibt ihnen unter Umständen trotz hoher Intelligenz der Übertritt in eine höhere Schule verwehrt. Sicher wird niemand widersprechen, wenn gefordert wird, jedes Kind solle gemäß seiner Begabung (womit gemeinhin die Intelligenz gemeint ist) Zugang zu einer bestimmten Schulart finden. Wie lässt es sich aber begründen, wenn einem ausnehmend intelligenten, vielleicht sprachlich hochbegabten Kind der Zugang zum Gymnasium verwehrt bleiben soll? Wenn es selbst in der Regelschule falsch zu sein scheint? Wenn es sich schließlich selbst für zu dumm hält, um in dieser Gesellschaft seinen Platz zu finden? Dyskalkuliker finden keinen Platz. Darum brauchen sie unsere Hilfe – möglichst früh!

Kapitel 3: Das Wichtigste in Kürze

- Die Dyskalkulie ist eine spezifische Schwäche normal intelligenter Kinder im Umgang mit Zahlen und im Rechnen, ohne erkennbare äußere Ursache.
- In jeder Schulklasse sitzen durchschnittlich ein bis zwei Kinder mit Dyskalkulie.
- Die Dyskalkulie kann in Kombination mit Legasthenie oder ADS auftreten.
- Kinder mit Dyskalkulie haben oft schon im Vorschulalter Probleme mit Mengen und Zahlen.
- Sprechen Sie bei Hausaufgabenproblemen die Lehrkraft Ihres Kindes an. Korrigieren Sie seine Fehler nicht.
- Die Diagnose einer Dyskalkulie stellt der Schulpsychologe oder der Facharzt für Kinder- und Jugendpsychiatrie.
- Die psychische Belastung dyskalkulischer Kinder kann enorm hoch sein. Den Teufelskreis aus Rechenproblemen und Angst kann ein Kind nicht allein durchbrechen.
- Menschen mit Dyskalkulie haben beruflich und sozial eine schlechte Prognose.

Mathematik: Beginnt sie erst in der Schule?

In diesem Kapitel erfahren Sie, ...

- ▶ auf welche Fundamente Ihr Kind beim Rechnenlernen baut
- ▶ welche die wichtigsten „Vorläufermerkmale" für die Grundschulmathematik sind
- ▶ was man unter „Zahl-Größen-Kompetenzen" versteht, und wie wichtig sie für das Rechnenlernen sind
- ▶ wie in wissenschaftlichen Untersuchungen die Erfolge einer Frühförderung der Zahl-Größen-Kompetenzen nachgewiesen wurden

Fundamente des Rechnens

Startvoraussetzungen
Till ist im Januar sechs Jahre alt geworden und wird kommenden September eingeschult. Hat er alles, was er braucht? Er ist ein aufgewecktes Kind. Die Erzieherinnen loben, wie vernünftig und zuverlässig er schon sei, wie gut er in der Kindergartengemeinschaft zurecht komme, wie aktiv und konzentriert er im Stuhlkreis mitmache, nur Malen und Schneiden möge er nicht. Till kennt schon viele Buchstaben. Er schreibt natürlich seinen Namen, auch den seiner Schwester, er zählt bis 20 und kann auch schon einige Zahlen schreiben. Und er freut sich riesig auf die Schule, ist hoch motiviert, kann es kaum erwarten, Hausaufgaben zu bekommen. Reicht das als Garantie für einen guten Start?

Wir alle kennen das: Wenn es um unsere Kinder geht, möchten wir gern in die Zukunft blicken können, möchten ihnen am liebsten alle Hürden aus dem Weg räumen oder ihnen zumindest unendlich viele Sprungbretter bauen, damit nichts sie umwerfen kann. Es fällt uns schwer, als Eltern im Hier und Jetzt zu verweilen. Viel lieber möchten wir heute schon wissen, was morgen kommen wird. Versicherungsvertreter verdienen daran, dass wir uns nach Möglichkeit absichern wollen vor unliebsamen Überraschungen. Aber gibt es eine Versicherung für die glückliche Zukunft unserer Kinder? Wir hören immer wieder vieles, was uns Angst macht: Perspektivlosigkeit bei Jugendlichen, Konkurrenzkampf, Zukunftsängste und Hoffnungslosigkeit schon bei 10-Jährigen. So möchten wir unserem Kind vor allem auch in Bezug auf die Schule – den „Ernst des Lebens" – möglichst früh alle Stolpersteine aus dem Weg räumen. Dazu müssen wir allerdings wissen, welche Steine zu echten Stolpersteinen werden können. Und weil wir als Eltern für Hiobsbotschaften und Verunsicherungen besonders empfänglich sind, wenn es um die Zukunft unserer Kinder geht, wollen wir uns jetzt erst einmal mit einigen Annahmen – oder sagen wir besser: *Gerüchten* – zu Ursachen von Rechenschwäche beschäftigen. Diese halten sich zum Teil hartnäckig in den Köpfen – wir dürfen sie aber künftig getrost anzweifeln.

Aus der Gerüchteküche

Annahmen über Vorboten einer Rechenschwäche und was davon zu halten ist

„Mein Kind krabbelte nicht."
Hier besteht wirklich kein Grund zur Sorge. Tatsächlich finden sich unter den rechenschwachen Kindern 15% Nicht-Krabbler, aber auch 15% der späteren guten Rechner haben nie gekrabbelt. Somit können wir festhalten, dass Kinder, die die Krabbelphase ausgelassen haben, keine Risikokinder für spätere Lernstörungen, wie etwa Rechenschwäche, sind.

„Mein Kind ist Linkshänder."
Auch die Tatsache, dass ein Kind seine linke Hand zur dominanten erklärt, weist nicht darauf hin, dass es später beim Umgang mit Zahlen, etwa beim Aufbau des „inneren Zahlenstrahls", Probleme haben wird. In unserer naiven Alltagsvorstellung meinen wir vielleicht, bei Linkshändern sei alles „andersrum", die wissenschaftliche Befundlage ist hier aber keinesfalls eindeutig.

„Mein Kind kommt bald in die Schule und kann ‚rechts' und ‚links' nicht unterscheiden."
Dieses Kriterium hat sich in neueren Forschungsarbeiten ebenfalls nicht als relevante Vorläuferfertigkeit erwiesen. Lassen wir unserem Kind also Zeit mit der Benennung von „rechts" und „links" und fordern wir es ihm in Aufgaben, z. B. am Zahlenstrahl, nicht zu früh ab!

„Mein Kind meidet Spiele, die mit räumlicher Orientierung zu tun haben."
Tatsächlich darf man annehmen, dass die räumliche Vorstellung eines Kindes Auswirkungen auf die Geometrie hat, mit der es sich später in der Schule auseinandersetzen muss. Und auch die räumliche Gestaltung schriftlicher Rechenaufgaben im Heft wird durch entsprechende visuelle Fähigkeiten beeinflusst. So können sich rechenschwache Kinder tatsächlich oft sehr schwer merken, wie man beim „Malrechnen" oder „Teilen" die Zahlen hinschreibt, mit welcher Zahl man beginnt, in welche Richtung man rechnet etc. Aber muss das an visuell-räumlichen Wahrnehmungsproblemen liegen? Es kann durchaus sein,

dass Kinder sich die räumliche Anordnung beim Rechnen nicht merken können, weil sie gar nicht richtig verstanden haben, was sie dabei eigentlich tun.

„Mädchenbeschäftigungen"

*Während alle anderen Jungs in der Bauecke des Kindergartens ihren ständigen Aufenthaltsort zu haben scheinen, zeigt **Jan** am Bauen kaum Interesse. Er hört sich viel lieber Geschichten an und bevorzugt „Mädchenbeschäftigungen" wie Rollenspiele, Theater etc. Auch Memory oder Legespiele reizen ihn kaum. Überhaupt: Sein räumliches Vorstellungsvermögen ist nicht sehr ausgeprägt.*

Reine Willkür

***Tine** schreibt in der 3. Klasse folgende Aufgabe nieder: 369 - 513 = ____ . Aber sie kann sie nicht lösen. Tine hat kein Problem mit der räumlichen Orientierung, sie hat aber die Bedeutung der Subtraktion („Ich nehme von einer Zahl einen Teil weg") nicht verstanden und ordnet deswegen die beiden Zahlen völlig willkürlich an.*

Tatsächlich gibt es zwischen dem Bereich der Arithmetik, also dem Rechnen mit Zahlen im Grundschulalter, und der visuell-räumlichen Orientierung nur sehr mäßige Zusammenhänge. Ein Kind mit schwacher räumlicher Orientierung kann also durchaus ein guter Rechner werden.

An diesen Beispielen lässt sich erkennen, dass der Zusammenhang zwischen „Raum" und „Zahlenraum" und zwischen „Richtung" und „Rechenrichtung" bei weitem nicht so einfach ist, wie wir uns das in unserer Alltagsvorstellung oft zurechtlegen. Zum Umgang mit Zahlen und zum Rechnen braucht es viel spezifischere Fähigkeiten und Fertigkeiten und vor allem ein tiefes Verständnis der Mengen, der Zahlen und der Beziehungen zwischen Mengen und Zahlen. Lösungen, die auf der Hand zu liegen scheinen, funktionieren nicht immer.

Das „Rückwärts-Lauf-Programm"

***Tobias** (7 Jahre alt) hatte große Probleme mit dem Rückwärtszählen. Die Ergotherapeutin stellte fest, dass Tobias sich auch mit dem Rückwärtslaufen sehr schwer tat, und konstruierte den Zusammenhang: „Wer nicht rückwärts laufen kann, kann auch nicht rückwärts zählen." So musste unser armer Tobias ein „Rückwärts-Lauf-Programm" absolvieren, weil man dachte, auf diese Weise könne* er die Voraussetzungen für das Rückwärtszählen erst aufbauen. Was die Ergotherapeutin nicht festgestellt hatte: Tobias konnte auch schlecht vorwärts zählen – vorwärts laufen konnte er aber!

Wir sehen: In der Vergangenheit wurden viele scheinbar „nahe liegende" Annahmen über die Grundlagen des Rechnens und damit auch über die Ursachen von Rechenstörungen verbreitet, die keinesfalls belegt waren. Man reimte es sich zusammen, es schien auf der Hand zu liegen. Mittlerweile liegen jedoch immer mehr belastbare und zuverlässige Daten vor, die uns den Weg, den unsere Kinder von der Geburt bis zur Einschulung beschreiten, erahnen lassen. Zwar ist der Bereich des Rechnenlernens noch lange nicht umfassend erforscht, aber bahnbrechend sind die neuen Erkenntnisse der Gegenwart dennoch. So formulierte die Psychologin *Kristin Krajewski* auf der Grundlage solider Forschungsarbeit ein Entwicklungsmodell, in dem die Schritte auf dem Weg zum kompetenten Rechner dargestellt sind:

Neue Erkenntnisse:
Schritt für Schritt zum guten Rechner

Von Null auf Hundert

Ein Entwicklungsmodell mathematischer Kompetenzen

Wie gelangt ein Kind eigentlich in die Welt der Zahlen und schließlich sogar in das Labyrinth von „plus", „minus", „mal" und „geteilt"? Geht jedes Kind seinen ureigenen Weg, oder lassen sich zumindest „Stationen" erkennen, an denen alle Kinder vorbeigekommen sein müssen, um schließlich erfolgreich mit Zahlen umgehen zu können? Zur Klärung solcher Fragen werden in der pädagogisch-psychologischen Forschung sogenannte „Entwicklungsmodelle" aufgestellt, die einerseits auf dem gesamten bisher vorhandenen theoretischen Wissen beruhen, andererseits durch die individuelle Beobachtung sehr vieler Kinder auch praktisch belegt sein müssen. Solche Modelle erlauben es uns, in der Praxis festzustellen, wo genau ein Kind steht und was die „Zone seiner nächsten Entwicklung" sein wird. Diese Modelle geben aber auch ganz konkrete Hinweise, ob ein Kind beispielsweise zu einem frühen Zeitpunkt schon Unsicherheiten zeigt. Wir können also frühzeitig Warnsignale erkennen und müssen nicht warten, bis ein Kind in den Brunnen fällt. So sind Entwicklungs-Modelle keinesfalls nur Bewohner theoretischer Elfenbeintürme, sondern sie sind von allergrößtem praktischem Wert.

Im Verlauf der letzten 10 Jahre entwickelte Frau Prof. Krajewski von der Pädagogischen Hochschule Ludwigsburg ein Modell, das die gesamte mathematische Entwicklung ab der Geburt bis ins Jugendlichenalter umspannt. Dieses Modell beschreibt die mathematische Entwicklung unserer Kinder als Abfolge von drei „Kompetenzebenen". Von Bedeutung ist, dass Kinder schon sehr früh mit Mengen und mit Zahlen zu tun haben, dass jedoch Menge und Zahl anfangs noch völlig getrennt voneinander erfahren und verarbeitet werden. Im Verlauf der Entwicklung und beim Übergang von einer Kompetenzebene zur nächsten werden beide Bereiche immer weiter ausgebaut und nähern sich einander an, sind aber noch immer nicht völlig verknüpft und aufeinander bezogen. Unser Kind macht also Erfahrungen mit Mengen, die es noch nicht auf Zahlen übertragen kann. Es geht mit Zahlen um, ohne zu wissen, dass diese genau das abbilden, was mit Mengen geschieht. Es schätzt Mengen ein, hat aber noch keine Ahnung, dass man Mengen durch Zählen am besten vergleichen kann und dass Zahlen dafür da sind, die Unterschiede zwischen Mengen gut darzustellen. Erst auf der höchsten Stufe, der „Kompetenzebene 3", werden

Mengen- und Zahlwissen wirklich miteinander verschmolzen. Krajewskis Modell bezieht sich jedoch nicht nur auf Mengen, also sichtbare Ansammlungen von Gegenständen (etwa ein Häufchen Steine oder Bausteine), sondern auch auf unsichtbare Größen, wie etwa Gewicht oder Zeit, so dass es in der aktuellen Fassung den Namen „Entwicklungsmodell der Zahl-Größen-Verknüpfung (ZGV)" trägt.

Kompetenzebene 1:
Ausbildung von Basisfertigkeiten
Unser Kind kann schon sehr früh Unterschiede zwischen *Mengen* wahrnehmen und Mengen somit im Vergleich als „mehr" oder „weniger" einschätzen. Diese Unterschiede sind ihm auch in Bezug auf Größen, etwa Gewicht oder Zeit zugänglich. So ist es sich dessen bewusst, dass ein großer Plüschlöwe schwerer ist als eine kleine Stoffmaus, es hat auch ein Gespür dafür, dass manche Beschäftigungen schneller ablaufen, andere länger dauern. Unabhängig davon setzt mit etwa zwei bis drei Jahren das *Zählen* ein – und während die Zahlenfolge anfangs noch unvollständig und fehlerhaft aufgesagt wird, wird sie durch häufiges Aufsagen und Üben immer exakter. Die Grafik zeigt die beiden noch voneinander unabhängigen Bereiche:

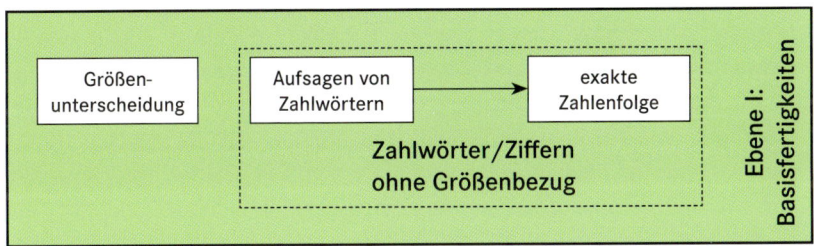

Kompetenzebene 2:
Erwerb der Größenbewusstheit von Zahlen
Zwischen drei und fünf Jahren macht unser Kind ganz entscheidende Erfahrungen mit *Mengen bzw. Größen (wie Gewicht oder Zeit):* Es stellt fest, dass man Mengen in kleinere Mengen zerlegen und wieder zusammenfügen kann. Es erkennt im weiteren Verlauf auch, dass eine Menge nicht größer oder kleiner wird, wenn man nichts dazutut oder wegnimmt. Das nennt man die „Mengeninvarianz". Diese Erkenntnis bezieht sich nur auf den Umgang mit Mengen

und hat noch nichts mit der Anzahl der Elemente zu tun. Auf der *Zahlenebene* geschieht in dieser Phase aber ebenfalls Entscheidendes: Das Kind beginnt ein erstes Bewusstsein dafür zu entwickeln, dass Zahlen mit Mengen verknüpft sind: Anfangs erkennen die Kinder, dass manche Zahlen für „wenig" stehen, beispielsweise „zwei" oder „vier", andere für viel, etwa „acht" oder „zehn". Das entspricht der *„unpräzisen Größenrepräsentation"*, da die einzelnen Kategorien (wenig, viel) noch jeweils mit mehreren Zahlen besetzt sind. „Viel" heißt in dieser Phase „viel zählen" oder „lange zählen". Für unser Kind ist „drei" kaum mehr als „zwei": Beides ist wenig, denn man hat schnell bis dahin gezählt. In dieser Phase spielen auch schon Zahlen wie „hundert" oder „tausend" eine Rolle, auch wenn unser Kind selbstverständlich noch nicht bis dahin zählen kann. Aber die Begriffe „hundert" oder „tausend" hat unser Kind schon öfter gehört, und sie stehen für „sehr viel".

Aus dieser unpräzisen Größenrepräsentation entwickelt sich allmählich die *„präzise Größenrepräsentation"*. Nun werden Zahlen den exakten An-Zahlen zugeordnet. Unser Kind merkt, dass man bis „vierzehn" weniger oder kürzer zählt als bis „fünfzehn" oder „achtzehn". Es versteht, dass jede Zahl zu einer exakten Menge gehört. Nun kann es auch Zahlen hinsichtlich ihrer Größe miteinander vergleichen: *„Fünfzehn sind weniger als sechzehn."* Das gelingt für kleinere Zahlen eher als für größere. Jetzt besitzt unser Kind eine *„Größenbewusstheit von Zahlen";* Zahlen werden zu An-Zahlen. Nun ist der „kardinale Zahlbegriff" gesichert: Unser Kind weiß, dass zur Zahl „fünf" exakt fünf Dinge gehören, zur Zahl „sechs" genau sechs Dinge. Nun ist es auch bereit für die Erkenntnis, dass zur Zahl „sechs" ein Ding mehr gehört als zur Zahl „fünf". Damit kann der relationale Zahlbegriff erwachen: Die Relation, also die Beziehung zwischen der Zahl „fünf" und der Zahl „sechs" besteht nicht mehr nur darin, dass man beim Zählen „sechs" direkt nach „fünf" sagt, sondern darin, dass zu „sechs" genau ein Ding mehr gehört als zu „fünf" Die folgende Abbildung verdeutlicht diesen Entwicklungsschritt von Ebene 1 zu Ebene 2:

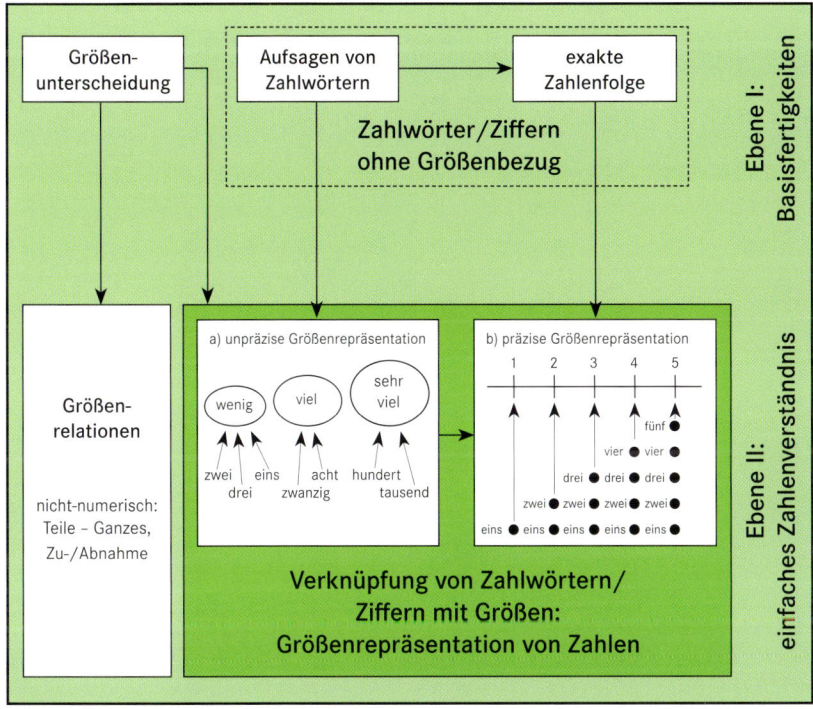

Kompetenzebene 3:
Verständnis für die Beziehungen zwischen Zahlen

Etwa im Alter zwischen vier und sechs Jahren entwickelt unser Kind ein Verständnis dafür, dass auch Zahlen in Beziehungen zueinander stehen. Nun verschmilzt sein Wissen, das es schon lange von Mengen und Größen besitzt (*„Man kann Mengen aufteilen und wieder zusammenfügen; wenn man etwas wegnimmt, wird es weniger; wenn man etwas dazugibt, wird es mehr; wenn man nichts tut, bleibt die Menge gleich."*) mit seinem Wissen über Zahlen. Unser Kind begreift, dass man diese Veränderungen der Mengen oder Größen durch Zahlen darstellen kann, so dass sich Zahlen in kleinere Zahlen zerlegen lassen (5 wird zerlegt in 2 und 3), und dass der Unterschied zwischen zwei Zahlen wieder eine Zahl ist (*„Der Unterschied zwischen 8 und 5 ist 3"*). Nun folgt die Darstellung des kompletten Modells in allen drei Kompetenzebenen:

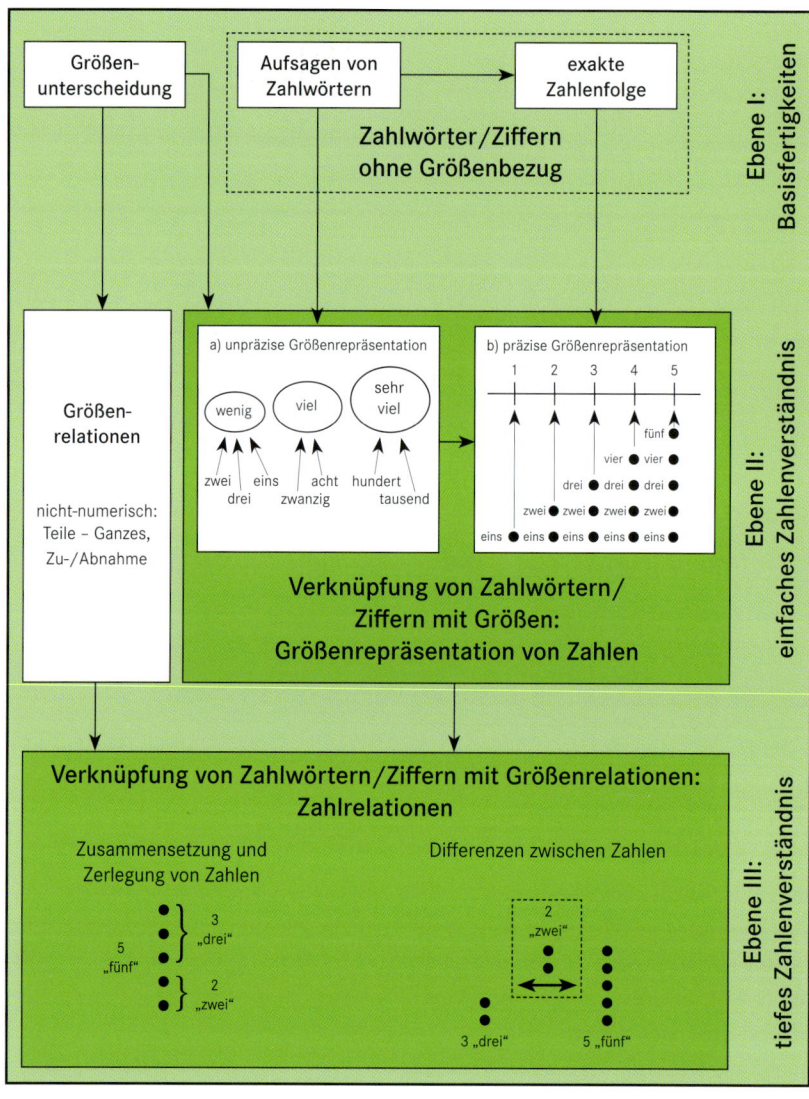

So klar dieses Modell von *Krajewski* auch den Weg eines Kindes abbildet, ist es nach ihren Ausführungen dennoch schwierig, ein Kind zu einem bestimmten Zeitpunkt exakt auf ein Entwicklungsniveau festzulegen. Denn es kann für kleinere Zahlen schon auf einer höheren Ebene sein, während es mit großen

Zahlen noch auf einer der unteren Ebenen umgeht. Außerdem ändert sich die Einordnung der einzelnen Zahlen im Laufe der Zeit: Während für ein Kind anfangs „fünfzehn" viel sind (denn bis dahin muss man lange zählen), wird die gleiche Zahl später, wenn unser Kind sich den Zahlenraum bis 100 oder 1000 erschlossen hat, eher als „wenig" eingeschätzt.

Dennoch ist dieses Modell von größtem praktischem Wert: Wir finden immer wieder rechenschwache Kinder, die am Ende des 1. Schuljahres noch nicht über eine „präzise Größenrepräsentation" verfügen. So konnte mir Sarah nicht angeben, dass „sieben" eins mehr sind als „sechs". Bei der Aufgabe 9 - 8 = ____ verschwanden ihre Finger unter dem Tisch, und sie zählte acht zurück, um schließlich bei „eins" zu landen. Kinder, die jedoch noch keine präzise Größenrepräsentation haben, können auch andere Beziehungen zwischen Zahlen (acht sind drei mehr als fünf) noch nicht erfassen. Sarah hatte also im Verlauf der 1. Klasse keinerlei Chance, das Rechnen wirklich zu lernen, da ihr die Basis für das Verständnis der Zahlbeziehungen fehlte. So blieb ihr nur eins: Zählen! Diese Unsicherheit hätte man jedoch auch schon vor der Einschulung feststellen können. Man hätte sie spielerisch fördern können, um ihr die Basis für das wahre Zahlverständnis zu bereiten.

„Vorläufermerkmale" des Rechnens

Das Thema „Vorhersage des Schulerfolgs" wird in der Forschung schon seit Jahrzehnten bearbeitet und es liegen mittlerweile sehr beeindruckende, detaillierte und praktisch bedeutsame Ergebnisse vor, die auch schon Eingang in Schulen und Kindergärten gefunden haben. Diese Erkenntnisse bezogen sich jedoch bis vor wenigen Jahren ausschließlich auf den Schulerfolg beim Lesen- und Schreibenlernen. Das Fach Mathematik dagegen wurde sehr stiefmütterlich behandelt, um nicht zu sagen: fast völlig vernachlässigt. Das änderte sich glücklicherweise in jüngster Zeit. Das Thema „Dyskalkulie" durfte aus dem Schatten hervortreten und wird mittlerweile in vielen Ländern intensiv erforscht.

Diese Forschung verläuft auch im deutschsprachigen Raum sehr erfolgreich, und insbesondere die Studien der Entwicklungspsychologin *Kristin Krajewski* führten zu weit reichenden Erkenntnissen über sogenannte „Vorläuferfertigkeiten" des Rechnens – also Fähigkeiten und Fertigkeiten, die bereits im Kindergarten erkennbar sind und den späteren Erfolg (oder Misserfolg) eines Kindes im Fach Mathematik mit recht hoher Sicherheit vorhersagen. Die ersten Früchte dieser wissenschaftlichen Untersuchungen dringen in die Praxis und schaffen hier ganz neue Möglichkeiten für den Alltag.

Früherkennung und Frühförderung

Die neuen Erkenntnisse betreffen die *Früherkennung von Kindern mit Dyskalkulie-Risiko* und die *Frühförderung dieser Risikokinder zur Vorbeugung* des Ausbruchs der Störung.

Wissenschaftliche Studien zur Vorhersage des Erfolges beim Rechnenlernen werden in Form von *Längsschnittuntersuchungen* durchgeführt. Dabei werden mehrere hundert Kinder vom Kindergartenalter bis weit in die Grundschulzeit hinein von Forschern begleitet und in diesem Zeitraum immer wieder untersucht. Durch diese kontinuierliche Begleitung können die Forscher bei jedem Kind die individuelle Entwicklung festhalten und herausfinden, welche Vorschulfaktoren den Weg zum späteren Rechnen bahnten.

So laufen solche Studien ab

Im Kindergartenalter werden zahlreiche Leistungen gemessen, die für das spätere Rechnenlernen von Bedeutung sein *könnten,* wie zum Beispiel:

- *Visuelle Fähigkeiten:* Wie genau und sicher kann das Kind Vorlagen „abscannen"? Kann es Formen sicher erkennen und nachzeichnen?
- *Sprachentwicklung:* Wie gut versteht das Kind Sprache? Wie ist sein Wortschatz?
- *Seriation:* Kann das Kind Material nach bestimmten Kriterien, wie Länge, Dicke etc. ordnen?
- *Mengenwissen:* Kann das Kind kleine Mengen auf einen Blick erfassen? Kann es erkennen, wo „mehr" oder „weniger" liegt?
- *Zählfertigkeiten:* Wie weit und wie sicher kann das Kind schon zählen?
- *Funktion des Gedächtnisses:* Kann sich das Kind kurzfristig etwas merken (Arbeitsgedächtnis)? Kann das Kind Wissen langfristig im Langzeitgedächtnis abspeichern?

Diese und noch viele weitere Fähigkeiten und Fertigkeiten nennt man *Vorläufermerkmale*, denn sie gehen dem späteren Rechnenlernen voraus und *können* wichtige Vorboten darstellen.

Im Schulalter werden dann die Leistungen dieser Kinder im Umgang mit Zahlen und beim Rechnen getestet, und die Forscher errechnen den Zusammenhang (die Korrelation) zwischen den Leistungen im Vorschulalter (Vorläufermerkmalen) und den Schulleistungen. Nun kann man auch erkennen, welche der vorschulischen Fähigkeiten am sichersten und am genauesten die späteren Schulleistungen vorhersagen. Ein Risiko für eine Dyskalkulie bestünde also dann, wenn ein Kind im Vorschulalter hinsichtlich *bedeutender* Vorläufermerkmale ganz schwach abschneidet.

Wozu brauchen wir diese Untersuchungen?

Schon der gesunde Menschenverstand verrät uns einige Fähigkeiten, die wir bedeutend für den Erfolg – oder den Misserfolg – unseres Kindes beim Rechnenlernen finden.

So nehmen wir zum Beispiel an, dass unser Kind eine gute visuelle Ausstattung braucht. Es sollte also gut und genau sehen, sich auf Gesehenes konzentrieren können, Formen erkennen und sich merken. Und schließlich sollte die Zusammenarbeit zwischen Augen und Hand – die sogenannte Visuomotorik funktionieren, was sich im Vorschulalter beispielsweise schon beim Malen oder beim Hantieren mit ganz feinen Materialien wie Perlen oder Bastelzutaten zeigt.

Auch das genaue Hören ist natürlich von großer Bedeutung. Denn das Kind wird später nur das lernen können, was es sicher und fehlerlos

Visuomotorik:
Zusammenarbeit von Augen und Händen

aufnimmt. All diese und noch unzählige weitere Fähigkeiten und Fertigkeiten sind wichtig für den Erfolg, den unser Kind später einmal in der Schule haben wird. Aber was nützt uns eine Fülle wichtiger Faktoren, wenn wir nicht wissen, *wie* wichtig die einzelnen sind?
Vielleicht ist eine einzige Fähigkeit die wichtigste von allen – und wenn die nicht da ist, läuft gar nichts. Vielleicht lässt sich aber auch das Fehlen einer bestimmten Fähigkeit verschmerzen oder kompensieren, wenn dafür eine andere gut ausgebildet ist. Fragen über Fragen, für deren spontane Beantwortung unser gesunder Menschenverstand allein nun einmal nicht ausreicht. Und mit genau diesen Fragen setzt sich die moderne Forschung auseinander – um die Methoden der Früherkennung zu verfeinern und dadurch die Möglichkeiten der Frühförderung zu verbessern.

Wie wichtig ist welches Merkmal?

Es geht um die *relative Bedeutung* der einzelnen Merkmale. So zeigte sich in vielen Untersuchungen, dass die meisten dieser oben genannten Fähigkeiten und Fertigkeiten unspezifisch wirken. Das heißt: Sie sagen zwar den Schulerfolg im Großen und Ganzen vorher, aber sie erlauben keine Vorhersage für einen bestimmten Leistungsbereich oder für ein bestimmtes Fach.
So ist beispielsweise die visuelle Wahrnehmung eines Kindes für viele Bereiche des späteren Schulerfolges wichtig: für die Leistungen in Mathematik, aber auch im Lesen und Schreiben oder ganz allgemein dafür, wie unser Kind sich auf Arbeitsblättern zurechtfindet, wie es Informationen aus einem Tafelbild verarbeiten kann. Wenn also unser Vorschulkind Probleme mit der visuellen Wahrnehmung hat, wissen wir nicht, in welchen schulischen Bereichen es später einmal Schwierigkeiten bekommen wird: vielleicht im Rechnen, vielleicht im Lesen und Schreiben, vielleicht aber auch in gar keinem Fach – dann nämlich, wenn es mit anderen, spezifischen Fähigkeiten kompensieren kann.
Solche unspezifischen Faktoren helfen uns also wenig für die gezielte Vorhersage späterer Problembereiche und vor allem: Sie sind kaum für eine gezielte Förderung im Vorschulalter zu gebrauchen. Für eine solche vorschulische Förderung brauchen wir Merkmale, die einen äußerst engen und ganz spezifischen Zusammenhang mit der Leistung haben, die später in der Schule vom Kind gefordert wird. Wenn wir diese spezifischen Vorläufermerkmale im Vorschulalter verbessern, stehen die Chancen sehr gut, dass unser Kind das

Risiko, in einem bestimmten Fach zu versagen, durch gezielte Frühförderung überwinden kann.

VORLÄUFERMERKMALE DES RECHNENS: WAS WIRKLICH ZÄHLT

Hier werden nun die vorschulischen Fähigkeiten und Fertigkeiten vorgestellt, die sich in sorgfältig durchgeführten wissenschaftlichen Untersuchungen als wichtigste vorschulische Vorläufermerkmale des späteren Rechnens in der Grundschule erwiesen haben.

> ### FÄHIGKEITEN UND FERTIGKEITEN
>
> Wir unterscheiden grundsätzlich zwischen *Fähigkeiten* und *Fertigkeiten*.
>
> - Unter Fähigkeiten verstehen wir kognitive (geistige) Grundfunktionen, eine Art geistige Grundausstattung, die das Kind zum Lösen von Problemen, zum Verstehen und Lernen befähigt. Ein Beispiel dafür ist die Intelligenz. Natürlich sind diese Grundfunktionen nicht nur durch die genetische Ausstattung, sondern auch durch Umwelteinflüsse bestimmt.
> - Fertigkeiten sind Techniken, Kenntnisse oder Wissen, die dem Kind von seiner Umwelt mitgegeben werden.
>
> Unter Umwelt verstehen wir hier zum einen die Eltern, die ihr Kind fördern, ihm Dinge erklären, etwas beibringen; dann natürlich den Kindergarten, in dem die Kinder gezielt gefördert werden und schul- und lebensrelevante Fertigkeiten mitbekommen (Malen, soziales Verhalten usw.), und schließlich die Schule, in der z. B. Kulturtechniken wie Lesen, Schreiben und Rechnen als Fertigkeiten vermittelt werden.

In der pädagogisch-psychologischen Forschung haben sich die folgenden vorschulischen Fähigkeiten und Fertigkeiten als bedeutendste Vorläufermerkmale der späteren Rechenleistung erwiesen:
1) Intelligenz
2) Gedächtnis
3) Mengen-Zahlen-Kompetenz

1) Die Intelligenz

Zweifellos beeinflusst die Intelligenz den Schulerfolg eines Kindes und damit natürlich auch sein Vorankommen im Umgang mit Zahlen und beim Rechnen. Es kommt nicht von ungefähr, dass im Rahmen der Bildungsberatung bei der Klärung der Frage, welche die geeignete Schule für ein Kind ist, immer auch ein Intelligenztest durchgeführt wird. Die Intelligenz stellt gewissermaßen die geistigen Ressourcen, auf die ein Kind beim Lernen zurückgreifen kann. Wagen wir den Vergleich mit einem Auto: Hier wäre die Leistungsfähigkeit des Motors, seine PS-Stärke, in etwa vergleichbar mit der Intelligenz beim Menschen. Aber wir alle wissen, dass bei einem Autorennen bei weitem nicht die PS-Zahl des Fahrzeugs allein bestimmt, welcher Fahrer als Erster durchs Ziel geht. Weitere Faktoren, wie Zusammenspiel der gesamten technischen Ausstattung, Fahrstil und Einsatz des Fahrers oder auch einfach die Frage, ob dem Fahrer diese oder jene Rennstrecke „gut liegt", können über Sieg oder Niederlage entscheiden.

Zurück zum Kind: Auch das intelligenteste Kind kann an der Grundschulmathematik scheitern, wenn ein wichtiges Detail seiner „Ausstattung" nicht stimmt.

Hochbegabt, aber rechenschwach
*Spontan erinnere ich mich an **Hannah**, ein ehemaliges Therapiekind mit einer schweren Dyskalkulie. Hannah war mit einem IQ von 138 hochbegabt. Sie hatte ein enormes Weltwissen, lernte im Allgemeinen schnell und mühelos und konnte sehr gut logisch denken. Dennoch konnte Hannah noch im 3. Schuljahr nicht sicher im Hunderter-Raum rechnen. Es erklärt sich von selbst, dass Hannah keinesfalls „zu dumm" zum Rechnen war, auch wenn ihre Klassenkameraden – und auch Hannah selbst – nur diese eine Erklärung für ihre Rechenprobleme parat hatten.*

So wie sehr intelligente Kinder keinesfalls eine Garantie für gute Mathenoten haben, können sich andererseits auch weniger begabte Kinder durchaus zu guten Rechnern entwickeln. Der direkte Zusammenhang zwischen der Intelligenz und der Mathematikleistung ist schon in der ersten Klasse nicht sonderlich hoch – und er sinkt im Laufe der Grundschulzeit noch weiter.

Die Intelligenz eines Kindes hat allerdings einen Einfluss auf das mathematische Vorwissen, das ein Kind im Kindergarten erwerben kann: Intelligentere Kinder bauen „ganz nebenbei" bei alltäglichen Beschäftigungen schon vor der

Einschulung mehr Mengen- und Zahlenvorwissen auf und haben damit natürlich schon bei der Einschulung einen Vorsprung.
Die Intelligenz wirkt *unspezifisch*, das heißt sie beeinflusst neben dem Rechnen auch das ganze Spektrum der Schulleistungen, wie Rechtschreibung und „Lernfächer" Und sie wirkt *indirekt*, was bedeutet, dass sie viele Faktoren beeinflusst, die wiederum die Schulleistungen mitbestimmen (z. B. das Vorwissen). Somit dürfen wir die Intelligenz bei unseren Überlegungen nicht außer Acht lassen. Und wir müssen uns dessen bewusst sein: Intelligente und weniger intelligente Kinder spielen vielleicht im Kindergarten die gleichen Spiele, sie erhalten von den Erzieherinnen die gleichen Beschäftigungs- und Förderangebote, aber die intelligenteren Kinder können wesentlich mehr spezifisches Vorwissen daraus ziehen als ihre weniger begabten Altersgenossen. Und diese spezifischen Vorläufer haben einen weit größeren Einfluss auf das spätere Mathematiklernen.

2) Das Gedächtnis

Wir können unser Gedächtnis ganz grob in die Bereiche „Arbeitsgedächtnis" und „Langzeitgedächtnis" unterteilen.
Das Arbeitsgedächtnis können wir mit dem Arbeitsspeicher unseres Computers vergleichen. Unser PC hält Informationen, die wir ihm eingeben, so lange verfügbar, bis wir sie verarbeitet haben. Was wäre ein Computer wert, der das, was wir gerade eingetippt haben, gleich wieder löscht – der die Zahlen in der Tabelle vergisst, während wir auf das Ergebnis einer Berechnung warten? Ähnlich können wir uns die Bedeutung unseres Arbeitsgedächtnisses für das Lernen vorstellen. Eine wichtige Voraussetzung für erfolgreiches Lernen besteht darin, dass man etwas, was man gerade eben gesehen oder gehört hat, noch so lange verfügbar hat, bis man es verarbeiten konnte. Diese Kurzzeitspeicherung bezieht sich also nur auf wenige Sekunden. Wir alle nutzen sie im Alltag, wenn wir beispielsweise eine Bestellnummer nachschlagen und uns diese so lange merken, bis wir sie eingetippt haben. Schon nach wenigen Sekunden haben wir die Ziffern wieder vergessen. Wir nutzen das Arbeitsgedächtnis aber auch beim Kopfrechnen. Denn wir müssen die Aufgabe so lange verfügbar haben, bis wir die Lösung gefunden haben. Neben der Speicherung von Gehörtem (auditiver Kanal) ist auch die Kurzzeitspeicherung von Gesehenem (visueller Kanal) sehr wichtig. Nehmen Sie an, Sie zeigen einem Kind

zwei Häufchen mit Spielsteinen. Das Kind darf nur kurz schauen und soll dann angeben, auf welcher Seite mehr Steine liegen. Ein Kind, das das Gesehene nicht oder nur unvollständig speichern kann, wird keine sichere Entscheidung treffen können und wird damit auch wesentlich unsicherer sein, wenn es um die Beurteilung von „mehr" und „weniger" geht.

Für den Aufbau mathematischer Kompetenz ist ein gut funktionierendes Arbeitsgedächtnis also unabdingbar. So muss unser Kleinkind Mengen „im Kopf behalten", um sie zu vergleichen, es muss kleine Mengen schnell, sozusagen „auf einen Blick" erfassen können.

Später in der Schule muss unser Kind bei der Aufgabe „*4 + 3 = 7*" den Anfang („*4 + 3*") so lange im Kopf behalten, bis es zum Ende („*7*") gelangt ist. Nur dann kann die Verbindung zwischen Aufgabe und Lösung so stark werden, dass das kleine Einspluseins schließlich als Faktenwissen abgespeichert wird. Die Ketten „*4 + 3 = 7*", „*2 + 6 = 8*" oder „*5 + 4 = 9*" sind dann als feste Einheiten ins Langzeitgedächtnis übergegangen.

Ist dieses Wissen erst einmal aufgebaut, ist es so stabil, dass wir uns beim Hören einer Aufgabe nicht gegen die Lösung wehren können. Sie kommt einfach. Sie haben es zu Beginn des zweiten Kapitels selbst erlebt.

Im Gegensatz zum Arbeitsgedächtnis beinhaltet das *Langzeitgedächtnis* Wissen, das bereits abgespeichert wurde. Und hier interessiert in unserem Zusammenhang besonders die *Geschwindigkeit* des Abrufs von Informationen aus dem Langzeitgedächtnis. Auch hier bietet sich der Vergleich mit unserem PC an: Können Dateien, die auf der Festplatte gespeichert sind, blitzschnell geöffnet werden, oder muss unser Rechner ewig suchen, bis er – wenn überhaupt – die gewünschte Information liefern kann? Bei Kindern im Vorschulalter scheint hier besonders der schnelle Abruf von Wissen, das mit Zahlen zu tun hat, für die spätere Mathematikleistung bedeutsam zu sein.

          7

„*Das ist die Fünf*"   „*Das ist die Sieben*"

3) Die Mengen-Zahlen-Kompetenz

Das Mengen-Vorwissen
Wie Sie schon lesen konnten, sind unseren Kindern gewisse Grundfähigkeiten für den Umgang mit Mengen angeboren – und im Verlauf des Kleinkindalters werden sie mächtig ausgebaut:

- So können unsere Kinder beim Vergleich zweier Mengen schon sehr früh schätzen, welche „mehr" ist.
- Sie machen später die Erfahrung, dass man Mengen aufteilen und dann wieder zusammenfügen kann. *(„Wenn ich Tim einige meiner Bonbons gebe, es mir dann aber anders überlege und alle wieder zurückhole, habe ich genauso viele Bonbons wie am Anfang.")*
- Sie verstehen dann auch, dass Mengen nur dann mehr oder weniger werden, wenn man etwas hinzufügt oder wegnimmt. (So ist Sina sich sicher, dass sie an einer Hand immer fünf Finger hat, und sie kommentiert es mit den Worten: *„Es ist ja auch keiner abgefallen und keiner dazugewachsen ...")*
- Sie können Objekte nach unterschiedlichen Kriterien in eine Reihenfolge bringen, also beispielsweise Stifte nach der Länge oder Dicke sortieren.

All diese Leistungen erbringen unsere Kinder im direkten Umgang mit Mengen: Sie sehen etwas auf den ersten Blick, sie können gezielt Vergleiche anstellen, sie haben die Erfahrung gemacht, dass eine bestimmte Menge von Gummibärchen auch morgen noch die gleiche Menge Gummibärchen ist – *„außer wenn ich eins esse, dann sind es weniger."*
Diese Erfahrungen und Erkenntnisse an Mengen bilden eine wichtige Voraussetzung für den späteren Umgang mit Zahlen und die sogenannte „Mengenbewusstheit von Zahlen", die das Kind verstehen lässt: Hinter Zahlen stehen Mengen.

Das Zahlen-Vorwissen
Kein Kind macht erst bei Schuleintritt seine ersten Erfahrungen mit Zahlen. Mit Sprachbeginn fangen unsere Kinder an, sich mit den Zahlwörtern auseinanderzusetzen, und bei der Einschulung zählen sie im Durchschnitt schon bis 26. Die Frage *„Welche Zahl kommt genau nach der 5?"* kann kaum ein Vorschulkind schrecken, und auch die Ziffern bis 10 können dann schon viele Kinder sicher benennen. Wenn ein Kind die Ziffern nicht „lesen" kann, obwohl sie ihm

schon häufig begegneten, liegt das wohl nicht (wie häufig angenommen) an einer allgemeinen „Speicherschwäche", denn diese Auffälligkeit scheint sich speziell auf Zahlen zu beziehen.

Qualen mit Zahlen

Die sechsjährige **Sophie** *beispielsweise ist eigentlich bekannt für ihr gutes Gedächtnis. Namen kann sie sich gut merken, Lieder und Gedichte, auch Orte, an denen sie schon einmal war, erkennt sie gleich wieder. Wenn Sophie aber würfelt, muss sie immer lange überlegen, ob das nun eine „Fünf" oder eine „Vier" ist. Meistens zählt sie die Würfelaugen dann mühsam nach. Auch wenn sie auf Karten oder Plakaten Ziffern entdeckt, erinnert sie sich zwar daran, dieses Zeichen schon einmal gesehen zu haben, muss aber sehr lange überlegen, bis ihr das passende Zahlwort einfällt. Manche Ziffern, wie beispielsweise die 7, kann sie sich auch gar nicht merken. Wir sehen, dass Sophie keinesfalls eine allgemeine „Speicherschwäche" hat – aber wenn es um Zahlen geht, scheint kaum etwas hängen zu bleiben.*

Neben der „Ziffernkenntnis" zählt auch das Lösen einfacher Rechenaufgaben mit Material zu den Vorläufern, die wir häufig schon im Kindergarten beobachten können. Gibt man beispielsweise einem Kind im letzten Kindergartenjahr die Aufgabenstellung: *„Ernie hat drei Murmeln, nun bekommt er noch zwei dazu. Wie viele hat er?"* und legt ihm zur Erarbeitung der Lösung Murmeln dazu, ist es mit großer Wahrscheinlichkeit in der Lage, die Lösung herauszufinden. Außerdem zeigen Studien, dass das Schätzen von Mengen („Hier liegen ungefähr neun Chips") und auch das schnelle Erkennen kleiner Anzahlen bis vier (Simultane Mengenerfassung oder Subitizing) im Kindergartenalter die spätere mathematische Kompetenzentwicklung vorhersagen können.

Die hier beschriebenen Vorläuferfertigkeiten können bereits im Kindergarten festgestellt werden, und insbesondere das Ausmaß an Mengen-Zahlen-Kompetenz – also die Verknüpfung zwischen Mengen- und Zahlenvorwissen – ermöglicht es uns, einen Großteil der späteren Mathematikleistungen eines Kindes vorherzusagen. Damit ist es also auch möglich, sogenannte „Risikokinder" bereits im Kindergarten zu entdecken. Bei solchen Kindern sind nämlich diese Vorläufermerkmale viel zu schwach ausgeprägt. Die große Chance besteht dann darin, diese Risikokinder spielerisch und gezielt zur Mengen-Zahlen-Kompetenz hinzuführen, so dass sie gute Chancen haben, die Grundschulmathematik erfolgreich zu beginnen und zu bewältigen.

Wichtig ist also, dass zu Beginn der Grundschule Lücken erst gar nicht entstehen. Wir wissen mittlerweile, dass sich solche Lücken im mathematischen Wissen in den seltensten Fällen von selbst schließen. Vielmehr führen Rückstände in den ersten Schuljahren zu weiteren Schwächen in späteren Klassen, weil nicht auf einer guten Wissensbasis aufgebaut werden kann. Selbst in der gymnasialen Oberstufe lässt sich dieser Zusammenhang noch nachweisen: Schüler, die zu Beginn ihrer Grundschulzeit im Rechnen gut zurechtkamen, weil sie viel Vorwissen hatten aufbauen können, werden auch in der späten Gymnasialzeit noch erfolgreich in Mathe sein.

Die Durchsicht der Lehrpläne deutscher Bundesländer zeigt, dass Mengen-Zahlen-Kompetenzen hier durchaus berücksichtigt werden. Also müssten sie doch im Verlauf des ersten Schuljahres „abgearbeitet" sein ... Tatsächlich finden wir jedoch bei rechenschwachen Kindern auch in höheren Schulklassen hier noch gravierende Defizite. Das Wissen wird also allen Kindern in der ersten Klasse angeboten ... es kommt aber nicht bei allen an!

VORLÄUFERMERKMALE DES RECHNENS:
WIE SIE ZUSAMMENHÄNGEN

Die folgende Grafik gibt einen Überblick über die relevanten Vorläufermerkmale und deren Zusammenhänge untereinander:

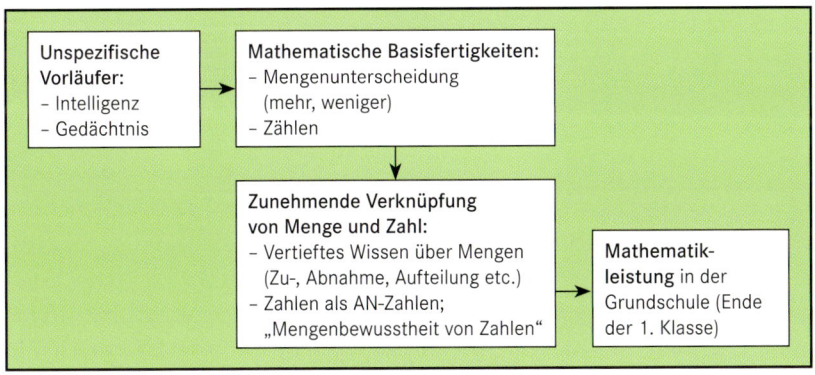

Vorläuferfertigkeiten des mathematischen Verständnisses und ihre Wirkung auf die schulischen Mathematikleistungen (nach Krajewski)

Wir erkennen an dieser Darstellung, dass das Vorwissen, mit dem ein Kind vom Kindergarten in die Schule kommt, seine Mathematikleistung zum Ende des ersten Schuljahres in großem Ausmaß vorherbestimmt. Damit sind die Würfel schon lange vor der Einschulung gefallen.

Und was sagt uns die Mathematikleistung in den weiteren Schuljahren voraus?
- Die beste Vorhersage für die Mathematikleistung am Ende der 2. Klasse liegt in der Mathematikleistung der 1. Klasse.
- Die Leistung in der 2. Klasse sagt wiederum am besten die Leistung in der 3. Klasse vorher.
- Die Mathematikleistung in der 4. Klasse wird wiederum von der Leistung im Vorjahr vorhergesagt. Hier drängt sich aber noch ein weiteres Merkmal in den Vordergrund: die soziale Schicht. Und damit setzt die soziale Ungerechtigkeit ein: Eltern aus höheren Schichten nehmen im 4. Schuljahr vermehrt Einfluss auf die Leistungen ihrer Kinder. Sie finanzieren Nachhilfeunterricht und nehmen sich Zeit zum vermehrten häuslichen Üben. Denn nun steht in vielen Bundesländern die Entscheidung über den Übertritt in weiterführende Schulen an.

Die Vorhersagekette

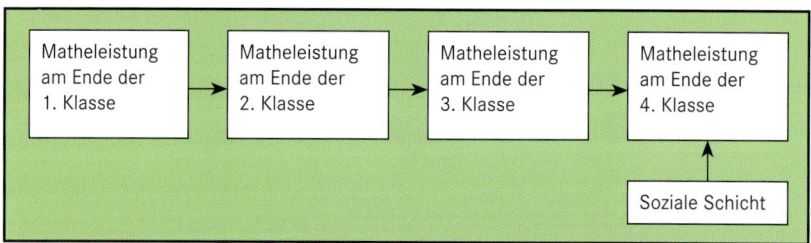

Wir können also sagen: Das spezifische mathematische Vorwissen, mit dem Kinder in die Schule eintreten, legt bereits zu diesem frühen Zeitpunkt ihre gesamte „Mathe-Karriere" fest. Kinder mit einem soliden Vorwissen werden mit hoher Wahrscheinlichkeit im Fach Mathematik gut zurechtkommen. Ein Aufholen der Schwachen findet jedoch kaum statt. So liegt es auf der Hand: Wir müssen unser Augenmerk vor und bei Schuleintritt auf die *„Lernausgangslage"* unserer Kinder richten. Wir müssen erkennen, ob unser Kind bereits eine stabile Basis aufbauen konnte.

So kann im Vorschulalter geprüft werden, wie ein Kind mit Mengen und vor allem mit der Anzahl der Elemente einer Menge umgehen kann. Erkennt unser Kind, dass man die Elemente einer Menge zählen und damit auch Mengen miteinander vergleichen kann? Versteht es, dass beispielsweise fünf kleine Punkte mehr sind als vier große, obwohl die großen Punkte viel mehr Fläche einnehmen?

 sind mehr als

Weiß es, dass es nicht „mehr" Punkte werden, nur weil man sie weiter auseinander legt? Außerdem dürfen erste Zähl- und Rechenstrategien nicht außer Acht gelassen werden. Kann unser Kind beispielsweise schon von „vier" an zählen? Meistens richten wir unser Augenmerk nur darauf, wie weit ein Kind zählen kann, und stolze Eltern verkünden: „Benjamin zählt schon bis 100!" Dies ist jedoch gar nicht so bedeutsam. Viel wichtiger wäre die Frage, ob Benjamin schon in der Lage ist, etwa von vierzehn an vorwärts oder von acht an rückwärts zu zählen. Und versteht das Kind, dass die Zahlen verknüpft sind mit den Mengen, für die sie stehen? Oder versteht es Zahlen etwa als Eigennamen? Weiß unser Kind schon, dass „sieben" eins mehr sind als „sechs" und ist damit auf dem Weg, die Beziehungen zwischen Zahlen zu verstehen?

Wir müssen also prüfen, ob unser Kind Mengen mit Zahlen verknüpfen kann, um durch Auszählen Unterschiede zwischen Mengen feststellen zu können. Anders herum muss unser Kind auch Zahlen mit Mengen verbinden, um zu verstehen, dass die Zahlen als Platzhalter für Mengen stehen, wenn wir mit ihnen umgehen. Es braucht also eine *Mengenbewusstheit von Zahlen*. Diese Mengenbewusstheit von Zahlen ist viel mehr, als dass unser Kind *etwas über Mengen und über Zahlen* weiß. Damit ist vielmehr die *Verschmelzung* von Mengen- und Zahlenwissen gemeint. Das Kind muss die Leistung erbringen, dass es all die Erfahrungen, die es mit Mengen machte (wenn man nichts wegnimmt oder dazu legt, bleiben es gleich viele/man kann sie in kleine Teile zerlegen/ wenn der eine Teil eher klein ist, ist der andere eher groß ...), auf die Zahlen überträgt. Genau das gelingt rechenschwachen Kindern nicht.

WANN SOLLTE MEIN VORSCHULKIND WAS KÖNNEN?

Da unsere Kinder sich nicht im Gleichschritt entwickeln und in ihrem Weiterkommen auch immer wieder Sprünge einlegen, dürfen die Angaben im Folgenden nicht als unbedingte Grenzwerte verstanden werden. Sie geben aber eine ungefähre Richtschnur, an der wir uns entlang hangeln können.
Etwa ein halbes Jahr vor Schuleintritt sollte unser Kind **im Zahlenraum bis 20 Kompetenzen der Ebene 1** aufweisen.

Mehr oder weniger
Anne beispielsweise ist im letzten Kindergartenjahr und hat schon seit langer Zeit keine Probleme mehr mit dem Unterscheiden von Mengen. Sie erkennt sofort, ob etwas „mehr" oder „weniger" ist und kann die richtigen Begriffe zuordnen. Sie zählt mittlerweile bis 20 und hat die Reihenfolge der Zahlwörter fest abgespeichert. So kann sie auch rückwärts zählen und kennt die Vorgänger oder Nachfolger von Zahlen („Vor der Vier kommt die Drei, nach der Fünf kommt die Sechs"). Auch die Ziffernzahlen bis 10 kann sie benennen.

Anne hat somit das oben angegebene Kriterium der Ebene 1 erreicht. Zusätzlich sollte unser Kind zu diesem Zeitpunkt **im Zahlenraum bis 10 bereits Kompetenzen der Ebene 2** zeigen.

Mengen und Zahlen
Anne kann der Erzieherin sofort das Bild mit fünf Blumen heraussuchen. Auch das Bild mit sieben Blumen kann sie nach dem Abzählen sicher zeigen. Sie kann also erkennen, welche Anzahl von Elementen (hier: Blumen) zu einer vorgegebenen Zahl gehört, und beginnt somit Mengen und Zahlen zu verknüpfen. Sie kann auch Bilder von Marienkäfern nach der Anzahl ihrer Punkte (zwei, drei, vier, fünf ...) in eine Reihenfolge ordnen. Sie weiß auch schon, dass zur Zahl 8 ein Ding weniger gehört als zur 9, kann also nahe beieinander liegende Zahlen vergleichen.

Bevor sie in die Schule kommt, stellt Anne Kompetenzen der Ebenen 1 und 2 unter Beweis und zeigt damit kein Entwicklungsrisiko in Bezug auf eine Rechenschwäche.

Und wenn mein Kind schon mehr kann?

Tatsächlich findet man im Vorschulalter immer wieder Kinder, die auch schon die **Kompetenzebene 3** erreicht haben und beispielsweise angeben können, dass man *„zu 4 noch drei dazutun muss, um 7 zu haben"*, oder die sogar wissen, dass bei der 8 zwei Dinge mehr sind als bei der 6. Diese Kinder haben bereits ein Niveau erreicht, das ein noch tieferes Zahlverständnis belegt. Anne hat dieses Niveau noch nicht erreicht. Sie ist dennoch auf keinen Fall ein Risikokind. Denn sie hat, was sie braucht: eine solide Mengenbewusstheit von Zahlen als Basis für die Grundschulmathematik.

Mengenbewusstheit:
Basis für die Grundschulmathematik

Woran kann ein Mangel an Vorläuferfertigkeiten liegen?

- Eine mögliche Ursache kann sein, dass das Kind bislang wenig Umgang mit Mengen und Zahlen hatte. Mengen und Zahlen sind überall in unserem Haushalt aufzufinden, und es gibt unzählige Ideen, Kinder dafür zu sensibilisieren. Fehlen diese Anregungen durch Familie oder Kindergarten, sind entsprechende Rückstände erklärbar, und Sie können bis zur Einschulung noch vieles spielerisch mit Ihrem Kind nachholen.
- Natürlich könnten auch grundlegende Ursachen in der Ausstattung des Kindes dafür verantwortlich sein, dass es trotz einer anregenden Umwelt kaum Vorwissen aufbauen konnte. So können beispielsweise Defizite im Arbeitsgedächtnis dazu führen, dass ein Kind visuelle oder sprachliche Informationen nicht hinreichend lange speichern kann, um sie wirklich zu verarbeiten und daran zu lernen. Ein Kind, das beim Hinhören und Hinschauen weniger wahrnimmt und verarbeitet, kann auch weniger Basiswissen aufbauen.

Wenn Sie also feststellen, dass Ihr Vorschulkind sehr wenig Basiswissen der Ebenen 1 und 2 aufbauen konnte, sollten Sie als ersten Schritt gezielte und spielerische Angebote zum Umgang mit Mengen und Zahlen machen. Sie können Mengen vergleichen, einschätzen, abzählen, Anzahlen vergleichen, nach der Anzahl in eine Reihenfolge bringen usw. Eine Fülle an Anregungen gibt Ihnen das 6. Kapitel. Erst wenn ein Kind in einer solchen anregenden Umwelt kaum Vorwissen erwirbt, ist an grundlegende Defizite zu denken, die dann vom Kinder- und Jugendarzt oder in einer Frühförderstelle abgeklärt werden sollten.

Forschung für Förderung
Was bringt eine Förderung der Mengen-Zahlen-Kompetenz im Vorschulalter für das spätere Rechnenlernen?

Die Hinweise und Tipps in diesem Buch sind Ergebnisse langjähriger moderner pädagogisch-psychologischer Forschung. Hier ein Beispiel für ein solches Forschungsprojekt:

MZZ: Das Forschungsprojekt an der Universität Würzburg

Am Institut für Psychologie der Universität Würzburg wurde unter der Federführung der Entwicklungspsychologin *Kristin Krajewski* in den vergangenen Jahren ein Förderprogramm zum gezielten und spielerischen Aufbau von Mengen-Zahlen-Kompetenzen – „Mengen, Zählen, Zahlen (MZZ)" – entwickelt und in einer Langzeitstudie mit 260 Vorschulkindern sorgfältig auf seine Wirksamkeit überprüft. Das bedeutet: Eine große Gruppe von Kindern wurde vor der Einschulung mit diesem Programm gefördert und anschließend in der gesamten Grundschulzeit immer wieder untersucht.

Die Forschungsfragen lauteten:
- Führt diese vorschulische Förderung des Mengen- und Zahlenvorwissens tatsächlich zu einer guten Vorwissensbasis für das spätere Rechnenlernen?
- Bewirkt diese Vorwissensbasis bessere Mathematikleistungen in der Grundschule?

Ist es also möglich, dass die geförderten Kinder leichter, problemloser und damit sorgenfreier durch die Grundschulmathematik kommen?

Selbstverständlich war in diese Untersuchung auch eine Kontrollgruppe einbezogen, die kein Training erhielt, so dass sicher beurteilt werden konnte, welche Entwicklungssprünge tatsächlich auf das Konto des neuen mathematischen Förderprogramms gehen.

Daneben erhielt ein weiterer Teil der Kinder ein anderes Training, das die Kinder sehr phantasiebezogen in die Welt der Zahlen einführt, sich aber nicht an einem ähnlich fundierten Entwicklungsmodell orientiert.

Tatsächlich zeigten die Kinder nach der Förderung mit dem MZZ kurz- und langfristig signifikant größere Zugewinne im Bereich der Mengen-Zahlen-Kompetenzen als die Kinder aus allen anderen Gruppen.

Offensichtlich profitieren gerade Risikokinder von einer systematischen vorschulischen Förderung, die ein tiefes Verständnis für die abstrakte Struktur der Zahlen vermittelt. Dabei zeigte sich, dass die Förderung möglichst kurz vor der Einschulung am effizientesten ist.

Fördermaterialien: Wissenschaftlich geprüft?

Machen Sie sich in den entsprechenden Fachgeschäften einmal ein Bild von den Materialien, Spielen, Büchern oder CD-ROMs, die zur Förderung von Vorschul- oder Schulkindern angeboten werden: Sie werden schier erschlagen von der Fülle des Angebots. Machen Sie sich nun einmal die Mühe, in den Einleitungen oder Handbüchern zu überprüfen, inwieweit die angebotenen Fördermaterialien fachlich auf dem neuesten Stand sind und ob ihre Wirkung auch tatsächlich an renommierten Instituten, also unabhängigen Universitäten, wissenschaftlich nachgewiesen wurde: Sie werden kaum etwas finden.

Ist es nicht auffällig, dass wir beim Kauf eines Mixers oder Staubsaugers selbstverständlich genaueste Informationen und Prüfberichte von Verbraucherverbänden verlangen, uns aber beim Anschaffen von Übungs- und Fördermaterialien für unsere Kinder mit nichtssagenden Floskeln wie „pädagogisch wertvoll" oder „pädagogisch geprüft" zufriedengeben? Dabei sollten wir gerade hier zuverlässige Prüfberichte fordern, um nicht Zeit und Energie unserer Kinder mit ineffektiven Materialien zu vergeuden.

Kapitel 4: Das Wichtigste in Kürze

- Vorläufermerkmale sind die *Voraussetzung* für die erfolgreiche Bewältigung der Grundschulmathematik.
- Das wichtigste Vorläufermerkmal ist die *„Mengenbewusstheit von Zahlen"*.
- Kinder mit Defiziten bei der „Mengenbewusstheit von Zahlen" sind Risikokinder für eine Rechenschwäche.
- Die meisten Kindergartenkinder beschäftigen sich schon früh mit Mengen und Zahlen. Für Kinder, denen diese Vorläuferfertigkeiten fehlen, ist aber die schulische Einführung zu knapp, und ihnen mangelt es an einem soliden Fundament für die Grundschulmathematik.
- Vorschulkinder können die „Mengenbewusstheit von Zahlen" spielerisch erwerben und sich somit eine stabile Basis für die Grundschulmathematik schaffen.
- Die vorschulische Förderung ist kein Übe-Drill. Sie kommt der Neugier und dem Forschergeist der Kinder entgegen.

Die Kindergartenzeit: Was uns alles auffallen kann

In diesem Kapitel erfahren Sie, ...

▶ wie Sie als Eltern bei Ihrem Vorschulkind spezifische Hinweise auf eine drohende Rechenschwäche aufdecken können
▶ wie pädagogische Fachkräfte (Erzieherinnen, Mitarbeiter von Frühförder- oder Beratungsstellen, Ergotherapeuten oder Logopäden usw.) in einem kurzen Test zuverlässig feststellen können, ob für ein Vorschulkind ein Risiko für eine Rechenschwäche besteht
▶ welche weiteren Hinweise oder Auffälligkeiten Sie bei Ihrem Kind ernst nehmen müssen – etwa als Vorboten für spätere Lernprobleme

Aufmerksam beobachten und liebevoll unterstützen

Wie Sie bereits feststellen konnten, ist der Schuleintritt nicht die „Stunde Null" für den Aufbau mathematischer Kompetenz. Denn viele wichtige Grundlagen und Fertigkeiten entwickeln sich bereits im Kleinkindalter. In einer Fülle von Spielen, Übungen und Beschäftigungen führen unsere Erzieherinnen im Kindergarten die ihnen anvertrauten Kinder in alle möglichen Erfahrungs- und Lernbereiche ein, und man sollte meinen: Bei so breiter Anregung ist für jeden Bereich etwas dabei.

Tatsächlich führt das kindliche Spiel aber nicht bei jedem Kind zu vergleichbaren Lerneffekten. Das können wir gut im Alltag beobachten. Manche Kinder saugen neues Wissen auf „wie ein Schwamm", andere wiederum nicht.

Unterschiede

Paula *beispielsweise hat im Herbst wie die anderen Kinder ihrer Einrichtung auch bunte Blätter gesammelt. Plötzlich fängt sie an, die Blätter nach ihrer Größe zu ordnen und entsprechend hinzulegen. Dann fällt ihr auf, dass man diese Fundstücke auch nach der Farbe sortieren kann. Und schließlich beginnt sie, die Blattadern zu zählen und vergleicht die Blätter daraufhin. Währenddessen spielt* ***Jule*** *genauso versunken mit ihren Blättern: Sie formt einen bunten Blätterstrauß, sucht die schönsten Blätter aus und lässt sie auf den Boden rieseln.*

Jules Beschäftigung mit den Blättern ist keinesfalls „weniger wertvoll" als Paulas. Aber es ist deutlich, dass Paula gerade an ihrem mathematischen Wissen arbeitet, Jule dagegen ganz andere Schwerpunkte setzt. Und dann gibt es ja noch Kinder wie Florian:

Interessenlage

Wenn es um Sprache geht, kann ***Florian*** *seinen Wissensdurst kaum stillen. Jeder Buchstabe, den die Erzieherin ihm zeigt, ist wie ein Schatz für ihn. Wenn es aber um Mengen oder Zahlen geht, zieht er sich zurück. Selbst bei ganz spielerisch und phantasievoll angelegten Übungen zu den Zahlen verliert er rasch die Lust. Wenn die spannende Begleitgeschichte vorüber ist und Murmeln oder Steine abgezählt werden sollen, sinkt Florians Interesse rapide ab.*

Wir sehen, dass Florian keinesfalls Lernangebote grundsätzlich ablehnt. Gewisse Bereiche meidet er aber.

Aus einer anderen Perspektive: Wenn unser Kind in der Grundschule in Mathematik versagt, hat es nicht erst seit heute ein Problem – es hatte schon früher Unsicherheiten oder gar Defizite. Und die hätte man auch entdecken können, wenn man gewusst hätte, worauf man ganz besonders achten soll.

Defizite frühzeitig aufdecken oder lieber abwarten?

Zwei Positionen

Position 1: Nur nicht fördern
Frau R. (Mutter): „Ich finde es völlig unverantwortlich, die Kinder schon im Kindergarten durchzutesten und in „Gute" und „Schlechte" einzuteilen. Schlimmstenfalls wird dann die Grundschule noch über solche „Defizite" informiert. Dann ist doch klar, dass die Kinder gleich in eine Schublade gesteckt werden. Außerdem stehe ich einer „Förderung" im Kindergarten sehr kritisch gegenüber. Das ist doch eine „Verschulung". Keiner von uns ist perfekt, und sicher können die Kinder vieles noch nachlernen, wenn sie erst einmal in der Schule sind. Im Kindergarten sollen die Kinder unbelastet spielen und sich vor allem sozial entwickeln. Sie kommen noch früh genug in unsere Leistungsgesellschaft."

Position 2: Spielerisch fördern
Frau D. (Mutter): „Ich möchte auf keinen Fall, dass der Kindergarten „verschult" wird. Aber ich möchte wissen, ob mein Kind irgendwelche Schwächen hat, die ihm später in der Schule das Lernen schwer machen werden. Gerade im Kindergarten kann man so vieles noch spielerisch fördern. Wenn erst die Schule beginnt, wird die Zeit knapp, und der erste Misserfolg ist vorprogrammiert."

Wie würden Sie entscheiden? Sicher wollen Sie Ihrem Kind so viel wie möglich fürs Leben und eben auch für das Leben in der Schule mitgeben – dazu müssen Sie aber erst einmal feststellen, wo es Anregung und Unterstützung braucht. In Vielem haben wir Eltern den besten Blick auf unser Kind, aber eben nicht in allen Bereichen, die für seine Entwicklung nötig sind. Warum sollen wir dann nicht wissenschaftliche Erkenntnisse nutzen? Wenn es um körperliche Erkrankungen geht, kämen wir nie auf die Idee, nur unserem eigenen Augenschein zu vertrauen.

Selbstverständlich sollen Sie dabei Ihr Vorschulkind nicht mit Argusaugen begutachten und jeder kleinen Unsicherheit gleich Bedeutung beimessen. Vielleicht ist es der liebevoll-kritische Blick, mit dem Sie Ihr Kind beobachten sollten, um herauszufinden, ob es gut gerüstet ist für den oft steinigen Weg über Lernzielkontrollen, Proben und Zeugnisse. Dieser Blick und natürlich das nötige Wissen, worauf Sie achten sollten, lässt Sie gut erkennen, was Sie Ihrem Kind noch mitgeben können.

„Schulreife"

Es kommt nicht von ungefähr, dass in nahezu allen Ländern und Sprachräumen Kinder in vergleichbarem Alter, jeweils zwischen 5 und 7 Jahren, in die Schule kommen. Dann nämlich ist ein Kind in der Regel „schulreif". Das heißt: Unser Kind hat im Laufe seiner Entwicklung die Fähigkeiten und Fertigkeiten ausbilden können, die es zum Lernen der Kulturtechniken Lesen, Schreiben, Rechnen und auch zum Erwerb von Wissen in vielen Gebieten wie Biologie, Sachkunde etc. braucht. Unser Kind ist reif für das Denken, das Lernen und das soziale Miteinander in der Schule. „Schulreif" bezieht sich demnach nicht auf einen einzigen Entwicklungsbereich, sondern auf viele Aspekte ...

... der geistigen (kognitiven) Entwicklung,
... der körperlichen (motorischen) Entwicklung,
... der sozial-emotionalen Entwicklung.

Zu diesen Bereichen gibt es praktische „Checklisten", die Sie durchgehen können, um zu erkennen, in welchen Bereichen Ihr Kind bereits reif für die Schule ist, in welchen anderen Bereichen es vielleicht aber auch noch nicht weit genug entwickelt ist, um in der Schule zurechtzukommen. Solche Warnhinweise müssen Sie ernst nehmen, um Ihr Kind nicht sehenden Auges in Probleme laufen zu lassen, für deren Bewältigung es einfach noch nicht reif genug ist.

„Schulreife" – ganz speziell fürs Rechnenlernen

Da es uns hier hauptsächlich um das Rechnenlernen geht, wollen wir uns zunächst mit den Signalen beschäftigen, die im Vorschulalter als Vorboten einer späteren Rechenschwäche auftreten können. Es sind also spezifische Hinweise auf drohende Schwierigkeiten beim Rechnenlernen. Zum Ende dieses Kapitels finden Sie dann noch eine kurze Zusammenstellung weiterer Entwicklungsbereiche, die ganz allgemein für den Schulerfolg von Bedeutung sind.

Wie war es bei uns Eltern?

Angst als Kind
Frau R. denkt nicht gern an ihre Schulzeit zurück. Dabei war sie in den meisten Fächern eine sehr gute Schülerin. An Mathematik aber verzweifelte sie beinahe von Anfang an. Schon in der Grundschule schaffte sie kaum ausreichende Leistungen, auch Fünfen und Sechsen waren in den Arbeiten keine Seltenheit. Mit Grauen denkt sie an stundenlanges Üben mit den Eltern, später mit der Nachhilfelehrerin. Sie spürt noch heute die Verzweiflung, die sie bei Probearbeiten beim Überfliegen der Testblätter erfasste, und das tiefe Gefühl, „zu dumm" zu sein.
Wegen ihrer schlechten Noten in Mathe konnte sie keine höhere Schule besuchen, und in der Hauptschule schaffte sie eben noch die „Vier". Auf dem zweiten Bildungsweg erreichte sie schließlich über etliche Umwege die Mittlere Reife, was ihrem Selbstwertgefühl sehr guttat.
Dennoch begleitete sie in ihrer gesamten schulischen und beruflichen Entwicklung diese Angst und Hilflosigkeit, die sie mit dem Fach Mathematik verband. Mittlerweile bestätigte ein Test eine Dyskalkulie bei Frau R.

Unsicherheit als Mutter
*Nun ist Frau R.'s Tochter **Magdalena** ein Vorschulkind, und Frau R. beschäftigen zwei Fragen: Ist diese Rechenproblematik vererbbar? Wird Magdalena das gleiche Schicksal erleiden müssen wie sie selbst?*
Aber selbst wenn ihre Tochter besser zurechtkommt: Kann die Mutter ihrer Tochter helfen, wenn einmal Probleme auftreten? Kann sie ruhig bleiben? Kann sie dann

das Selbstvertrauen ihrer Tochter unterstützen? Ihr Zuversicht und Selbstbewusstsein vermitteln?

Tatsächlich kann Frau R.'s Rechenschwäche sich in zweierlei Hinsicht auf die Tochter auswirken: Nach derzeitigem Forschungsstand ist davon auszugehen, dass eine genetische Komponente existiert, sodass Magdalena von ihrer Mutter ungünstige Voraussetzungen für den Aufbau mathematischer Kompetenzen geerbt hat. Zum anderen spielt die emotionale Verunsicherung der Mutter und damit auch ihre erhöhte Angstbereitschaft im Umgang mit mathematischen Anforderungen sicher eine entscheidende Rolle, wenn sie Magdalena bei den Mathematikhausaufgaben oder gar bei auftretenden Schwierigkeiten betreuen soll. Ihre Verunsicherung und ihre Ängste werden sich wahrscheinlich auf die Tochter übertragen. Sie wird nicht der Fels sein, der ihrem Kind Halt und Sicherheit vermittelt.

Was ihnen als Eltern bei ihrem Kind auffallen kann

Noah, der keine Zahlen mag

Noah (sechs Jahre alt) ist stolz darauf, zu den Vorschulkindern zu gehören, und er beteiligt sich an den meisten Angeboten für die „Super-Großen" mit Begeisterung. Er liebt Geschichten, kann sie gut weiter- und nacherzählen, mag Sprachspiele, bei denen es um Reime und Silben geht. Er hört schon viele Laute in den Wörtern und ist begierig, die dazu passenden Buchstaben kennenzulernen.

Wenn es aber um Zahlen geht, verliert Noah schnell die Lust. Noch vor einem halben Jahr schaffte er mit großer Mühe das Aufsagen der Zahlwortreihe nur bis „zehn", wobei er immer wieder einzelne Zahlen ausließ. Nachdem seine Mutter zu Hause mit ihm übte, zählt er nun bis „fünfzehn", aber auch hier ist er noch sehr unsicher und wenn er zwischendrin stoppt, weiß er nicht mehr weiter.

Rückwärts kann er gar nicht zählen, und selbst in sehr spielerischen Situationen, wenn beispielsweise in seiner Kindergartengruppe die „Rakete startet: ... fünf, vier, drei ..." zieht er sich zurück. Einzelne Zahlen, wie beispielsweise die „Sieben", vergisst er grundsätzlich beim Zählen. Als neulich die Erzieherin fragte, welche Zahl denn „genau vor der Fünf" komme, war er völlig irritiert und hatte auch keine Idee, wie er das herausfinden könnte.

Was fehlt Noah? Er konnte zwar mittlerweile durch intensives Üben die Zahlwortreihe bis „fünfzehn" mehr oder weniger auswendig lernen, aber diese Zahlwortreihe in ihrer festen Abfolge scheint sich ihm nicht zu erschließen. Für ihn scheinen Zahlwörter wie „sinnlose Silben" zu sein, nichts Besonderes also. Wir können auch erkennen, dass Noahs Zahlwortreihe noch eine „unzerbrechliche Kette" (vgl. Kap. 2) ist. Noah muss immer bei „eins" anfangen zu zählen. Wenn er zwischendurch unterbricht, geht es nicht weiter.

So sehen wir bei Noah deutliche Rückstände beim Zählen, und es ist einleuchtend, dass dieses holprige Wissen nicht als Basis für den weiteren Ausbau der mathematischen Kompetenz dienen kann.

Tatsächlich zählen mehr als 75% unserer Kinder bei der Einschulung vorwärts mindestens bis „zwanzig" und haben auch schon eine Vorstellung vom Rückwärtszählen, beispielsweise ab „fünf". Auch Vorgänger (*„Welche Zahl kommt direkt vor der Vier?"*) oder Nachfolger können von den meisten Kindern schon sicher benannt werden. Daran können wir erkennen, dass die Kinder ein solides Zählwissen aufgebaut haben.

Manche Eltern trimmen ihre Kinder beim Zählen und setzen sich „fünfzig" oder „hundert" als Ziel, nach dem Motto: *„Viel hilft viel."* Solche Rekordversuche sind nicht sinnvoll – besonders, wenn der Impuls allein von den Eltern kommt. Wenn unser Kind Informationen einfordert und unbedingt bis „hundert" zählen möchte, dürfen wir es nicht „klein halten" und müssen ihm natürlich entsprechende Informationen geben. Als solide Basis genügt aber das Zählen bis „zwanzig". Denn viel wichtiger als das sture Aufsagen endloser Zahlenreihen ist doch, dass unser Kind ein solides Zählwissen aufbaut.

„Bloß keine Würfelspiele!"

Michaela (sechs Jahre alt) liebt Spiele – aber nur, wenn sie ohne Würfel oder Zahlen auskommen. Damit ist die Auswahl natürlich deutlich eingeschränkt. Sowohl die Erzieherin im Kindergarten als auch Michaelas Mutter versuchen seit Langem, die Kleine für solcherlei Beschäftigungen zu begeistern – ohne Erfolg. Michaela würfelt und braucht dann so lange, bis sie ein Würfelbild benannt hat, dass die anderen Kinder schon unruhig werden oder – was noch viel schlimmer ist – rufen: „Das ist die Fünf, das sieht man doch gleich!" Michaela muss aber immer erst die Punkte abzählen. Auch Kartenspiele, auf denen die Ziffern bis 9 abgebildet sind, meidet sie. Denn es will ihr oft kaum einfallen, wie eine Zahl heißt. Ihre Familie ist verwundert. Denn andere abstrakte Sym-

bole, wie beispielsweise Buchstaben, kann Michaela sich gut merken. Wie kann das sein?

Es ist offenbar, dass Michaela kein grundsätzliches „Speicherproblem" hat. Denn Buchstaben und andere Informationen kann sie sehr wohl abspeichern und auch rasch wieder abrufen. Wenn es aber um Zahlen oder Mengen geht, scheint die Verarbeitung nicht so gut zu funktionieren. Das könnte an einem spezifischen Problem in der *Verarbeitung* der Bedeutung von Zahlen liegen. Wahrscheinlich ist Michaela die Verbindung zwischen Zahlwörtern und den zugehörigen Mengen noch nicht genügend klar. Sie interpretiert Zahlen noch nicht als An-Zahlen. Deshalb sind Zahlen für sie nichts anderes als Namen, die keine oder kaum eine Bedeutung haben. Und wir alle können es nachvollziehen: Lautverbindungen, die keine Bedeutung haben, kann man sich schwerer merken als Wörter mit einer Bedeutung.

Zahlen ohne Bedeutung: Keine Verbindung zwischen Zahlwörtern und Mengen

„Acht und Neun sind doch beide viel"

Carla *(sechs Jahre alt) kommt mit Würfelspielen gut zurecht und liest auch stolz alle Zahlen vor, die sie auf irgendwelchen Plakaten oder Zeitschriften entdecken kann. Sie zählt auch gern kleine Mengen von Spielsteinen oder Karten aus und benennt sicher: „Das sind vier!" Sie kann auch spontan sagen, dass zur 4 weniger Dinge gehören als zur 8. Liegen die beiden Zahlen aber näher beisammen, tut sie sich schwer mit „mehr" und „weniger". Auf die Frage der Erzieherin, ob denn 8 mehr sind oder 9, kann sie nicht spontan antworten und erklärt schließlich: „Beide sind viel."*

Carla konnte bereits ein „unpräzises Anzahlkonzept" aufbauen, das heißt, sie hat begonnen, Mengen mit Zahlen zu verknüpfen. Sie kann aber ihr Wissen, das sie im Umgang mit Mengen aufgebaut hat, noch nicht hinreichend auf die Zahlen übertragen. Die Ordnung, die sie bei den Zahlen schon kennt (eins, zwei, drei …), kann sie noch nicht sicher mit den Mengenbegriffen verknüpfen.

Das zeigt sich vor allem dann, wenn die Zahlen nahe beieinander liegen. Die Erfahrung, dass beim Abzählen „von einer Zahl zur nächsten immer ein Ding dazu kommt", konnte sie noch nicht verinnerlichen.

In vielen Zahlenspielen, die wir im Kindergarten durchführen, unterstützen wir das „unpräzise Anzahlkonzept", indem die Kinder die Erfahrung machen, dass man Mengen auszählen und ihnen dann eine Zahl zuordnen kann (zwei Zöpfe, drei Sommersprossen ...). Die neuere Forschung zeigt aber, dass gerade der Übergang zum „präzisen Anzahlkonzept" die wesentliche Vorläuferfertigkeit für das spätere Rechnen darstellt.

Das Auszählen von Mengen führt zur Erkenntnis, dass zu einer Zahl die entsprechende Menge von Dingen gehört (Kardinalität). Daraus geht aber noch nicht hervor, dass zur nächsten Zahl genau *ein Ding mehr* gehört. Diese Erkenntnis mag uns völlig selbstverständlich erscheinen, aber für unsere Kinder ist sie eine ganz entscheidende Erfahrung und ein wesentlicher Schritt beim Aufbau mathematischer Kompetenz. Nun bringen die Kinder nämlich den „kardinalen Zahlbegriff" (5 sind fünf Dinge) und den „ordinalen Zahlbegriff" (nach „eins" kommt „zwei", kommt „drei" ...) zusammen und können dadurch den „relationalen" Zahlbegriff aufbauen.

Während also das unpräzise Anzahlkonzept nur zu der Erkenntnis führt, dass zu einer bestimmten Zahl eine bestimmte Anzahl von Elementen gehört, geht das präzise Anzahlkonzept darüber weit hinaus – denn die Zahlenfolge wird nun als Folge exakt ansteigender Anzahlen verstanden. Erst auf diesem Niveau ist es dem Kind möglich zu beurteilen, welche von zwei Nachbarzahlen „weniger" oder „mehr" beinhaltet.

Susann mit dem Sieb im Kopf

*Früher dachte **Susanns** (6) Mutter, ihre Tochter merke sich nur das, was sie interessiert, bei anderen Themen habe sie ein Gedächtnis wie ein Sieb. Heute weiß die Mutter, dass Susanns Gedächtnis auch bei hoch interessanten Dingen versagt: „Susann fragt ständig nach. Wenn ich ihr eben etwas erklärt habe, fragt sie nach fünf Sekunden das gleiche noch mal. Wenn ich sie bitte, drei Tomaten aus dem Kühlschrank zu holen, kommt sie garantiert mit einer oder vier Tomaten oder gar mit Möhren an." Ganz schwierig wird's bei mehrgliedrigen Aufträgen, wenn Susann beispielsweise eine Flasche aus dem Keller holen und dabei die Gummistiefel nach unten bringen soll – eins von beiden klappt dann bestimmt nicht. Dabei hört sie gut und konzentriert zu, manchmal wiederholt sie den Auftrag sogar.*

Trotzdem ist oft schon nach zwei Sekunden alles wie weggeblasen. Doch nicht nur beim Hinhören, auch beim Hinschauen scheint sie immer nur die Hälfte mitzubekommen. „Eben noch schaut sie sich ein Bild an, und kurz darauf hat man den Eindruck, sie konnte kaum etwas aufnehmen." Susanns Mutter ist besorgt – vor allem, weil sie weiß, dass diese Auffälligkeiten nicht an mangelndem Willen ihrer Tochter liegen: „Susann ist selbst oft verunsichert und traut sich kaum etwas zu."

Als Susann von einer Psychologin getestet wird, stellt sich heraus, dass sie eine Schwäche im *auditiven* und auch im *visuellen Arbeitsgedächtnis* hat. Bei diesem Test musste sie eine Anzahl von Wörtern oder Zahlen nachsprechen. Während Kinder in ihrem Alter sich üblicherweise schon etwa drei Elemente merken können, gelang Susann das nicht. Auch Phantasiewörter (etwa „rugalido") konnte sie nicht nachsprechen, weil sie sich die Folge der Laute auch über wenige Sekunden nicht merken kann. Beim schnellen Betrachten von Bildvorlagen fiel ebenfalls auf, dass ihre Aufnahmefähigkeit begrenzt ist.

Das Arbeitsgedächtnis ist von großer Bedeutung für das spätere Rechnenlernen. Schon im Umgang mit Mengen kann beispielsweise ein Kind mit einem guten visuellen Arbeitsspeicher „auf einen Blick" mehr erkennen und verarbeiten als ein anderes Kind, das visuell-räumliche Informationen weniger gut erfasst. Das fällt uns im Alltag auf beim schnellen Erkennen kleiner Mengen. Kinder im Vorschulalter können Mengen bis „vier" üblicherweise auf einen Blick, also ohne Abzählen, erfassen. Dieses sogenannte „Subitizing" fällt Kindern mit schwächeren Arbeitsgedächtnisressourcen deutlich schwerer. Auch im auditiven Bereich wird das Arbeitsgedächtnis schon früh bedeutsam: Ein Kind, das besser speichert, wird sich beispielsweise die Zahlwortreihe wesentlich besser merken können als ein Kind, dem immer wieder Elemente entfallen.

So sind Kinder, deren Gedächtnisressourcen in Bezug auf das kurzfristige Ab- und Zwischenspeichern eingeschränkt sind, beim Aufbau mathematischer Kompetenz deutlich benachteiligt.

Kann man diese Speichermöglichkeiten durch Förderung verbessern? Viele Berufsgruppen, wie Ergotherapeuten oder Logopäden, arbeiten an der „Hörmerkspanne" der Kinder. Tatsächlich ließ es sich bislang aber wissenschaftlich noch nie nachweisen, dass eine solche Förderung überhaupt Erfolge bringt. So müssen wir momentan davon ausgehen, dass noch keine effizienten Möglichkeiten zur Förderung der Arbeitsgedächtniskapazität existieren. Damit liegt hier also ein wichtiger Risikofaktor.

Aber wir erkennen auch gleich die nötige Abhilfe: Wenn wir den Arbeitsspeicher eines Kindes nicht verbessern können, es also immer wieder nur einen Teil mitbekommt, braucht es mehr spielerische Beschäftigung mit den entsprechenden Inhalten, so dass sich seine Chancen zur Verarbeitung vergrößern. Solche Kinder profitieren besonders von unserer Unterstützung, indem wir ihnen *viele Erfahrungsgelegenheiten* zum Aufbau von Vorwissen geben.

Risikofaktoren

Bei Magdalena, Noah, Michaela, Carla und Susann können wir – vorausgesetzt, wir betrachten unser Kind aufmerksam und wissen, worauf wir achten müssen – Hinweise auf Risikofaktoren für spätere Rechenschwierigkeiten entdecken:
- Bei Magdalena liegt unter Umständen eine vererbte Problematik vor, aber auch die immer noch vorhandene „Rechenangst" ihrer Mutter könnte sie beeinflussen und ihr einen unbelasteten Zugang zur Mathematik verwehren.
- Noahs Zählfertigkeiten sind noch nicht ausreichend stabil.
- Michaela tut sich mit der Speicherung von zahlbezogenem Wissen schwer.
- Carla schließlich versteht die Zahlenreihe noch nicht als Symbol für aufsteigende An-Zahlen.

Alle diese Bereiche gehören zu den Vorläuferfertigkeiten der Grundschulmathematik und können somit wichtige Anhaltspunkte dafür liefern, dass das Kind bei der Einschulung nicht da abgeholt werden wird, wo es steht. Selbstverständlich dürfen solche Rückstände nicht von vornherein als Hinweise auf unausweichliche spätere Rechenprobleme interpretiert werden, denn sie können durchaus darauf zurückzuführen sein, dass diese Kinder bisher kaum intensive Erfahrungen im Umgang mit Mengen und Zahlen machen konnten. Ihnen fehlt also vielleicht schlicht die Übung mit solchen Inhalten. Wie Sie weiter hinten noch lesen werden, gibt es mittlerweile durchaus gute Möglichkeiten, solche Erfahrungslücken aufzufüllen, sodass unser Kind mit einem gut gepackten Rucksack auf das Abenteuer Schule zugehen kann. Sollten Sie also bei Ihrem Vorschulkind entsprechende Unsicherheiten feststellen, besteht kein Grund zur Panik. Gerade in der sensiblen Zeit des Vorschulalters lässt sich vieles auf spielerische Art nachholen und aufbauen. Wir müssen nur wissen, worauf zu achten ist.

Schließlich noch ein Wort zu Susann: Bei ihr ergeben sich Hinweise auf ein basales, also grundlegendes Problem in Bezug auf das Arbeitsgedächtnis. Das ist in der Regel nicht auf mangelnde Übungsgelegenheit oder Förderung zurückführbar, sondern muss als grundlegende Problematik in der Ausstattung dieses Kindes gesehen werden. Ein schwaches Arbeitsgedächtnis wird nicht nur Auswirkungen auf Susanns spätere Mathematikleistungen haben, sondern es werden auch andere Leistungsbereiche davon beeinflusst.

Leider gibt es bislang keine überzeugenden Hinweise darauf, dass das Arbeitsgedächtnis durch Förderung verbessert werden kann. Das bedeutet: Die betroffenen Kinder werden wohl immer auf den ersten Blick weniger erfassen und beim Hinhören weniger aufnehmen als andere. Die große Chance für diese Kinder besteht aber darin, dass diese Problematik frühzeitig, am besten noch vor der Einschulung erkannt wird. Dann nämlich kann man ihnen auf spielerische Weise spezifisches Vorwissen vermitteln, so dass sie eine verbesserte Lernausgangslage erreichen können.

Würfelspiele:
Was erfasst mein Kind auf einen Blick

Achten Sie doch einmal ganz bewusst darauf, ob Ihr Vorschulkind neben seinem Interesse für Buchstaben auch ganz allgemein Interesse an Zahlen zeigt. Selbstverständlich erwarten wir nicht von jedem Kind schon vor der Einschulung ein immenses Interesse an solchem Vorwissen. Aber es sollte uns auffallen, wenn ein Kind, das neuen Inhalten gegenüber im Allgemeinen sehr aufgeschlossen ist, in einem speziellen Bereich – etwa im Umgang mit Zahlen – so gar kein Interesse aufbringen mag. Vielleicht können wir das auch an Spielen festmachen, die unser Kind meidet. So können wir schon vor der Einschulung einen Blick darauf haben, ob unser Kind im Umgang mit kleinen Mengen die Begriffe „mehr" und „weniger" richtig verwendet, ob es schon Zählfertigkeiten entwickelt hat, ob es beginnt, Mengen und Zahlen zu verknüpfen und vielleicht sogar schon Zahlen zueinander in Beziehung setzen kann. Wie sieht es aus mit Würfelspielen, Spielen, bei denen man Spielsteine um eine bestimmte Anzahl von Feldern vorrücken darf, Spielkarten mit Ziffern?

Sollten Sie feststellen, dass Ihr Kind sich im Vorschulalter in einem dieser Bereiche noch sehr schwertut, dann scheuen Sie sich bitte nicht, Ihr Kind im Frühdiagnosezentrum oder bei der Frühförderstelle vorzustellen, um Tipps zu bekommen, wie Sie Ihr Kind spielerisch im Alltag unterstützen können.

Klären Sie außerdem, ob es in Ihrer Familie (Geschwister, Eltern, Großeltern ...) bereits Fälle von Rechenschwäche gab oder gibt. In der Praxis erfahren wir immer wieder, dass Eltern rechenschwacher Kinder sich an eine eigene oder familiäre Leidensgeschichte mit Mathematik erinnern. Sicher fehlte in früheren Zeiten die Erkenntnis, dass es sich hier um eine Rechenschwäche handeln könnte – Betroffene wurden häufig für „weniger begabt" oder einfach für „dumm" gehalten, weil man (voreilig) schwache Mathematikleistungen als Ausdruck von Schwächen im logischen Denken interpretierte. Dabei ist der Zusammenhang zwischen Mathematik und logischem Denken nicht sehr hoch. Wir wissen mittlerweile, dass es bei der Dyskalkulie eine genetische Komponente gibt, die zu einer „familiären Häufung" führt. Darum nehmen Sie bitte solche Hinweise ernst und lassen Sie Ihr Kind frühzeitig untersuchen.

Sind alle Lernexperten auch Dyskalkulie-Experten?

Auch wenn Erzieherinnen, Ergotherapeuten, Logopäden und weitere Berufsgruppen sich mit der Entwicklung des Kindes in Ausbildung und Praxis mehr oder weniger intensiv beschäftigt haben, ist es nicht selbstverständlich, dass sie im Bereich „Rechnenlernen" immer die neuesten Forschungsbefunde und die damit verbundenen praktischen Erkenntnisse kennen und in der Praxis anwenden können. In ihren Ausbildungen sind diese Bereiche nicht oder höchstens ansatzweise enthalten, so dass hier in den seltensten Fällen ein solides theoretisches Wissen als zuverlässiges Fundament zur Verfügung steht.

Die Alltagsbeobachtung zeigt überdies, dass viele Therapeuten auf das Problem „Rechenschwäche" nur mit sehr unspezifischen Ansätzen reagieren, zum Beispiel mit Übungen zur Körperwahrnehmung oder mit visuell-räumlicher Förderung. Solche Therapien greifen bei einem Dyskalkulie-Risiko eindeutig zu kurz und sind zu unspezifisch, um den bedrohten Kindern tatsächlich zu helfen.

Glücklicherweise zeigen immer mehr Erzieherinnen und Therapeuten, die mit Kleinkindern arbeiten, Interesse an Fortbildungsveranstaltungen, in denen Erkennungs- und Fördermöglichkeiten der spezifischen, für das Rechnenlernen wichtigen Vorläuferfertigkeiten behandelt werden. Prüfen Sie, ob die Erzieherin oder Therapeutin Ihres Kindes sich auf diesem Gebiet tatsächlich intensiv weitergebildet hat. Kennt sie die aktuellen Tests? Hat sie Erfahrung mit wissenschaftlich überprüften Förderkonzepten? Solchen Fachleuten können Sie Ihr Kind guten Gewissens anvertrauen.

Wenn Ihr Kinder- und Jugendarzt also eine Verordnung für Ergotherapie ausstellt, weil er bei Ihrem Vorschulkind eine Gefährdung für Rechenschwäche vermutet, ist das ein guter Anfang. Aber erst, wenn Sie einen Therapeuten gefunden haben, der sich durch Zusatzqualifikationen auch auf den Bereich der Vorbeugung von Rechenschwäche spezialisiert hat, kann aus diesem guten Anfang eine echte Chance werden.

Was tun, wenn die Warnlampe blinkt?

Nachdem nun einige Warnsignale besprochen wurden, stellt sich natürlich die Frage, was Sie als Eltern oder als Erzieherin unternehmen können, wenn Sie ein Kind gut beobachtet und tatsächlich einige Hinweise auf mögliche ernste Problembereiche gefunden haben. Sicherlich malen Sie den Teufel nicht an die Wand – aber Sie wollen Gewissheit, und das ist Ihr gutes Recht. Darum sollten Sie sich auch nicht als übervorsichtig oder übermäßig ehrgeizig abtun lassen, wenn Sie noch im Vorschulalter ein Dyskalkulie-Risiko abklären lassen wollen, um Ihrem Kind gegebenenfalls spielerisch zu helfen, noch bevor es in den Brunnen fällt, sprich: in der Schule die ersten Misserfolge einstecken muss.

Tests fürs Vorschulalter

Ein Dyskalkulie-Risiko frühzeitig feststellen

Erst in jüngster Zeit wurden Testverfahren entwickelt, die bereits im letzten Kindergartenjahr eingesetzt werden können und eine genaue Aussage darüber erlauben, ob und in welchen Bereichen ein Kind für den späteren Aufbau der Grundschulmathematik gut ausgestattet ist. Schneidet unser Kind in einem solchen Test gut ab, wissen wir, dass es gut ausgestattet ist und dass mit großer Wahrscheinlichkeit alles glatt laufen wird.

Was aber ist, wenn der Test Rückstände aufdeckt? Selbstverständlich kann es nicht beim Feststellen eines Risikos bleiben, denn wir dürfen unser Kind nicht ins Messer laufen lassen. Auf der Basis der Testergebnisse lässt sich genau sagen, in welchen Bereichen unser Kind von besonderer Förderung profitieren kann. So ergibt sich die Möglichkeit, die Zeit bis zur Einschulung zu nutzen, um unserem Kind die Erfahrungen und Fertigkeiten mitzugeben, die es unbedingt noch braucht. Die folgenden Testverfahren bieten sich an:

ZAREKI-K:
Neuropsychologische Testbatterie für Zahlenverarbeitung und Rechnen bei Kindern – Kindergartenversion

Dieser Vorschultest erlaubt bei vier- bis fünfjährigen Kindern die Erfassung der Vorläuferfertigkeiten der Grundschulmathematik und ermöglicht neben einer Risikodiagnose die Planung gezielter Frühfördermaßnahmen. Überprüft werden die Bereiche
- Wissen über Mengen
- Zählfertigkeiten und Zahlenwissen
- Vorwissen im Bereich Rechnen
- Arbeitsgedächtnis

Dieser Test kann beim Kinderarzt, in Beratung- und Frühförderstellen durchgeführt werden. Es ist ein Einzeltest, das heißt: Der Testleiter führt die Aufgaben mit einem Kind nach genauen Vorgaben durch, was insgesamt etwa 30 bis 40 Minuten in Anspruch nimmt. Da die Anforderungen und die Materialien sehr abwechslungsreich und ansprechend sind, arbeiten die Kinder gern mit. So entsteht auch keine Belastungssituation für die Kinder: Sie bekommen mit, was sie können, merken aber nicht, was sie noch nicht können.

MARKO-D:

Mit diesem Einzeltest sollen bei vier- bis sechseinhalbjährigen Kindern mathematische Vorläuferfertigkeiten erfasst werden. Die Aufgaben beziehen sich auf fünf verschiedene Niveaus:
- Zählen
- Innerer Zahlenstrahl
- Kardinalität und Zerlegbarkeit
- Enthaltensein
- Relationaler Zahlbegriff

Zur Auflockerung der Testsituation dient eine Rahmengeschichte mit Eichhörnchen. Die Durchführungsdauer beträgt 20 bis 30 Minuten.

MBK-0:
Test mathematischer Basis-Kompetenzen im Kindergartenalter

Das ist ein neu und äußerst sorgfältig entwickeltes Verfahren, das bei Kindern im Alter von dreieinhalb bis sieben Jahren eingesetzt werden kann und ganz gezielt die Verfügbarkeit von Mengen-Zahlen-Kompetenzen auf verschiedenen Ebenen erfasst. Bei diesem Einzeltest, der in etwa 30 Minuten durchzuführen ist, werden auf der Basis des Entwicklungsmodells von Krajewski (siehe Kap. 4) die folgenden Bereiche geprüft:

Ebene 1:
- Zahlenfolge vorwärts und rückwärts
- Vorgänger- und Nachfolgerzahlen

Ebene 2:
- Menge-Zahl-Zuordnung
- Mengenvergleich
- Vergleich und Ordnung von Anzahlen

Ebene 3:
- Erkennen von Unterschieden zwischen Anzahlen
- Basale Rechenfertigkeiten

Insbesondere im Rahmen der Einschulungsdiagnostik ist der MBK-0 von besonderem Wert, denn es lassen sich gezielt Entwicklungsrisiken in Bezug auf die Mengenbewusstheit von Zahlen feststellen, so dass noch vor der Einschulung eine systematische und spielerische Förderung angeregt werden kann. Passend zur Kindergartenversion MBK-0 wurde der MBK-1 entwickelt, ein weiterführender Test für die erste Klasse, wodurch auch die weitere Entwicklung der mathematischen Kompetenz gut untersucht werden kann. Auch der MBK-0 besitzt durch die abwechslungsreichen Aufgabenstellungen und kindgerechten Materialien großen Aufforderungscharakter und wird daher von den Kindern in der Testsitzung sehr gut angenommen.

Würzburger Vorschultest WVT

Dieses ebenfalls sehr aktuelle Testverfahren prüft mehrere Bereiche von Vorläuferfertigkeiten im letzten Kindergartenjahr, nämlich:
- Mathematische Vorläuferfertigkeiten
- Schriftsprachliche Vorläuferfertigkeiten
- Sprachliche Kompetenzen

Damit kann dieser Test bereits vor der Einschulung Entwicklungsrisiken – aber auch eine angemessene Entwicklung – in verschiedenen Bereichen feststellen. Die drei Module können jeweils auch einzeln eingesetzt werden, wobei ca. 20 Minuten pro Bereich zu veranschlagen sind. Der WVT hat natürlich gerade auf dem Gebiet der Frühdiagnostik und Anregung von Frühförderung seinen besonderen Wert, da gleich mehrere Bereiche überprüft werden können.

Wer kann diese Vorschultests durchführen?

Solche Vorschultests können von psychologischem oder pädagogischem Fachpersonal durchgeführt werden und werden in Kinder- und Jugendarztpraxen, in Kinder- und Jugendpsychiaterpraxen, von speziell fortgebildeten Erzieherinnen, Ergotherapeuten, Logopäden, Heilpädagogen, Mitarbeitern von Frühdiagnose-, Frühförderstellen, Erziehungsberatungsstellen und in weiteren Einrichtungen angewendet. Auch Schulpsychologen arbeiten mit dem Test, etwa im Rahmen der Klärung der Schulreife eines Kindes.

Wie verkraftet mein Kind die Testung?

Es hängt ganz entscheidend vom Testleiter oder der Testleiterin ab, wie die Untersuchung abläuft – ob ein Kind die Situation als unangenehm, vielleicht gar als beängstigend erlebt oder ob es schnell locker und vertraut wird und mit Freude zeigt, was es schon alles kann. Darum erkundigen Sie sich nach Qualifikation und Erfahrung des Testleiters. Hat er oder sie schon häufig mit Vorschulkindern gearbeitet? Ist er/sie mit diesen Vorschultests vertraut?
Es ist von entscheidendem Vorteil, wenn Kind und Testleiter sich vorher in einer entspannten Spielsituation kennenlernen. Ein erfahrener und einfühlsamer Testleiter kann die Testung sehr spielerisch gestalten, so dass das Kind freudig mitmacht und keinerlei Misserfolg erlebt, wenn es etwas noch nicht richtig lösen kann. In der Praxis erleben wir es häufig, dass die Kinder nach

dem Test fragen, ob sie einmal wiederkommen dürfen, um solche „Spiele" zu machen. Das ist ein untrügliches Zeichen für eine gute Testsituation.

Was geschieht, wenn bei meinem Kind tatsächlich ein Dyskalkulie-Risiko festgestellt wird?

Zuerst einmal: keine Panik – Sie haben noch viel Zeit. Tatsächlich können Sie erst einmal froh sein, dass Sie den Schritt zur Untersuchung gewagt haben und dadurch noch frühzeitig die Chance haben, Ihr Kind vor der Einschulung spielerisch zu unterstützen bzw. von Fachleuten unterstützen zu lassen. Sicherlich wird die Einrichtung, die das Risiko festgestellt hat, Ihnen nun eine Förderung Ihres Kindes anraten.

Dazu empfiehlt sich ein Förderprogramm zum Mengen- und Zahlenvorwissen, wie wir es Ihnen im nächsten Kapitel vorstellen. Mit Übungen und Spielen, die beispielsweise in der Kindergartengruppe oder beim Ergotherapeuten durchgeführt werden. Auch Sie als Eltern bekommen konkrete Spielanleitungen und Tipps für den Alltag, so dass Sie Ihrem Kind gemeinsam mit den Fachleuten einen guten und ungetrübten Start ins Schülerleben ermöglichen können.

„Schulreife" ganz allgemein: Was ist sonst noch wichtig?

Mathematik ist nicht alles – da haben Sie völlig Recht. Mit der Einschulung kommt eine Vielzahl neuer Eindrücke, Erfahrungen und auch Anforderungen auf Ihr Kind zu. Dabei spielt das Rechnenlernen aber eine besondere Rolle: Gerade Kinder, die in Mathematik Probleme haben, erleben eine enorme emotionale Verunsicherung. Mathematik gilt nach wie vor als „Angstfach Nummer 1". Wie schnell wird ein Kind, das mit dem Rechnen nicht zurechtkommt, als „dumm" bezeichnet und schätzt sich sehr bald selbst so ein. Dann wird geübt und geübt, und wenn es nichts fruchtet, geht das häufig zu Lasten der Beziehung zwischen Mutter und Kind. Hier Selbstvorwürfe *(„Ich habe vielleicht nicht genug mit meinem Kind geübt"* – *„Vielleicht sollte ich mehr Druck machen")* – und da das ständige Gefühl, den Ansprüchen der Erwachsenen nicht genügen zu können. So nimmt das Fach Mathematik tatsächlich eine besondere Stellung ein. Der Vollständigkeit halber soll hier noch auf einige weitere Entwicklungsbereiche hingewiesen werden, die für die allgemeine Schulreife eines Kindes besonders wichtig sind, damit Sie sich im Großen und Ganzen einen Eindruck von der Schulreife Ihres Kindes machen können.

KEINE CHECKLISTE – NUR EINIGE HINWEISE

Wie steht es um ...

... die visuelle Wahrnehmung Ihres Kindes?
Kann Ihr Kind auf Bildern optische Feinheiten erkennen, sich auf einen Bildausschnitt konzentrieren? Interessiert es sich für Puzzles, Memory- oder Brettspiele oder meidet es solche Spiele, bei denen man ganz genau hinschauen muss? Interessiert es sich schon ein wenig für Buchstaben oder Zahlen, kann es sie formgetreu nachmalen?

... die Motorik (Grobmotorik und Feinmotorik) Ihres Kindes?
Wirkt Ihr Kind bei Bewegungen sicher und wendig oder ungelenk und tollpatschig? Kann es einen Stift im Dreifingergriff (Daumen, Zeige- und Mittelfinger) sicher und unverkrampft halten und mit Schere und Bastelmaterialien gut hantieren? Kann es Linien und einfache Formen (Quadrate, Kreise) erkennbar abzeichnen? Malt Ihr Kind gern und ausdauernd? Kann es beim Malen eigene Ideen entwickeln und diese verwirklichen? Hat Ihr Kind Freude am Ausmalen? Malt es schwungvoll oder krakelig-verkrampft?

... die Konzentrationsfähigkeit Ihres Kindes?
Kann Ihr Kind über längere Zeit bei einer Beschäftigung bleiben, oder wechselt es ständig? Zeigt es auch in Situationen, in denen es nicht seiner Lieblingsbeschäftigung nachgeht, eine gewisse Ausdauer (bei Tisch, im Spiel mit anderen Kindern, beim Erledigen kleiner Aufgaben im Haushalt etc.)? Kann Ihr Kind bei einer Beschäftigung ruhig sitzen, oder zappelt es ständig?

> **... die soziale Entwicklung Ihres Kindes?**
> Kommt Ihr Kind mit Gleichaltrigen zurecht? Kann es im Spiel mit diesen eigene Ideen verwirklichen, sich aber auch einmal eingliedern und Regeln und Ideen der anderen akzeptieren? Verkraftet Ihr Kind Enttäuschungen? Kann es sich auch ohne Erwachsenen an seiner Seite in der Gruppe behaupten? Freut sich Ihr Kind auf die anderen Kinder in der künftigen Klasse?
>
> **... die schulbezogene Motivation Ihres Kindes?**
> Ist Ihr Kind neugierig auf die Schule? Genießt es im Kindergarten seine besondere Stellung als Vorschulkind? Hat es schon Interesse an Buchstaben und Zahlen? Freut sich Ihr Kind auf das Lernen in der Schule? Ist es gespannt auf die Lehrerin?

Gehen Sie diese Fragen einmal in Bezug auf Ihr Kind durch. Sicherlich ist kein Kind in allen Bereichen gleichermaßen „optimal schulreif". Wenn es hier noch ein wenig schwächer ist, wird es dort ein wenig stärker sein – das ist auch gut so. Sollte allerdings bei einigen Punkten die Alarmleuchte in Ihrem Kopf blinken, dann gehen Sie die Fragen mit der Erzieherin im Kindergarten noch einmal durch. Hier erfahren Sie auch, ob sich Ihr Kind noch „im normalen Rahmen" bewegt oder vielleicht doch seinen gleichaltrigen Kameraden weit hinterher hinkt. Beraten Sie sich mit der Erzieherin und Ihrem Kinder- und Jugendarzt, ob Ihr Kind von einer Ergotherapie profitieren könnte. Gerade im Vorschulalter gibt es in diesem Rahmen gute Möglichkeiten, Ihr Kind in diesen Entwicklungsbereichen zu fördern.

Kapitel 5: Das Wichtigste in Kürze

- Engagierte Eltern und Erzieherinnen können bei einem Vorschulkind eine Reihe von Hinweisen auf ein Dyskalkulie-Risiko entdecken.
- Diese Hinweise beziehen sich auf das Wissen über Mengen, das Zählen und das Speichern und Abrufen von Wissen über Zahlen.
- Bei solchen Hinweisen – aber auch, wenn in der Familie bereits Fälle von Dyskalkulie bekannt sind – sollte im letzten Kindergartenjahr ein Risiko-Test für Rechenschwäche durchgeführt werden.
- Sollte sich dabei ein Dyskalkulie-Risiko bestätigen, kann eine vorschulische spielerische Förderung die Prognose des betroffenen Kindes deutlich verbessern und vor dem Ausbruch einer ernsten Rechenproblematik in der Grundschule schützen.
- Für die Schulreife ist eine Kombination aus geistiger, körperlicher und sozial-emotionaler Entwicklung verantwortlich.

Vorbeugung: spielerische Förderung im Vorschulalter

In diesem Kapitel erfahren Sie, ...

- ▶ auf welchen vier Säulen ein effektives Frühförderprogramm ruhen muss
- ▶ für welche Kinder eine frühe Förderung besonders geeignet ist
- ▶ dass Vorschulkinder diese Übungen als Spiele erleben und mit viel Freude daran teilnehmen
- ▶ wer diese Spiele mit den Vorschulkindern kompetent durchführen kann
- ▶ warum diese Förderung im Vorschulalter am rechten Platz ist und nicht bis zum Schuleintritt warten muss
- ▶ mit welchen Spielideen Sie als Eltern Ihr Kind zu Hause fördern können

„Verschulung" des Kindergartens?

Warum findet Frühförderung bereits im Vorschulalter statt?

Wie Sie gesehen haben, ist der Schuleintritt nicht die „Stunde Null" für den Aufbau mathematischer Kompetenz. Schon ab etwa fünf Jahren zeigt die mathematische Entwicklung unserer Kinder eine hohe Stabilität. Das heißt: Die Kinder, die bis dahin schon viel Vorwissen haben aufbauen können, werden auch weiterhin auf diesem hohen Niveau Erfahrungen mit Mengen und Zahlen verarbeiten und verknüpfen. Die Kinder aber, die bis zu diesem Zeitpunkt nur zu wenig Vorwissen gelangten, werden mit hoher Wahrscheinlichkeit auch im letzten Kindergartenjahr ohne spezifische Unterstützung kaum ihre Vorwissensbasis ausbauen können. Wissenschaftliche Untersuchungen belegen, dass schon zu diesem frühen Zeitpunkt die spätere schulische Mathematikleistung recht zuverlässig vorhergesagt werden kann.

Wenn wir also schon vor der Einschulung genau hinsehen, wissen wir, welches Kind später Probleme in Mathematik bekommen wird. Ist es legitim, dieses Kind sehenden Auges in eine Lernstörung laufen zu lassen? Ist es nicht die Pflicht einer jeden Betreuungsperson, dieses Kind frühzeitig zu unterstützen, damit es die gleichen Chancen auf ein entspanntes und zufriedenes Schülerdasein hat wie die anderen Kinder auch?

Gleiche Chancen für alle!

In Kapitel 4 wurde gezeigt, dass es in wissenschaftlichen Untersuchungen gelungen ist, Vorschulkinder auf spielerische Weise auf die Grundschulmathematik vorzubereiten. Die Kinder, die in den Genuss dieser Förderung gekommen waren, lernten wesentlich einfacher Rechnen.

Eine solche Förderung hat demnach selbstverständlich nicht das Ziel, aus allen unseren Kindern „mathematische Hochleister" zu machen. Sie ist vielmehr ein Beitrag zur Gerechtigkeit den schwächeren Kindern gegenüber. Schwächere Kinder sind in diesem Fall Kinder, die

- entweder wegen eines genetisch angelegten familiär erhöhten Risikos zur Ausbildung von Rechenschwierigkeiten

- oder wegen geringerer Möglichkeiten der frühkindlichen häuslichen Förderung

als Risikokinder für spätere Rechenschwierigkeiten bezeichnet werden müssen. Diese Förderung bewirkt somit nichts anderes als die Schaffung einer vergleichbar guten Ausgangslage zu Schulbeginn. Das können wir auch Chancengleichheit nennen: Wir geben den schwächeren Kindern das mit, was die stärkeren bereits haben.

Diese Überlegungen bildeten die Grundlage für die Entwicklung des Vorschulförderprogramms „Mengen, Zählen, Zahlen", das in diesem Kapitel detailliert vorgestellt wird. Doch vorab einige grundsätzliche Überlegungen zu den vier Säulen wirksamer Frühförderung:

Die vier Säulen mathematischer Frühförderung

Säule 1: mathematische Inhalte

„Den Umgang mit Mengen und Zahlen lernt man nur durch den Umgang mit Mengen und Zahlen." Auch wenn das vielleicht trivial klingt, so ist es doch äußerst wichtig für eine wirklich wirksame Förderung unserer Kinder. Die neuere Forschung weist darauf hin, dass die Förderung unspezifischer Basismerkmale (wie beispielsweise Psychomotorik oder visuelle Wahrnehmung) kaum zu einer Verbesserung des mathematischen Basiswissens führt. Darum ist es von größter Bedeutung, dass die Kinder sich in einer Frühförderung direkt mit mathematischen Inhalten, also mit Mengen und Zahlen, auseinandersetzen. Nur so geben wir ihnen eine Chance, die Struktur der Zahlen zu verstehen.

Säule 2: das „richtige" Material

Lernen mit Drops
Lasse ist Schulkind und rechnet mit Schokodrops. Er akzeptiert diese Rechenübungen, weil er weiß, dass er hinterher alle Drops aufessen darf.
Entscheidend ist für Lasse also nicht das, was während des Rechnens passiert, sondern das, was sich an diese leidigen Übungen anschließt.

Ob Lasse wirklich so richtig bei der Sache ist? Ob er den „Kern der Handlung" abspeichert?

Üben mit Klunkern
Ines *ist ebenfalls in der ersten Klasse und bekommt von ihrer Mutter fürs Rechnen bunte Glitzersteine. Die schimmern in allen Farben, und sie fühlen sich toll an. Wenn man sie gegen das Licht hält, leuchten sie besonders schön. Wenn Ines ihre Rechenübungen mit diesem Material machen soll, hält sie immer wieder einzelne Steine in die Sonne oder lässt sie durch die Finger gleiten, weil sie sich so glatt und geschmeidig anfühlen.*

Beide Kinder lieben das Material, das ihnen bei Rechenübungen zur Veranschaulichung gegeben wird. Aber hilft ihnen dieses Material wirklich, zur Abstraktion zu gelangen? Oder lenken die Schokodrops und die Glitzersteine eher ab? Wenn ja – um wie viel mehr müssen wir bei der Förderung der Kindergartenkinder darauf achten, ihnen keine falschen Fährten zu legen.

Tatsächlich soll Material beim Aufbau mathematischer Kompetenz nur einen einzigen Zweck erfüllen: Es soll die Kinder vom Konkreten zum Abstrakten hinführen; es soll also die abstrakte Struktur der Zahlen und deren Zusammenhänge sichtbar und fühlbar machen. Wenn wir einem Kind verdeutlichen wollen, dass die Anzahl „sieben" mehr ist als die Anzahl „sechs", dann hindern wir es am tiefen Verständnis, wenn wir ihm Materialien vorlegen, die allzu viele Assoziationen (süß, glitzernd, schön, wertvoll …) wecken und dadurch ablenken. Das Kind muss all diese spontanen Assoziationen und Empfindungen erst einmal wegschieben, bevor es zum abstrakten Kern der Darstellung gelangen kann. Noch schwieriger wird das Ganze, wenn Sie für die beiden Mengen unterschiedliche Materialien verwenden, beispielsweise sieben Gummibärchen und acht Knöpfe. Hier hindern Sie Ihr Kind geradezu daran, die Anzahlen zueinander in *Beziehung* zu setzen *(„Zone der nächsten Entwicklung")*. Aus der Anzahl „sieben" kann die Anzahl „acht" werden – aber aus sieben Gummibärchen können nie acht Knöpfe werden!

Das Prinzip der „Zunahme um eins" („Präzise Größenrepräsentation") wird durch solche – vermeintlich kindgerechten – Materialien also verschleiert. Darum ist es enorm wichtig, unseren Kindern Materialien zu geben, die möglichst wenige Assoziationen wecken, die vom numerischen Kern der Darstellung wegführen. Außerdem sollte das verwendete Material so gestaltet sein, dass es die größer werdenden Zahlen durch regelmäßig größer werdende Flächen oder Längen darstellt.

An solchen konkreten Materialien können die Kinder die abstrakte Struktur der Zahlen erkennen und müssen sich den Zahlenraum nicht selbst im Kopf konstruieren. Sie können begreifen und erkennen.

Die *„Zone der nächsten Entwicklung"* ist hier von ganz besonderer Bedeutung. Wir Erwachsenen dürfen bei der Förderung der uns anvertrauten Kinder nicht nur den aktuellen Lernschritt im Auge behalten, sondern müssen schon weiterdenken: *„Wie kann das Kind das Wissen, das es gerade erwirbt, später mit anderen Erfahrungen verknüpfen?"* So wäre es beispielsweise unsinnig, wenn wir unsere Vorschulkinder für verschiedene Anzahlen immer unterschiedliche Materialien auszählen ließen. Dadurch würden wir ihnen den nächsten Entwicklungsschritt verstellen. Aus drei Zöpfen werden nun mal nicht vier Sommersprossen. Solche Beispiele, die wir übrigens in weit verbreiteten Zahlenspielen finden, hindern die schwachen Kinder am nächsten Entwicklungsschritt – sie lenken den Blick vom Wesentlichen, nämlich der Anzahl, weg. Die Erkenntnis, dass beispielsweise der Unterschied zwischen 3 und 4 „ein Ding" ist, wird erschwert.

SÄULE 3: DIE MATHEMATISCHE SPRACHE

Größenordnungen
*Die Erzieherin erklärt den Kindern: „Die 5 ist größer als die 3." **Karsten**, ein pfiffiger Sechsjähriger, schüttelt entschieden den Kopf: „Nö, das muss nicht unbedingt sein!" Er malt eine große 3 und eine kleine 5 aufs Papier: „Jetzt ist die 3 größer!"*

Selbstverständlich verbinden Kinder den Begriff „größer" in erster Linie mit optischer Größe, und so sind solche Missverständnisse vorprogrammiert. Denn Kinder nehmen uns beim Wort. Das bedeutet: Wenn wir mit ihnen über mathematische Zusammenhänge sprechen, müssen wir das in einer exakten und eindeutigen Sprache tun – in einer Sprache, die sie in ihre Vorwissenswelt einordnen können. Kinder, die im Vorschulalter schon viel Vorwissen haben, kommen auch mit weniger exakten Formulierungen zurecht – sie suchen sich die passende Bedeutung aus. Kinder aber, die kaum Vorwissen haben, sind darauf angewiesen, dass sie uns beim Wort nehmen können, wenn wir ihnen etwas erklären.

Eine exakte mathematische Sprache ist also von größter Bedeutung für die mathematische Förderung. Wir dürfen nicht erwarten, dass unsere Kinder „sich schon das Richtige denken", sondern wir müssen sie durch unsere Sprache auf das Wesentliche hinlenken, zum Beispiel so: *„Drei Dinge sind mehr als zwei Dinge", „von zwei zu drei kommt eins dazu"* ...

Kennen Sie den Spruch: „Begreifen" kommt von „greifen"? Genau dieser Spruch trifft in der Mathematik nicht zu! Wie viele rechenschwache Kinder haben in der Schule unendlich lange mit Material gearbeitet, weil sie beim Kopfrechnen überfordert waren? Haben sie dadurch begriffen? Oder haben sie das Material nur als Zählhilfe verwendet? Förderlehrer bestätigen: Mit Material kommen die Kinder im Unterricht und bei Klassenarbeiten viel besser zurecht als ohne. Kaum nimmt man das Material jedoch wieder weg, sind die Kinder genauso hilflos wie vorher. Das bedeutet: Die Tatsache, dass ein Kind mit Material „hantiert", führt noch lange nicht dazu, dass es den mathematischen Kern dieser Handlung auch verinnerlicht. Erst wenn die Sprache dazu kommt, wenn das Kind angeleitet wird, zu „verbalisieren", was das Wesentliche seiner Handlung war, warum es eine Zehnerstange wegnahm o. Ä., dann wird begriffen. So müssen wir den Spruch korrigieren:

In der Mathematik kommt „begreifen" von „greifen" und „darüber reden".

SÄULE 4: SYSTEMATISCHER AUFBAU DER MATHEMATISCHEN INHALTE

Vier Säulen: Basis für ein gutes Förderprogramm

Jede gute Förderung hat ein theoretisches Modell im Hintergrund. Wie die frühe Diagnostik sollte sich darum auch die frühe Förderung mathematischer Kompetenzen an der natürlichen Entwicklung von Mengen- und Zahlenwissen orientieren. Dafür gibt es beispielsweise das Entwicklungsmodell aus Kapitel 4. Es gibt uns die Schritte vor, die wir in der Frühförderung mit unseren Kindern gemeinsam gehen sollten – nämlich systematisch die einzelnen Kompetenzebenen aufbauen, damit die Kinder schließlich zu einer abstrakten Vorstellung über die Struktur der Zahlen gelangen. Das ist nicht leicht, und aus dem Stegreif könnte das wohl kaum jemand. Darum werden Förderprogramme entwickelt, die uns die notwendigen Schritte genau vorgeben. So haben Erzieherinnen und Therapeuten die Sicherheit, den richtigen Weg zu gehen.

Die hier beschriebenen vier Säulen bilden die Basis, auf der ein gutes Förderprogramm für Vorschulkinder unbedingt ruhen muss. Leider erfüllen viele, zum Teil weit verbreitete Förderkonzepte für Vorschulkinder diese Bedingungen aber nicht. Sie sind zwar angefüllt mit phantasievollen Spielen und machen den Kindern darum auch Spaß, aber der *Lerneffekt für die Schwachen* ist keineswegs gesichert. Das sollte uns zu denken geben und uns anregen, Fördermaterialien künftig genauer unter die Lupe zu nehmen. Lernen Sie ein Vorschulprogramm kennen, das die beschriebenen Prinzipien in hervorragender Weise anwendet, das „MZZ":

Ein Förderprogramm für das Kindergartenalter

„MZZ: Mengen, Zählen, Zahlen"

Dieses 2007 veröffentlichte Förderprogramm wurde unter der Federführung der Würzburger Entwicklungspsychologin *Kristin Krajewski* entwickelt und wissenschaftlich überprüft. Es wurde direkt auf der Basis des in Kapitel 4 besprochenen Entwicklungsmodells zusammengestellt und dient dem systematischen Aufbau mathematischen Vorwissens im Kindergarten.

Neben dem sehr gut strukturierten Aufbau des Programms sind besonders die gelungenen Veranschaulichungsmittel hervorzuheben, die den Zahlenraum bis 10 hervorragend abbilden und so die Struktur der Zahlen und der Zahlenfolge greifbar und anschaulich machen. Das Herzstück dieser Veranschaulichungsmittel ist die „Zahlentreppe". Sie verbindet die Darstellung der Ziffern mit verschiedenen Mengenabbildungen (Punkte, Zahlenstrahl, Fingerbilder etc.). Dabei nehmen die

Die Zahlentreppe:
Mit den Zahlen wächst die Größe

Treppenstufen jeweils im gleichen Ausmaß an Höhe zu. So werden räumliche Ausdehnung und Anzahl zusammengebracht.

In späteren Phasen des Programms werden die Beziehungen zwischen Zahlen auf sogenannten „Anzahltafeln" sichtbar gemacht:

Die Zahlen 3 und 4   *Längen und Höhen*

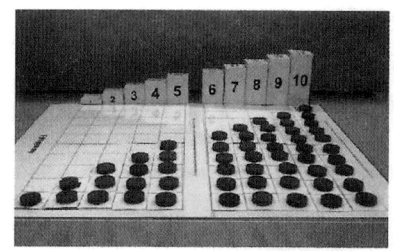 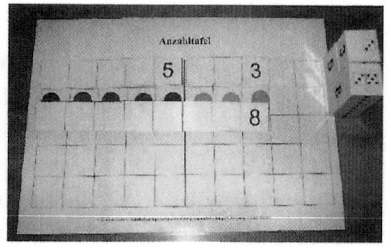

Treppauf die Zahlen entlang   *Zunahme an Längen und Höhen*

Die Anzahltafeln: Konkrete Darstellung der abstrakten Zahlenstruktur
Quelle für Zahlentreppe und Anzahltafeln: Krajewski, K., Nieding, G. & Schneider, W (2007). Mengen, Zählen, Zahlen: Die Welt der Mathematik entdecken. Berlin: Cornelsen.

Auch die weiteren Materialien des Programms sind schlicht und eindeutig (Holzchips, Kärtchen mit Jungen oder Mädchen, Zahlenhaus etc.). Alle Materialien dienen der konkreten Darstellung der abstrakten Zahlenstruktur und deren Beziehungen zueinander. Das Wesentliche sticht ins Auge, weil Ablenkendes gezielt vermieden wurde und die Abstraktion in kleinsten Schritten erfolgt. Einige der Materialien erinnern an bekannte Montessori-Materialien, die hier noch optimiert wurden.

Die Drei Förderbereiche von „Mengen, Zählen, Zahlen"

Förderbereich 1:
Numerische Basisfertigkeiten und Anzahlkonzept
In diesem Schwerpunkt werden Zählfertigkeiten und Zahlenkenntnis im Zahlenraum bis 10 gesichert. Die Kinder erwerben die Bewusstheit, dass hinter Zahlen Mengen stehen. So werden Mengen ausgezählt, der passenden Zahl zugeordnet und gleich auch in Bezug auf ihre Mächtigkeit (Anzahl der Elemente) verglichen *(„Vier Chips sind mehr als drei Chips!")*. Damit werden die Zahlen als Anzahlen nicht isoliert betrachtet, sondern auch immer in Beziehung zur Nachbarzahl gesetzt. Dies ist von ganz besonderer Bedeutung. Würde immer nur eine Zahl eingeführt, stünde diese für sich alleine. Werden jedoch immer zwei Nachbarzahlen zusammen behandelt, drängt sich die Beziehung zwischen diesen beiden Zahlen geradezu auf. Das Programm verlässt sich jedoch nicht darauf, dass den Kindern diese Beziehung „schon ins Auge springen" wird, sondern gerade diese Zahlbeziehung wird intensiv herausgearbeitet und versprachlicht (verbalisiert). So lernen die Kinder das abstrakte Prinzip, dass es von einer Zahl zur nächsten immer eins mehr wird.

Förderbereich 2:
Anzahlordnung
In diesem Bereich lernen die Kinder, dass Zahlen in Bezug auf ihre Mächtigkeit miteinander verglichen werden können, sodass man beispielsweise zu der Aussage kommen kann: *„Acht sind mehr als sieben und weniger als neun."* Zentral sind die Begriffe *„mehr"* und *„weniger"*, und die Kinder werden zu der Erkenntnis geführt, dass zu einer „größeren Zahl" „mehr Dinge" gehören als zu einer kleineren. Dabei werden die Begriffe „größer" und „kleiner" aber erst eingeführt, nachdem „mehr" und „weniger" sicher verstanden sind. So können auch die schwächsten Kinder den Ausdruck „die größere Zahl" mit der korrekten Bedeutung füllen. Hier spielt die Zahlentreppe eine entscheidende Rolle, denn *„größer"* und *„kleiner"* lassen sich sehr gut an der Höhe der Zahlenstufen ablesen. Dadurch ist der Weg zum Abstrakten immer konkret begleitet und untermauert. Schließlich sollen die Kinder – aufbauend auf ihrem bereits gefestigten Zählwissen – die genaue Position der Anzahlen von 1 bis 10 in der Zahlenfolge bestimmen können. Sie erkennen, dass zur nächsten Zahl *immer eins dazu*kommt.

Förderbereich 3:
Teil-Ganzes-Beziehungen und Anzahl-Unterschiede
Dieser Schwerpunkt macht die Kinder damit vertraut, dass *Beziehungen* zwischen Mengen durch Zahlen dargestellt werden können. Ausgehend von der im Programmverlauf bereits gesicherten Erkenntnis, dass man eine größere *Menge* erhält, wenn zwei *Mengen* zusammengenommen werden, erfahren die Kinder nun, dass man auch eine größere *Zahl* erhält, wenn man zwei *Zahlen* zusammennimmt. Anhand der sehr anschaulichen Materialien lernen die Kinder schließlich, dass der Unterschied zwischen zwei Zahlen wieder mit einer Zahl angegeben werden kann.

Dieser letzte Schwerpunkt bildet sozusagen die „hohe Schule" des mathematischen Vorwissens, und er geht deutlich über das hinaus, was Kinder unbedingt zur Einschulung mitbringen müssten. Die Erfahrung, die die Kinder hier machen, ergibt sich aber als logische Konsequenz aus ihren bisherigen tiefen Einblicken in die Zahlstruktur. Das bedeutet: Die hoch abstrakten Erkenntnisse dieses Bereichs werden von den Kindern handelnd erfahren, am Material untersucht, mathematisch korrekt und dennoch kindgerecht versprachlicht und so als tiefes Zahlverständnis abgespeichert.

Und hier erleben wir etwas, was wir immer wieder im Umgang mit unseren Kindern erfahren können: Wenn wir ihnen gute Lernbedingungen geben, wachsen sie weit über das hinaus, was wir ihnen zugetraut hätten. Indem sie selbst handelnd und experimentierend Erfahrungen sammeln, gelangen sie zu tiefem Verstehen.

Die praktische Durchführung des Trainingsprogramms

Die Durchführung dieses Förderprogramms erstreckt sich auf insgesamt acht Wochen, in denen dreimal wöchentlich halbstündige Fördersitzungen, insgesamt also 24 Sitzungen, durchzuführen sind. Um besonders die schwachen Kinder zu erreichen, sollte die Gruppengröße sechs Kinder nicht überschreiten. Ein Zeitplan regelt den gesamten Förderzeitraum.

Die Übungen zu den einzelnen Einheiten sind in einem detaillierten Trainingsmanual für jeden Tag angegeben und genau beschrieben. Auch die Materialien, die für die Übungen gebraucht werden, sind enthalten. Wie schon erwähnt, wurde das Förderprogramm speziell für den Einsatz im Kindergarten entwickelt. Mittlerweile wird es jedoch auch von Frühförderstellen, Ergotherapeuten, Logopäden und auch im Rahmen des schulischen Förderunterrichts eingesetzt. Eine gezielte Fortbildung zu den Grundlagen und Inhalten des Programms und zu dessen kompetenter Durchführung gibt pädagogischen Fachkräften eine solide Grundlage für die „gute Praxis".

Rückmeldungen aus der Praxis

„Das macht Spaß."
Silva nimmt schon in der 7. Woche am Förderprogramm MZZ teil: „Wir machen die Zahlenspiele immer am Montag, am Mittwoch und am Freitag – nur wir Großen, die Kleinen können das noch gar nicht verstehen. Am Anfang hab' ich Zahlen nicht so gern gemocht, aber jetzt kenne ich sie schon richtig gut. Wir haben immer Dinge gezählt und dann geschaut, wer mehr oder weniger hat. Wenn man sich nicht sicher ist, was mehr ist, kann man auch an der Zahlentreppe nachschauen, da sieht man das auf einen Blick. Zu einer größeren Zahl gehört auch eine größere Zahlenstufe, das kann man sich gut merken. Und jetzt machen wir etwas – ich glaube, das ist schon Rechnen, aber das geht ganz leicht, denn man kann ja alles sehen. Wir schauen nach, wie viele Chips wir insgesamt haben, wenn wir zum Beispiel zwei rote und drei blaue Chips zusammentun. Ach ja, und wir dürfen vorher immer schätzen, das macht Spaß."

Natürlich ist das in Wirklichkeit noch gar nicht RECHNEN – es ist nach wie vor der Zahlbegriff, der aufgebaut wird. Dies ist nun aber ein *relationaler* Zahlbegriff, mit dem man später tatsächlich rechnen kann. Damit es in der Schule nicht heißt: „Zählst du noch – oder rechnest du schon?"

Was Sie als Eltern tun können

Spiele für zu Hause

Mathematische Kompetenz entwickelt sich nicht erst im Kindergartenalter oder gar erst ab dem ersten Schultag. Wie Sie wissen, haben schon Säuglinge gewisse Kompetenzen im Umgang mit Mengen – und so können wir davon ausgehen, dass unsere Kinder ab ihrem ersten Lebenstag Erfahrungen sammeln, einordnen und erweitern. Dabei können wir sie gezielt und vor allem spielerisch unterstützen.

Förderung mathematischen Vorwissens im Kleinkindalter ist keinesfalls strenger Übe-Drill. Wenn wir bedenken, dass das ganz alltägliche kindliche Spiel dem lustvollen Aufbau, Erproben und Erweitern von Erfahrungen und Wissen gilt, können wir das kindliche Lernen in einem ganz anderen Licht sehen: Unsere Kinder lernen tagaus, tagein freiwillig und mit großer Freude, wenn wir ihnen eine anregende Umwelt gewähren. So müssen wir als Erwachsene ein Bewusstsein dafür aufbauen, in welchen Spielsituationen Kinder intuitiv mathematisch denken. Solche Situationen können wir ausbauen und damit unseren Kindern eine Umwelt gestalten, die eine Fülle von Erfahrungsschätzen für sie bereithält.

Das Schöne dabei ist: Mathematik ist nicht eingesperrt in Mathebücher oder in Vorschulhefte, Mathematik ist überall! Wir müssen nur unsere „Mathebrille" aufsetzen, und schon sehen wir uns umgeben von Mengen und Zahlen. Um Sie auf die richtige Fährte zu bringen, habe ich eine kleine Auswahl an Spielanregungen für Sie zusammengestellt.

Ganz wichtig: Die Freude am Entdecken

Wenn Sie sich mit Ihrem Kind in die Welt der Mengen und Zahlen begeben, achten Sie bitte darauf, dass der spielerische Aspekt im Vordergrund steht. Es geht keinesfalls darum, mit Druck Leistungen zu erzwingen. Vielmehr sollen wir uns gemeinsam mit unserem Kind auf eine freudige Abenteuerreise in die Welt der Mengen und Zahlen begeben. Wir Erwachsenen dürfen anregen und begleiten.

Ab welchem Alter sind solche Spiele sinnvoll?

Grundsätzlich gilt: Bieten Sie Ihrem Kind Erfahrungen an, und Sie werden genau spüren, ab wann es darauf reagiert. Als grobe Richtlinie sind aber bei allen Übungen Altersangaben vermerkt.

Sind die Spiele nur für Dyskalkulie-Risikokinder geeignet?

Selbstverständlich nicht! Von diesen Übungen profitieren *alle* Kinder, weil sie auf spielerische Weise mit Mengen und Zahlen umgehen lernen und ihre Wahrnehmung und Bewusstheit dafür verfeinern. Wenn Ihr Kind bereits als Risikokind für Dyskalkulie identifiziert wurde, ist zusätzlich zu den Spielen, die Sie mit ihm machen, eine gezielte Förderung mit einem Vorschulprogramm im Kindergarten, in einer Frühförderstelle oder bei einem speziell weitergebildeten Therapeuten unbedingt zu empfehlen. Diese ist dann wesentlich intensiver, und selbstverständlich braucht es hier Fachleute, die die Fortschritte Ihres Kindes einschätzen können. Die folgenden Spiele sind grundsätzlich für *alle* Vorschulkinder geeignet und geben ihnen eine gute Basis für das künftige Rechnenlernen.

Spielanleitungen
Die hier vorgestellten Übungen basieren auf dem Entwicklungsmodell mathematischer Kompetenzen, das Sie bereits in Kapitel 4 kennengelernt haben. So können Sie sich jederzeit orientieren, auf welcher Stufe Ihr Kind gerade ist. Die beiden ersten hier angefügten Übungsbereiche sind im Modell nicht ausdrücklich benannt – nämlich die Bereiche „Klassifikation" und „Seriation". Beide stellen wichtige Grundlagen für den Umgang mit Mengen und Zahlen dar.
- *Klassifikation* bezieht sich auf die Ordnung von Dingen nach bestimmten Kriterien (beispielsweise alle roten Socken, alle blauen Socken), aber auch auf die Erkenntnis, dass einzelne Gruppen in anderen Gruppen enthalten sein können (so gehören beispielsweise alle roten und blauen Socken zur Gruppe der Socken).
- Unter *Seriation* verstehen wir die auf- oder absteigende Ordnung nach vorgegebenen Merkmalen (So können wir beispielsweise Stifte nach der Länge oder der Dicke ordnen.).

Da beide Bereiche sich schon sehr früh entwickeln, können wir entsprechende Spiele durchaus schon vor dem dritten Lebensjahr anbieten.

Spiele zur Klassifikation

Farbige Garnrollen sortieren
Auch wenn es etwas aus der Mode gekommen ist: Vielleicht besitzen Sie noch ein Nähkästchen mit bunten Garnrollen. Lassen Sie Ihr Kind die Rollen nach Farbe sortieren und benennen Sie dabei jeweils die Farbe.

Ein wertvolles Sammelsurium zum Ordnen: Knöpfe
Viele Großmütter besitzen sie noch: Die Schachtel voll mit Knöpfen. Knöpfe kann man herrlich nach unterschiedlichen Kriterien ordnen (Farbe, Durchmes-

ser, Gewicht...). Die „hohe Schule" speziell für Vorschulkinder: *„Gib mir fünf Knöpfe, drei davon sollen rot sein."*

Im Bad: Was ist rot, blau, grün?
Die Zeit während des Badens kann man gut nutzen, um alle roten, blauen, gelben usw. Gegenstände zu benennen.

„Ich sehe was, was Du nicht siehst ...
... und das ist rund, eckig, viereckig, dreieckig ..."

Wir ertasten Merkmale
Mit verbundenen Augen tasten wir Gegenstände ab und sortieren sie in verschiedene Gruppen: Das ist weich, hart, eckig, rund usw.

Ein Sortierspiel gegen die Langeweile an der Supermarktkasse
Wir sortieren die Waren im Einkaufswagen: Was ist rund, eckig, leicht, schwer, hart, weich? Schwieriger: Welche Waren sind rund *und* weich? Usw.

Das Aufräumspiel
Aufräumen ist nichts anderes als Klassifikation. Und am besten ist das „virtuelle Aufräumen", bei dem man gar nichts tun muss außer zu planen. Mutter: *„Ich finde einen Pulli"* • Kind: *„Der gehört in den Kleiderschrank"* • Mutter: *„Ich finde eine Wurst"* • Kind: *„Die gehört in den Kühlschrank"* usw. Dabei kann man übrigens gemütlich auf der Terrasse sitzen.

Striche für Autos
Bereiten Sie ein Blatt mit vier Spalten vor: Über der ersten Spalte prangt ein roter Punkt, über der zweiten ein blauer, über der dritten ein grüner und über der vierten ein gelber. Nun schauen Sie mit Ihrem Kind aus dem Fenster oder sitzen an der Bushaltestelle und Ihr Kind macht für jedes Auto einen Strich in der entsprechenden Farbspalte. Nach einer gewissen Zeit schätzen Sie, von welcher Farbe die meisten Autos unterwegs waren.

Grundsätzliches zu den Klassifikations-Spielen:

Hier übt Ihr Kind, dass unterschiedliche Gegenstände (rote, blaue, grüne Stifte) anhand gemeinsamer Merkmale zu Gruppen (Stifte) zusammengefasst werden können. Besonders wertvoll werden solche Spiele, wenn man zuerst in eine gröbere Kategorie ordnet und diese dann in Untergruppen zerlegt. Dabei ist die Versprachlichung besonders wichtig: *„Alles zusammen sind rote Knöpfe. Und die können wir aufteilen in rote Knöpfe, die glitzern, rote Knöpfe, die matt aussehen, rote Knöpfe mit vier Löchern, rote Knöpfe mit zwei Löchern"* usw.

Spiele zur Seriation

Kaum ein Raum bietet sich zur Übung der Seriation so sehr an wie die Küche, denn hier gibt es schier unendlich viel zu sortieren: Schüsseln, Töpfe, Teller, Tassen – fast alles lässt sich nach der Größe ordnen.

Topf- und Deckel-Schätzspiel
Nachdem wir unsere Töpfe der Größe nach geordnet aufgestellt haben, ordnen wir nun die passenden Deckel zu. Wichtig: Zuerst wird natürlich geschätzt, welcher Deckel wohin passen könnte, und verbalisiert: „Der passt nicht, der ist zu groß ..."

Ihr Kind als „Küchenhilfe"
Wann immer Sie Ihr Kind ins Kochen mit einbinden, hat es Gelegenheit, seine Seriation zu üben. *„Gibst du mir bitte einen kleineren Topf?"* • *„Der Deckel passt nicht, er ist zu groß, holst du mir bitte einen kleineren?"* ...

Wir ordnen alle Löffel
Sammeln Sie erst einmal alle Löffel in Ihrer Küche ein: Schöpflöffel, Suppenlöffel, Teelöffel, Eierlöffel, Espressolöffel. Nun ordnen Sie sie gemeinsam nach der Größe oder nach dem Inhalt, den sie fassen.

Und wieder die guten alten Knöpfe
Sie lassen sich gut der Größe nach in eine Reihe legen. Am besten, Sie verwenden dafür gleichfarbige Knöpfe, die sich nur in der Größe unterscheiden.

Was ist schwerer?
Füllen Sie fünf gleich aussehende Schüsselchen mit unterschiedlichen Mengen Mehl oder Zucker. Ein Stück Alufolie als Deckel drüber – und schon heben Sie sie an um zu schätzen, welches Schüsselchen am leichtesten ist, am schwersten usw. Um die genaue Reihenfolge herauszubekommen, müssen Sie bzw. Ihr Kind immer wieder mehrere Schüsselchen zum Vergleich heben. Dann werden die Schüsselchen in der richtigen Reihenfolge aufgestellt (das leichteste aus der Sicht Ihres Kindes links). Schließlich können Sie mit der Waage kontrollieren, ob Sie richtig geschätzt haben.

Stifte sortieren
Farbstifte kann man nach verschiedenen Kriterien, etwa nach Länge oder Dicke, sortieren. Nehmen Sie einmal nur rote Stifte und lassen Sie die nach Helligkeit oder Länge ordnen.

Der Wald als Fundgrube für die Seriation
Sammeln Sie mit Ihrem Kind Blätter und ordnen Sie sie nach der Größe. Legen Sie dabei das kleinste Blatt aus der Sicht Ihres Kindes immer nach links. Schneiden Sie dünne Zweige in verschiedene Längen und lassen Sie sie nach Länge sortieren. Auch Tannenzapfen oder Baumfrüchte lassen sich gut nach Größe oder Gewicht in eine Reihenfolge bringen.

Schuhe ordnen einmal anders
Sammeln Sie von allen Schuhen, die Sie im Haus finden können, jeweils einen ein. Und nun beginnt der genaue Vergleich. Welcher Schuh ist am kürzesten, welcher ist nur wenig länger etc. Ihr Kind erkennt, dass auch die Schuhe einer Person nicht alle gleich lang sind. Manchmal erkennt man Unterschiede auf einen Blick, ein andermal muss man die Schuhe nebeneinander legen und sorgfältig vergleichen.

Ordnung im Bad
Fläschchen, Tiegel und Tuben im Bad eignen sich sehr gut zum Sortieren nach Größe oder Gewicht.

Kirschkernweitspucken
Wer schafft es am weitesten, zweitweitesten? Wir messen nicht ab. Schätzen genügt.

Grundsätzliches zu den Seriations-Spielen

Hier geht es im Gegensatz zur Klassifikation nicht darum, Gemeinsamkeiten bezüglich bestimmter Merkmale (Farbe, Form ...) zu erkennen, sondern Unterschiede (Welches ist größer, welches kleiner?). Das gezielte Vergleichen ist also von besonderer Bedeutung. Sie machen es Ihrem Kind leichter, wenn die Gegenstände, die zu Beginn geordnet werden sollen, sich nur in Bezug auf das Merkmal unterschieden, nach dem geordnet werden soll, und sich ansonsten möglichst ähnlich sind. Beispielsweise hilft es Ihrem Kind, wenn Sie es zu Beginn nur Bleistifte gleicher Sorte und Farbe, aber unterschiedlicher Länge in eine Reihenfolge bringen lassen. Erst allmählich lernt Ihr Kind, von irrelevanten Merkmalen zu abstrahieren. Es kann dann beispielsweise auch spielend Stifte unterschiedlicher Farbe sortieren und sich dabei nur nach deren Länge richten.

Seriations-Spiele:
Größer oder kleiner? Kürzer oder länger?

Spiele zum Umgang mit Mengen

Diese Spiele beziehen sich auf die Ebene 1 des Entwicklungsmodells und sind somit auch schon sehr früh einsetzbar. Wichtig: Machen Sie sich den Unterschied zwischen Mengen und Zahlen bewusst. Wenn wir von Mengen reden, meinen wir MENGEN, die man sehen, heben, fühlen kann. Es gehört noch keine Zahl dazu. So ist der Ausdruck „die Menge 7" in sich falsch, denn hier sprechen wir – genau genommen – nicht von einer Menge, sondern von der „Anzahl 7". Bei all diesen Spielen wird also nicht gezählt oder die Anzahl benannt. Es geht nur um das, was wir sehen, heben, fühlen können. Zum genauen Mengenvergleich ist einzig die Eins-zu-eins-Zuordnung erlaubt, der grobe Mengenvergleich läuft über das Schätzen.

Wir schätzen

Legen Sie zwei kleine Häufchen Gummibärchen auf den Tisch. Nun soll Ihr Kind schätzen: Wo sind mehr? Selbstverständlich darf es diese Bärchen dann aufessen.

Wer zieht mehr?

Füllen Sie einen Beutel mit Spielsteinen. Nun dürfen Sie und Ihr Kind jeweils hineinfassen und einige Steine herausnehmen. Durch Eins-zu-eins-Zuordnung (ein Stein von Ihrem Kind, ein Stein von Ihnen usw.) können wir erkennen, wer mehr Steine gezogen hat.

Wer hat mehr Schuhe, Socken, Cremetuben etc.?

Lassen Sie Ihr Kind im Kleiderschrank oder im Bad Vergleiche anstellen. In Bezug auf die Schuhe hat Mama sicher mehr als Papa. Wie sieht es bei den Socken oder Parfumflaschen aus? Wenn man es nicht auf den ersten Blick erkennt, prüft man durch Eins-zu-eins-Zuordnung: Immer ein Schuh von Mama zu einem Schuh von Papa. Falls Schuhe von Papa übrig blieben, hätte er mehr ...

Nicht täuschen lassen!

Sie vergleichen kleine Mengen unterschiedlich großer Obstsorten, beispielsweise vier Äpfel und vier Aprikosen. Wir lassen uns nicht täuschen: Obwohl die Äpfel viel mehr Raum einnehmen, sind es gleich viele wie die Aprikosen. Und wie sieht es aus mit drei Äpfeln und sechs Kirschen? Wenn Ihr Kind immer einen Apfel einer Kirsche zuordnet, kann es das leicht herausfinden.

Spiele mit dem Zaubertuch

Legen Sie vier Spielsteine auf den Tisch und decken Sie sie mit einem Tuch ab. Nun fassen Sie – für Ihr Kind gut sichtbar – mit der Hand unter das Tuch, nehmen aber keinen Stein heraus. Sind es mehr geworden? Weniger? Gleich viele? Dieses Spiel bezieht sich schon auf den Übergang zur Ebene 2. Denn hier wird die Mengeninvarianz behandelt.

Die unentschlossene Kundin

Auch dieses Spiel, in dem es um die Zu- und Abnahme von Mengen geht, spricht bereits die Ebene 2 an. Spielen Sie Kaufladen. Ihr Kind bedient. Der Kundin kann man es kaum recht machen: Sie möchte einige Bohnen kaufen.

Nun will sie mehr, ... nein, nun doch weniger, ... nun doch wieder etwas mehr. Die „Verkäuferin" gibt je nach Kundenwunsch dazu oder nimmt etwas weg.

Grundsätzliches zu den Mengen-Spielen

Von großer Bedeutung sind die Begriffe *„mehr", „weniger"* oder *„gleich viele"*, die hier noch nicht mit Zahlen verbunden werden, so dass das Schätzen eine große Rolle spielt. Manchmal erkennt man beim Vergleichen zweier Mengen auf einen Blick, dass etwas „mehr" ist, manchmal hilft die Eins-zu-eins-Zuordnung, bei der man jeweils einem Element der einen Menge eines der anderen zuordnet und erkennen kann, von welcher Menge am Schluss noch etwa übrig bleibt, welche Menge also „mehr Dinge" hat. Entscheidend ist hier die Erkenntnis, dass nicht die räumliche Ausdehnung einer Menge (vier große Äpfel im Vergleich zu sechs kleinen Kirschen) angibt, ob etwas mehr oder weniger ist.

Spiele zur Sicherung der Zahlwortreihe

Etwa ab Sprachbeginn beschäftigt sich Ihr Kind auch mit dem Zählen, wobei das Zählen zuerst noch kein Ab-Zählen ist, sondern durch wiederholtes Aufsagen der Festigung der Zahlwortreihe dient. Dabei können Sie Ihr Kind spielerisch gut unterstützen. Wenn Sie Zählen üben, üben Sie bitte auch nur Zählen und nicht etwa gleich das Abzählen. Das Aufsagen der Zahlwortreihe ist eine rein sprachliche Leistung, dazu brauchen wir kein Material zum Abzählen, ja, es würde sogar stören. Würden wir ein Kind, das mit dem Aufsagen der Zahlenreihe Probleme hat – vermeintlich kindgerecht oder ganzheitlich – bitten, Murmeln oder Bohnen abzuzählen, würden wir eine ungleich größere Leistung von ihm verlangen und ihm im Endeffekt die Lust nehmen. Es geht also nur um das Aufsagen einer festen Zahlwortreihe – die Verknüpfung mit Mengen kommt erst danach.

Eins, zwei, drei, vier, fünf, sechs, sieben – wo ist denn der Hans geblieben?
Alle Verse, in denen die Zahlwörter aufgereiht sind, sind wunderbare Gelegenheiten zum Lernen der Abfolge.

Treppauf, treppab gezählt
Treppen dienen nicht nur dem Überwinden des Höhenunterschieds zwischen zwei Stockwerken, sie sind auch wie gemacht fürs Zählen. Dabei nennen wir

auf jeder Stufe eine Zahl. Die Bewegung nach oben, die Zunahme der Höhe beim Zählen ist für Ihr Kind eine wichtige Erfahrung. Falls Sie in Ihrem Haus oder Garten endlose Treppen haben, unternehmen Sie bitte keine Zähl-Höhenflüge. Bei 20 oder maximal 30 darf Schluss sein. Wenn Ihr Kind schon im Vorschulalter ist, dürfen Sie auch von zehn an rückwärts zählen. Gehen Sie dabei auch die Stufen ab der Zehn abwärts zurück. Spätestens im Vorschulalter können Sie die Stufen mit Zahlen bekleben (die 1 auf der untersten Stufe). So tun Sie einiges für die Abspeicherung der Zahlsymbole.

Zwischenstopp

Gehen Sie mit Ihrem Kind die Treppe hoch und stoppen Sie beispielsweise auf Stufe 3. Nach einer kurzen Verschnaufpause wird weitergezählt. So unterstützen Sie Ihr Kind beim Aufbrechen der Zahlwortreihe (nicht immer wieder neu bei eins anfangen).

Treppauf in Zweierschritten

Gehen Sie mit Ihrem Kind treppauf, nennen Sie abwechselnd je ein Zahlwort. Wenn das gut klappt, wird jedes zweite Zahlwort „verschwiegen", Sie zählen also nur auf jeder zweiten Stufe: *„zwei, vier, sechs ..."*

Spiele zur Verknüpfung von Menge und Zahl

Nun befinden wir uns auf der zweiten Ebene des Entwicklungsmodells. Die hier vorgestellten Spiele können wir unseren Kindern etwa ab dem 4. Lebensjahr anbieten.

Die 1, 2, 3 am Körper

Was gibt es am Körper nur einmal? Die Nase, den Mund ...
Was gibt es am Körper zweimal? Die Ohren, die Augen ...
Was gibt es am Körper dreimal? Vielleicht Tinas Zöpfe ...
Wir zählen unsere Körperteile systematisch ab. Vielleicht wollen wir sogar eine Liste anlegen. Hier dürfen wir nun auch die Zahlsymbole 1, 2, 3 usw. verwenden.

Fast alles ist zählbar

Wir zählen die Perlen auf Mamas Kette, die Glieder des Armbands, die Blüten der Pflanze. Anzahlen bis 20 dürfen wir notieren.

Tisch decken
Wir sind zu viert. Wie viele Gläser brauchen wir, wie viele Gabeln, Servietten, Becher ...?

Die perfekte „Küchenhilfe"
Bei der Vorbereitung zum Kochen kann Ihr Kind wertvolle Erfahrungen sammeln: *„Wir brauchen zwei Zwiebeln, vier Tomaten, sieben große Kartoffeln ..."*

Mengen und Zahlen im Kleiderschrank
Hier gibt es viel zu zählen: Mamas Blusen, Papas Krawatten, Socken usw. Was ist mehr? Mamas acht Jacken oder Papas drei?

Mengen und Zahlen im Bad
Wie viele Handtücher liegen im Badregal? Und ganz wichtig: Wir schätzen, wie viele wohl noch in dieses Fach hineinpassen. Wie viele Handtücher sind gerade in Gebrauch? Wie viele Handtücher sind insgesamt im Raum? Finden wir im Bad mehr Waschlappen oder mehr Handtücher? Fragen über Fragen, die sich durch Abzählen lösen lassen.

Inventur im Kinderzimmer
Ihr Kind zählt seine Teddys, Kuschelhasen, Schmusekätzchen. Wie viele Teddys sind es? Wie viele Kuscheltiere sind es insgesamt? Wie viele der Kuscheltiere sind braun?

Nun sind wir Roboter ...
... und die brauchen genaue Anweisungen: *„Stell dich mit dem Rücken an die Wand. Jetzt geh drei Schritte nach vorn, dann drei Schritte nach links, dann zwei Schritte zurück. Schätz mal: Wie viele Schritte sind es jetzt noch bis zur Wand?"*

„Kernforschung"
Wir untersuchen Kirschen, Äpfel, Birnen, Melonen und zählen deren Kerne.

Blitzblick: Wie viele sind es?
Legen Sie eine kleine Menge Spielsteine, maximal vier, auf den Tisch. Ihr Kind darf anschließend nur einen Blitzblick lang darauf schauen. Es soll mit einem schnellen Blick erfassen, wie viele es sind, und die Anzahl angeben.

Schätzen

Wann immer möglich, sollten Sie Ihr Kind Anzahlen bis etwa zehn vor dem Auszählen schätzen lassen. Dazu lassen Sie beispielsweise fünf Spielsteine vor Ihrem Kind auf den Tisch gleiten und bitten es zu schätzen. Es darf natürlich nur ganz kurz drauf schauen. Gerade bei höheren Anzahlen ist es ganz natürlich, dass Ihr Kind sie nicht exakt schätzen kann. Schon wenn es nahe an der korrekten Anzahl liegt, ist das eine enorme Leistung. Wenn Sie dieses Schätzspiel mit mehreren Kindern machen, sollten Sie anschließend nicht (!) nachzählen. Schätzen lebt von der Ungenauigkeit der Näherungslösung, sodass alle Kinder, die nahe dran liegen, gut geschätzt haben. Lagen etwa acht Chips da, haben auch Kinder, die „sieben" riefen, gut geschätzt. Würden Sie immer nachzählen, würden Sie manchen Kindern die Lust am Schätzen nehmen und außerdem das Wesentliche am Schätzen – die Ungenauigkeit – ausschließen.

Mengen und Zahlen ordnen

Während die vorhergehenden Spiele darauf abzielen, einzelne Mengen mit Zahlen zu verbinden, übt Ihr Kind hier, Mengen und die dazugehörigen Zahlen in eine Reihenfolge zu bringen. Hier geht es also um das „präzise Anzahlkonzept", bei dem die Zahlenfolge als Abfolge ansteigender Anzahlen verstanden werden soll. Besorgen Sie 55 gleiche kleine Gegenstände (Riesenbohnen, einfarbige Spielsteine etc.) und teilen Sie diese auf zehn gleiche Schälchen auf. In das erste Schälchen kommt beispielsweise eine Bohne, in das zweite wandern zwei, in das dritte drei usw. Nun stellen Sie die Schälchen durcheinander auf. Zählen Sie gemeinsam mit Ihrem Kind die Anzahlen in den Schälchen aus, ordnen Sie die passende Zahl zu und bringen Sie dann die Schälchen und die Zahlen in eine Reihenfolge. Nun kann man die Mengen, die nebeneinander stehen, vergleichen: *„Zur 7 gehört ein Ding mehr als zur 6"* usw. Gerade der abschließende Vergleich ist das Wesentliche an dieser Übung. Stellen Sie fest, dass von einer Zahl zur nächsten immer genau eins dazukommt.

Grundsätzliches zur Verknüpfung von Menge und Zahl

Nun werden die Zahlwörter, die unsere Kinder bis dahin nur als Zählwörter kannten, mit Inhalt gefüllt und dabei erstmals als Symbole für die Mächtigkeit von Mengen erfahren und verglichen. Sie unterstützen Ihr Kind sehr, indem Sie es immer wieder zu Vergleichen auffordern. Denn dadurch macht es die Erfahrung, dass auch Zahlen Beziehungen zueinander haben. Wenn es um das Vergleichen von Anzahlen geht, sollten wir immer gleiche Materialien verwenden – also beispielsweise fünf Kirschkerne mit sechs Kirschkernen vergleichen. So führen Sie Ihr Kind zum Wesentlichen dieser Situation – zu deren numerischem Inhalt – hin. Allmählich erfährt Ihr Kind: Sechs Kerne sind ein Kern mehr als fünf Kerne, sieben Kerne sind ein Kern mehr als sechs Kerne ... usw.

Weitere Spiele zum Aufbau mathematischer Kompetenz

Nun sollen noch weitere spielerische Übungen vorgestellt werden, in denen Ihr Kind Erfahrungen mit Mengen und Zahlen sammeln kann. Da einige dieser Spiele schon auf der dritten Ebene des Entwicklungsmodells anzusiedeln sind, sollten Sie sie erst im Vorschulalter anbieten.

Wir zaubern
Legen Sie eine kleine Anzahl von Spielsteinen auf den Tisch und bedecken Sie sie mit einem „Zaubertuch". Nun schieben (zaubern!) Sie vor den wachsamen Augen Ihres Kindes noch einen oder zwei Steine unter das Tuch. Wie viele werden es wohl sein? Wie kann man das herausbekommen? Selbstverständlich dürfen Sie auch Steine unter dem Tuch wegzaubern. Ihr Kind sollte jeweils die Anzahl sehen, die Sie dazugeben oder wegnehmen.

Wie viele fehlen noch?
Bei diesem Spiel *rechnen* wir mit Material. Geben Sie Ihrem Kind ein Schälchen mit beispielsweise fünf Spielsteinen und sich selbst eins mit drei Spielsteinen der gleichen Farbe. Nachdem Sie beide Ihre Spielsteine ausgezählt haben, fragen *Sie:* „Wie viele Steine muss ich noch bekommen, damit ich genauso viele habe wie du?" Sie dürfen dazu die Steine auch untereinander legen – dann sieht man schnell, wie viele noch fehlen. Schreiben Sie aber keinesfalls eine Rechnung mit „+" und „=" dazu. Wir arbeiten am Zahlverständnis, nicht am mechanischen Rechnen!

Wir untersuchen den Saftkasten
Wie viele volle Flaschen sind noch drin? Wie viele fehlen? Wie viele waren es insgesamt?

Neue Regeln für Brettspiele
Bei Würfelspielen benutzen wir von nun an zwei Würfel und zählen die Augen zusammen. Kaufen Sie im Spielwarenladen zwei Würfel ohne Beschriftung und schreiben Sie jeweils die Zahlen von 1 bis 5 darauf. Das sechste Feld jedes Würfels wird zum Joker.

Wir schreiben Preisschilder und verkaufen
Der Clou an diesem Spiel: Wir holen uns bei der Bank eine Rolle echter Euromünzen. Sie werden sehen, dass (zumindest bei diesem Spiel) echtes Geld nicht zu schlagen ist. Beschriften Sie nun Spielsachen im Kinderzimmer mit Preisen bis zu 10 Euro. Dann wird eingekauft und bezahlt.

Geometrie im Kindergartenalter?
Nach dem Bügeln müssen die Handtücher gefaltet werden, natürlich immer in der Mitte. Wir sprechen dazu, dass wir immer auf die halbe Größe falten.

Jetzt haben Sie viel geschafft!

Wenn Sie sich an den hier vorgestellten Spielideen orientieren konnten, ist es Ihnen tatsächlich gelungen, die „Mathebrille" aufzusetzen – und sicherlich sind Ihnen noch unzählige Mengen und Zahlen im Alltag begegnet. Und ist es Ihnen auch gelungen, die Übungen abwechslungsreich und interessant, an vielen verschiedenen Orten, mit vielen Anregungen zu gestalten? Dann haben Sie wirklich viel geschafft! Sie haben Ihrem Kind ein gutes Rüstzeug für die Grundschulmathematik mitgegeben, haben sein Interesse und die Freude am Umgang mit Mengen und Zahlen geweckt.

Nicht genug damit: Wenn Sie Ihr Kind erst einmal für Mengen und Zahlen sensibilisieren konnten, wird es weitere Erfahrungen sammeln wollen – ganz gleich, ob es schon ein Vorschulkind oder noch wesentlich jünger ist. Lassen Sie es zu und geben Sie ihm die Anregungen, die es wünscht. Die Mathebrille steht Ihnen gut – und Ihrem Kind ebenso!

Kapitel 6: Das Wichtigste in Kürze

- Kinder, die wegen einer Rechenschwäche in der Familie genetisch vorbelastet sind, und Kinder, die bis zum Vorschulalter wenig Umgang mit Mengen und Zahlen hatten, können als Risikokinder für eine Rechenschwäche gelten.
- Solche Kinder können wir durch den spielerischen Aufbau von spezifischem Vorwissen vor einer Rechenschwäche bewahren. Eine solche gezielte vorschulische Förderung dient der Chancengleichheit.
- Es gibt heute sorgfältig erforschte und wissenschaftlich geprüfte Förderprogramme, die mathematische Inhalte vermitteln, geeignetes Veranschaulichungsmaterial beinhalten, eine bewusst mathematische Sprache einsetzen und systematisch aufbauend konzipiert sind.
- Außerdem können Eltern ihren Kindern zu Hause in einer Fülle von Spielen gezielte Erfahrungen mit Mengen und Zahlen ermöglichen – und das nicht erst im Vorschulalter.

Die Schule:
Wie kann sie helfen?
Wie hilft sie?

In diesem Kapitel erfahren Sie, ...

- ▶ wie die Schule mit dem Thema „Dyskalkulie" umgeht
- ▶ welche Fallen manche Lehrwerke den „schwächeren" Kindern stellen
- ▶ welche Chancen der Mathematikunterricht zur Vermeidung von Rechenschwäche bietet
- ▶ auf welchen Eckpfeilern schulischer Förderunterricht ruhen sollte
- ▶ wann Ihr Kind eine außerschulische Dyskalkulie-Therapie braucht – und was Sie dabei beachten sollten

Schule und Dyskalkulie

Eher eine Strafe
Charlotte besucht die dritte Klasse der Grundschule. Wegen gravierender Probleme im Rechnen nimmt sie seit Schuljahresbeginn am Förderunterricht teil, der in der Schule angeboten wird. Diese Förderstunde findet einmal pro Woche, freitags in der sechsten Stunde, statt. Zusammen mit Charlotte besuchen noch sieben weitere Kinder der dritten Klasse den Förderunterricht. Einige von ihnen haben vor allem Schwierigkeiten beim Lesen und Schreiben, zwei der Kinder verstehen kaum Deutsch.
Da die Lehrerin zur „mobilen Reserve" der Schule gehört, muss sie häufig Vertretungsstunden halten, so dass die Förderstunde öfter ausfällt.
Die Lehrerin erklärt zu Beginn der Stunde den aktuellen Stoff noch einmal ausführlich und fordert die Kinder auf gleich nachzufragen, wenn etwas unklar bleibt. Charlotte versteht vieles nicht, aber sie weiß gar nicht, wonach sie genau fragen soll – denn eigentlich ist alles unklar. Dann werden Arbeitsblätter mit Aufgaben zum laufenden Stoff ausgeteilt. Die Lehrerin geht von Bank zu Bank und gibt Tipps, wenn ein Kind nicht vorankommt. Charlotte ist ganz froh, dass die Lehrerin nicht so häufig an ihrem Tisch vorbeikommt, so kann sie das Ergebnis heimlich an den Fingern abzählen oder (noch besser) von ihrer Nachbarin abschreiben. Selbstverständlich besteht in dieser Förderstunde auch das Angebot, Anschauungsmaterial wie den Abakus, die Rechenkette oder auch eine Hundertertafel zum Lösen von Aufgaben zu verwenden, das ist aber den meisten Kindern peinlich. Charlotte nimmt es manchmal trotzdem, dann kann sie sich schneller zum Ergebnis „hochzählen". Insgesamt erlebt sie aber diese Förderstunde nicht als Hilfe, eher als Strafe, denn ihre Klassenkameraden haben zu dieser Zeit schon Wochenende. Wird Charlotte von den Übungen profitieren? Oder wird sie umso mehr das Gefühl haben, Mathematik sei für sie einfach nicht zu verstehen, und man müsse sich mit Tricks behelfen, um nicht aufzufallen?

Individueller Lernfortschritt
Britta ist Zweitklässlerin und hat eigentlich schon im ersten Schuljahr die Hoffnung aufgegeben, mit dem Rechnen jemals zurechtzukommen. Ihre Lehrerin, die etliche Fortbildungen zum Thema „Dyskalkulie" besucht hat, erkannte sehr

schnell, dass bei Britta, einer begabten und fleißigen Schülerin, kein „Übungsdefizit" vorliegt, sondern dass sie gravierende und spezifische mathematische Verständnisprobleme hat. Und sie erkannte die hohe Angstbereitschaft des Kindes, die sich mit den Leistungsproblemen verband.
So nutzt die Lehrerin ihren pädagogischen Spielraum voll und gibt Britta im Rahmen der „Binnendifferenzierung" während des Unterrichts immer wieder Aufgaben, die den basalen Umgang mit Mengen und Zahlen und besonders die Zahlbeziehungen sichern. Solche Aufgaben bekommt Britta auch als Hausaufgabe und ihre Mutter wird angeleitet, die Tochter dabei kompetent zu begleiten. Mutter und Lehrerin stehen in intensivem und vertrauensvollem Austausch.
Bei schulischen Leistungsabfragen erhält Britta ein anderes Aufgabenblatt als ihre Klassenkameraden. Im Zeugnis ist die Mathematiknote „befriedigend" mit dem Zusatz „pädagogische Bewertung" versehen. Das bedeutet, dass diese Note Brittas individuellen Lernfortschritt beschreibt und nicht auf der Basis der Leistungsanforderungen des zweiten Schuljahres zustande kam. Britta ist zufrieden mit ihrer Note, auch wenn sie weiß, dass sie in Mathematik noch nicht so weit ist wie ihre Klassenkameraden.

Ohne Unterstützung
Valentin, *12 Jahre alt, besucht die fünfte Klasse einer Hauptschule. Wegen einer „chronischen" Fünf in Mathematik schaffte er den Übertritt auf die Realschule trotz seiner überdurchschnittlichen Intelligenz und seiner guten Leistungen in den anderen Hauptfächern nicht. Seine Dyskalkulie wird in der Schule nicht anerkannt. Er erhält keinerlei Nachteilsausgleich.*

Dyskalkulie: Kein bindender Erlass zu Notenschutz und Nachteilsausgleich

Die Geschichten von Charlotte, Britta und Valentin sollen deutlich machen, dass der Umgang der Schule mit dem Thema „Dyskalkulie" in Deutschland keinesfalls einheitlich geregelt ist. Während für Legastheniker in etlichen Bundesländern die Möglichkeit oder gar Verpflichtung zum schulischen Nachteilsausgleich und Notenschutz besteht, liegt für den Bereich der Rechenstörung keine eindeutige Verwaltungsvorschrift oder rechtlich bindende Anweisung für die Schule vor.

In vielen Bundesländern wird den Lehrkräften jedoch die *Möglichkeit* eingeräumt, im Rahmen ihres pädagogischen Ermessens auf solche Lernprobleme einzugehen. Lehrkräfte können dann die Benotung im Fach Mathematik phasenweise aussetzen und stattdessen eine Verbalbeurteilung ins Zeugnis aufnehmen. Sie dürfen diesen Kindern im Rahmen der inneren Differenzierung individualisierte Aufgabenstellungen vorlegen, die unter dem Blickwinkel des individuellen Lernfortschritts bewertet werden.

Hier ist natürlich die offene und vertrauensvolle Kooperation zwischen Schule und Elternhaus von größter Bedeutung. Gemeinsam sollte geklärt werden, welche Möglichkeiten des schulischen Nachteilsausgleichs und der schulischen Förderung bestehen und welche Förderbereiche den Eltern übertragen werden können. Klären Sie mit Lehrerin bzw. Lehrer die Möglichkeiten des pädagogischen Ermessensspielraums.

DYSKALKULIE IST LÄNDERSACHE

Der Umgang der Schulen mit dem Thema Dyskalkulie und die Rücksichtnahme auf betroffene Kinder (Gewährung von Förderunterricht, Nachteilsausgleich, Notenschutz etc.) sind je nach Bundesland unterschiedlich. Deshalb können hier keine allgemeinen Richtlinien angegeben werden. Erkundigen Sie sich nach den Richtlinien und der Vorgehensweise in Ihrem Bundesland. Die Informationsseiten des Bundesverbandes für Legasthenie und Dyskalkulie e. V. (Adresse siehe Kap. 9: Info-Magazin) enthalten genaue und zuverlässige Informationen über die rechtlichen Möglichkeiten in Ihrem Bundesland. Nutzen Sie auch Selbsthilfegruppen, um Informationen zu sammeln und sich mit anderen betroffenen Eltern auszutauschen.

ELTERNINITIATIVEN UND SELBSTHILFEGRUPPEN VERTRETEN DIE RECHTE DER KINDER

Seit geraumer Zeit machen sich Elternverbände stark für die Anerkennung der Dyskalkulie in allen Schulformen und fordern für die betroffenen Kinder die verbindliche Rücksichtnahme bei der Bewertung der Schulleistungen. Die Aktivitäten der Eltern werden durch zahlreiche namhafte Wissenschaftler an bundesdeutschen Universitäten und Universitätskliniken unterstützt. Diese Wissenschaftler haben einerseits durch ihre Forschungsarbeiten viel Wissen über mögliche Ursachen einer Dyskalkulie bereitgestellt, andererseits können sie durch Berichte aus dem Alltag an psychiatrischen Kliniken ein Bewusstsein für die Probleme dieser Kinder und die Notwendigkeit einer gezielten Unterstützung und Rücksichtnahme in der Schule schaffen.

MATHEMATIKUNTERRICHT UNTER DER LUPE

Die Auseinandersetzung mit dem Thema „Rechenschwäche" führt unweigerlich auch zu einer kritischen Betrachtung des herkömmlichen Mathematikunterrichts an unseren Schulen und mündet in folgende Fragen:

- Inwieweit ist Mathematikunterricht in der Lage, auch die schwächeren Kinder bei Schuleintritt da abzuholen, wo sie stehen?
- Können stärkere Schüler Schwächen im methodischen Vorgehen des Mathematikunterrichts eher kompensieren als Schwächere und haben sie dadurch bessere Chancen auf einen Kompetenzaufbau?
- Unterstützt der Mathematikunterricht den Aufbau flexiblen Problemlöseverhaltens anstatt der Einübung mechanisch anzuwendender Lösungsprozeduren?
- Fördert der Mathematikunterricht die Analyse fehlerhafter Lösungsversuche und damit das Nachdenken über mathematische Zusammenhänge?

Forscher und auch erfahrene Lehrkräfte kritisieren immer wieder, dass herkömmlicher Mathematikunterricht ...
... individuelle Verstehens- und Lernwege nicht hinreichend zulasse,
... Mathematik auf den Bereich des Rechnens einenge,
... auf Fehlervermeidung statt auf Fehleranalyse aus sei,
... das Verständnis der Zahlbeziehungen vernachlässige und dafür (schriftliche) Rechenprozeduren in den Vordergrund stelle.
Insgesamt werde also im Mathematikunterricht stark betont, *wie* Aufgaben zu lösen seien, das *Warum* werde jedoch nicht hinreichend vermittelt oder von den Schülern auf individuellen Lernwegen erfahren. Konzeptuelles Wissen (Warum ist das so?) werde also zugunsten des prozeduralen Wissens (Wie geht das?) vernachlässigt.

Die in mehreren Bundesländern aktuell aufgelegten neuen Lehrpläne steuern diesem mechanischen Verständnis entgegen: Sie enthalten viele Anlässe zum entdeckenden Lernen, viele offene, produktive Aufgaben. Letztere sind dadurch gekennzeichnet, dass die Kinder ihr Wissen zur Lösung mathematischer Probleme anwenden müssen, knobeln, um die Ecke denken ...
Beispiel: „Setze die Folge fort: 7, 4, 8, 5, 10 ..."
Ein weiteres Beispiel: „Eine Limo kostet 1 € und die Hälfte des Preises ..."
Diese mathematisch wertvollen Aufgaben stellen aber bereits in Bezug auf den dafür nötigen Zahlbegriff und die Rechenfertigkeit eine Überforderung der rechenschwachen Kinder dar. Zum Knobeln kommen sie daher erst gar nicht.
Tatsächlich erleben viele – nicht nur rechenschwache – Schüler den Mathematikunterricht fernab von ihrer Erlebenswelt, sehen keinerlei Zusammenhänge zwischen alltäglichen Problemstellungen und der Mathematik. Alicia, 11 Jahre alt, fasste es einmal treffend in Worte: *„Wenn ich Mathe mache, muss ich nicht denken, dann muss ich einfach nur rechnen, also das nachmachen, was uns der Lehrer in der Schule gezeigt hat."*
Wie können wir es sonst erklären, wenn Schüler die folgende Aufgabe ...

40 Orchestermusiker spielen ein Musikstück in 20 Minuten.
Wie lange brauchen 80 Musiker für dieses Stück?

... so lösen:

20 Minuten : 2 = 10 Minuten
Antwort: 80 Musiker brauchen nur 10 Minuten.
Lassen Sie uns nach Chancen im Mathematikunterricht suchen!

Die Rahmenbedingungen schulischer Förderung

Die Vermittlung der Kulturtechniken Lesen, Schreiben und Rechnen ist in erster Linie Aufgabe der Schule, und auch die Unterstützung schwächerer Kinder gehört selbstverständlich zu diesem Aufgabenbereich. Somit ist die Schule auch *der* Ort, an dem rechenschwache Kinder frühzeitig identifiziert und effizient gefördert werden sollen. In vielen Schulen findet Förderunterricht für rechenschwache Kinder statt, sodass diese auf den ersten Blick gut versorgt und individuell gefördert scheinen. Schaut man sich die Förderstunden ge-

nauer an, wandelt sich das Bild, und wir müssen immer wieder eine Reihe von Mankos feststellen:
- Oftmals sind die Gruppen (mit fünf oder mehr Kindern) für eine effiziente und individualisierte Förderung der einzelnen Kinder viel zu groß.
- Sehr oft finden die Förderstunden zu ungünstigen Zeiten statt (letzte Stunde, freitags).
- Vielfach kommen Kinder erst dann in eine Fördergruppe, wenn sie bereits große Schwierigkeiten mit dem schulischen Lernen haben. Gerade Rechenprobleme werden in vielen Fällen nicht schon im Ansatz erkannt, sondern erst, nachdem bereits ernstes Versagen eingesetzt hat.
- Häufig haben die Lehrkräfte, die die Förderstunden halten, keine spezielle Ausbildung oder können nur auf Kenntnisse aus wenigen Fortbildungsveranstaltungen zurückgreifen.
- Die inhaltliche Arbeit in den Fördergruppen bezieht sich vielfach auf reines Wiederholen des durchgenommenen Stoffes (= Lernzeitverlängerung). Auf die individuellen Ursachen für die Lernschwierigkeiten kann in diesem Rahmen nicht eingegangen werden.
- Zumeist wird zu Beginn der Förderung keine gezielte „Förderdiagnostik" durchgeführt. Diese ist aber für eine gute Förderung unverzichtbar, denn sie müsste erst aufdecken, an welcher Stelle des mathematischen Kompetenz-Erwerbs ein Kind stehen geblieben ist – und entsprechend abgeholt werden muss. Eine Dyskalkulie entsteht nicht erst in der 3. oder 4. Klasse. Wenn wir genau nachschauen, erkennen wir: Sie entwickelte sich erschreckend früh – zumeist bereits in der 1. Klasse – unbemerkt, da zu wenig darauf geachtet wurde, ob das Kind noch zählte oder schon rechnete.

Unsere Erfahrung zeigt, dass die Kinder die Teilnahme an diesen Gruppen zuweilen sogar als „Strafe" erleben. Sie fühlen sich nicht individuell unterstützt und sehen auch keinen Erfolg für sich selbst.

Chancen für den Mathematikunterricht

Das Ziel ist der Weg: Durch kleine Veränderungen Verständnis erleichtern

Es lohnt sich sehr, einige altbekannte Begriffe oder Darstellungen aus der Mathematikstunde zu hinterfragen:

Problem 1: „Vorgänger" und „Nachfolger" – richtig, das sind die Zahlen die vor bzw. nach einer vorgegebenen Zahl kommen. Der Vorgänger der Sieben ist also die Sechs, ihr Nachfolger die Acht.
Erinnern wir uns noch einmal an die in Kapitel 3 bereits beschriebenen Zahlbegriffe:

- *Der ordinale Zahlbegriff* beschreibt die Zahlwortreihenfolge, die wir beim Zählen verwenden.
- *Der kardinale Zahlbegriff* gibt an, wie viele Objekte zu einer Zahl gehören.
- *Der relationale Zahlbegriff* gibt die Beziehung zwischen Zahlen an.

Mit den Begriffen „Vorgänger" und „Nachfolger" spricht man also lediglich den ordinalen Zahlbegriff – und damit eine sehr einfache Form der Zahlverarbeitung – an. Dies erkennen wir gut im „Entwicklungsmodell der Zahl-Größen-Verknüpfung (ZGV)", das in Kapitel 4 vorgestellt wurde. Den ordinalen Zahlbegriff finden wir schon auf der Ebene 1 des ZGV-Modells. Wäre es nicht besser, die beiden „umzutaufen":

Der „Vorgänger" heißt nun „eins weniger".
Der „Nachfolger" heißt nun „eins mehr".

Damit würden wir die Kinder auf einem wesentlich wichtigeren Niveau der Zahlverarbeitung ansprechen, es ginge nämlich um die Beziehungen zwischen Nachbarzahlen. Diese Aufgabenstellung würde die Kinder nun bereits zur präzisen Größenrelation führen; diese ist auf Ebene 2 des ZGV-Modells anzusiedeln. Wir merken also: Durch eine Änderung der Benennung werden wir mathematisch exakter, führen die Kinder zu einem wesentlich wertvolleren Verständnis der Zahlen.

Problem 2: „>" und „<" – richtig, diese Zeichen heißen „größer" und „kleiner", und somit bedeutet 7 > 3, dass die Sieben größer ist als die Drei. Vielen Kindern fällt es schwer, sich zu merken, welches der beiden Zeichen was bedeutet. Hier gibt es einen in der Schule gerne vermittelten Trick:
„Das Krokodil frisst immer die größere Zahl" ... ist das Mathematik??? Und wenn das Krokodil gerade mal wenig Hunger hat?
Warum sagen wir den Kindern nicht, was eigentlich gemeint ist? „größer" ist eine Zahl nur, weil *mehr Dinge* dazu gehören – wir meinen also eigentlich „mehr" und „weniger". Und nun wird es deutlich: 7 > 3 bedeutet also eigentlich: Sieben sind mehr als drei. Und damit reden wir nicht mehr nur von Zahlen, die wir zum Zählen benutzen, sondern von Zahlen, zu denen Mengen gehören. Ersteres wäre Ebene 1 des ZGV-Modells, Letzteres bereits Ebene 2.
Übrigens: Verwenden wir die Begriffe „größer" und „kleiner" später noch in diesem Zusammenhang? Sagen wir etwa: „Mein Auto kostet kleiner als deines" oder „Du wiegst größer als ich"? Nein! Hier verwenden wir die korrekten Begriffe „weniger" und „mehr". Warum setzen wir unsere Kinder schon in der ersten Klasse solchen Problemen aus?

Problem 3: Rechnen lernen am Zahlenstrahl. Folgendermaßen wird in vielen Lehrwerken die Addition erklärt:

3 + 5 =

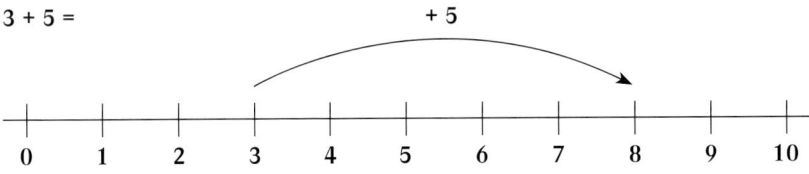

... und die Subtraktion ebenso:

7 - 4 =

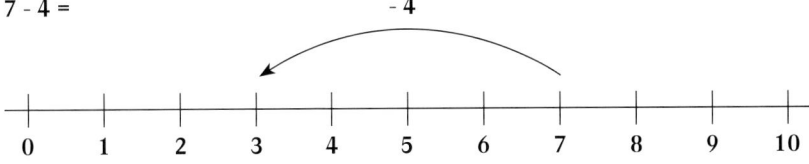

Unser Kind muss sich also merken, dass es bei „plus" nach rechts geht, bei „minus" nach links. Kinder mit Rechts-links-Problemen werden hier bereits benachteiligt. Warum wird es ausgerechnet nach rechts mehr? Und nach links weniger? Hier wäre manchen Kindern schon geholfen, wenn der Zahlenstrahl vertikal wäre, denn hier würde sich jedem Kind von selbst erschließen, dass es nach oben mehr wird und nach unten weniger. Das ist im alltäglichen Leben ebenso: Hat man mehr Limo, ist der Spiegel höher, hat man mehr Eis, ist der Berg der Kugeln höher, isst man etwas davon, wird es weniger und damit niedriger. Damit würden wir das Kind da abholen, wo es steht.

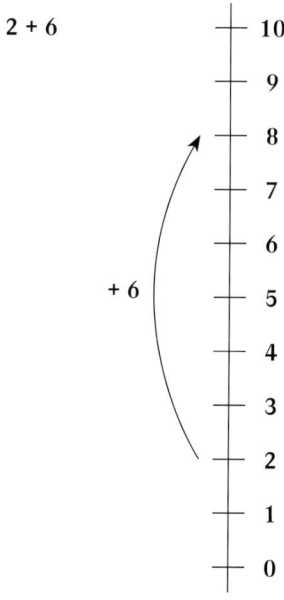

Aber diese Erklärung der Rechnung am Zahlenstrahl birgt noch ein weiteres Problem: Betrachten wir einmal die Aufgabe 7 – 4. Was sticht hier einem Kind am Zahlenstrahl ins Auge? Sind es die drei übersprungenen Zahlen (6, 5 und 4)? Oder sind es die fünf beteiligten Zahlen (7, 6, 5, 4, 3)? Nichts davon! Wichtig ist hier etwas, was überhaupt nicht ins Auge sticht: die Zwischenräume! Aber wer rechnet denn mit Zwischenräumen? Und wenn wir das dann auf Material, etwa die Finger, übertragen wollen, rechnen wir dann auch mit den Zwischenräumen? Nein, da geht es wieder um die Finger, also die Zahlen. Merken Sie, wie sehr ein Kind durch die ungeeignete Darstellung am Zahlenstrahl verwirrt werden kann? Der Zahlenstrahl ist also völlig ungeeignet, um den Kindern die Veränderung von Mengen bei plus und minus zu erklären. Besser wäre die folgende Darstellung:

7 - 4 =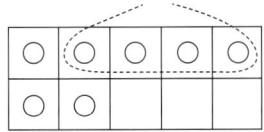

Problem 4: Abbildungen in Lehrwerken – Einladung zum zählenden Rechnen. Die folgende Abbildung wurde einem aktuellen Lehrwerk entnommen. Sie soll verdeutlichen, was bei der Aufgabe 11 - 10 zu tun ist.

11 - 10 =

Fällt Ihnen auf, dass dem Kind nichts anderes vorgeführt wird als rückwärts zu zählen? In der oberen Reihe befindet sich aber bereits eine Zehnerportion. Es wäre wesentlich sinnvoller, dem Kind zu verdeutlichen, dass es die Zusammensetzung der Anzahl elf aus zehn und eins nutzen kann, um 11 - 10 ganz bequem zu rechnen – und um zu verstehen, was es dabei tut: nämlich eine Zahl in Teile zu zerlegen. Und wenn sich ein Teil schon so bequem erkennen lässt, wäre es ungeschickt, diesen nicht zu nutzen. Das Kind wird also mit solchen Vorgaben gezielt angeleitet, sich überhaupt nicht um Zahlbeziehungen zu kümmern! Besser wäre die folgende Abbildung:

besser

Problem 5: Das „=" – ja genau, dieses Zeichen nennt sich „ist gleich". Warum eigentlich „ist"? Sieben Bonbons plus drei Bonbons *ist* gleich zehn Bonbons? Nein, das ist ja grammatisch falsch, „sind" müsste es heißen. Nur wenn es um 1 oder 0 geht, wäre „ist" korrektes Deutsch. Wenn wir von der Mehrzahl „sind" sprechen, ermöglichen wir es unseren Kindern, an die zugehörigen Mengen zu denken; reden wir von „ist", sind die Mengen in weiter Ferne.

Das „=" ist eines der am häufigsten missverstandenen Zeichen in der Mathematik. Warum? In jedem Erstklasszimmer steht doch die Waage, die das „=" verdeutlicht. Was verstehen denn schwache Rechner unter diesem „="? Fragen wir sie einmal.

Bea antwortet: „4 + 3 = ____ Das heißt, dass ich jetzt anfangen soll zu zählen."

Lara: „4 + 3 = ____ Das heißt, dass ich dahinter das Ergebnis schreiben muss." Meine Nachfrage: „Was ist das Ergebnis?" Lara: „Na das, was da rauskommt."
Drehen wir die Aufgabe einmal um:
____ = 4 + 3

Nun sind beide Kinder völlig verunsichert: „Da ist ja hinten kein Platz, da kann ja gar kein Ergebnis hin." Haben diese Kinder das „=" wirklich verstanden?

Das bedeutet: Dass ein Kind die Aufgabe 4 + 3 = ____ lösen kann, bedeutet längst noch nicht, dass es auch verstanden hat, worum es geht, dass nämlich auf beiden Seiten des „=" die gleiche Anzahl stehen muss, einmal in Teile zerlegt (4 + 3), einmal als Ganzes. Wertvoller sind solche Aufgaben, bei denen wir das Kind genau beobachten und mit ihm darüber sprechen sollten, wie es zur Lösung kommt:

5 + 4 = ____ + 3

Schreibt unser Kind einfach die 9 auf den Lösungsstrich und tut so, als sei „+ 3" gar nicht vorhanden? Dann ist das „=" sicher nicht verstanden. Noch schwieriger:

____ + 1 = 7 + 2

Solche Aufgaben würden zeigen, ob ein Kind die Bedeutung dieses „=" tatsächlich verstanden hat. Auch solche, die von Kindern gerne als Hausaufgabe korrigiert werden:

8 + 2 = 10   4 - 3 = 19   15 + 6 = 10   11 + 3 = 14

Bei der Korrektur solcher vorgegebenen Aufgabe muss das Kind das „=" in Frage stellen. Am wertvollsten sind die Aufgaben, wenn wir das Kind nicht nur lösen lassen, sondern die Gedanken des Kindes besprechen. Leo kommentiert so: „15 + 6 = 10 ... Das kann ja gar nicht sein. 15 sind ja schon mehr als 10. Und wenn ich dann noch etwas dazu tue, wird es ja noch mehr. Das kann also nie im Leben genauso viel sein wie 10." Leo freut sich besonders darüber, dass er die falschen Aufgaben dann nicht auch noch richtig lösen muss. Er muss nur überlegen, ob das „=" in diesem Fall gerechtfertigt ist, ob also wirklich auf beiden Seiten gleich viel steht. Wenn nicht, streicht er es durch:

15 + 6 ≠ 10

Problem 6: Rechenmauern. An diesen verzweifeln viele schwache Rechner – und die Eltern gleich mit dazu, denn kaum hat man dem Kind erklärt, „wie es geht", wo es also plus und wo minus rechnen muss, kennt das Kind sich schon wieder nicht mehr aus.

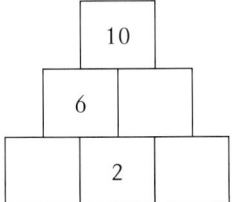

Schauen wir uns diese Rechenmauer einmal kritisch an:

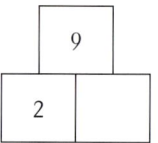

Welchem Kind erschließt es sich *von selbst*, dass die Zahl im oberen Feld jeweils genau so viel sein muss wie die beiden Zahlen darunter? Wäre eine solche Darstellung nicht wesentlich eindeutiger:

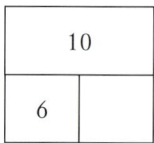

Wenn wir die Zahlbeziehungen noch stärker berücksichtigen, wäre diese Darstellung noch sinnvoller: Hier ist der Strich in der Mitte anfangs nicht gesetzt, und das Kind soll selbst entscheiden, ob 2 ein eher großer oder ein eher kleiner Teil von 8 sind. Entsprechend setzt es dann den Strich und hat damit schon einen Hinweis darauf, dass der andere Teil von 8 eher größer sein muss.

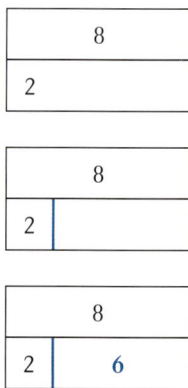

Jetzt könnte man natürlich kritisch einwerfen: „Aber damit kann man keine schönen Mauern bauen!" Stimmt! Aber die Frage ist, ob es hier um das Bauen geht oder um das Verständnis der Zerlegbarkeit von Zahlen. Für Letzteres brauchen wir die Mauern keinesfalls.

Problem 7: Platzhalteraufgaben. Diese sind auch als „Klecksaufgaben" bekannt. Ganz gleich, wie man sie nennt: Unbeliebt sind sie bei schwachen Rechnern immer. Und so sehen sie aus:

$4 + \Box = 9$

$\Box - 8 = 3$

„Glücklicherweise" geben viele Lehrwerke und manchmal sogar die Lehrkräfte einen Trick mit:

„Steh'n nicht alle Zahlen dran, fange doch von hinten an."

Die Kinder werden also angeleitet, die „Umkehraufgabe" zu rechnen. So würden sie im ersten Beispiel 9 − 4 rechnen und könnten 5 in die Lücke eintragen, beim 2. Beispiel ergäben 3 + 8 = 11, und die 11 käme ins Kästchen.
Doch was macht unser Kind, wenn es einfach mechanisch die Umkehraufgabe rechnet? Weiß es wirklich, warum es das tut? Warum man hinten anfängt und dann das Gegenteil dessen macht, was in der Ursprungsaufgabe steht? Als ich Svenja danach frage, entgegnet sie: „Warum das so ist, kann ich dir nicht sagen, das geht halt so." Ich gebe ihr folgende Aufgaben:

$6 + \Box = 10$

$10 - \Box = 4$

$7 - 3 = \Box$

Sie grinst: „Ach, das sind Klecksaufgaben, da mach ich also immer das Gegenteil" und rechnet fröhlich 10 − 6 = 4 (hier passt es ja), aber bei der zweiten Aufgabe 4 + 10 und trägt 14 ein, und bei der letzten Aufgabe macht sie ebenfalls das Gegenteil dessen, was da steht und schreibt 10 ins Kästchen. Weiß sie wirklich, was sie tut? Oder hat sie nur ein Rezept abgearbeitet? Wehe dem, der solche Rezepte gibt, ohne sicherzustellen, dass die Kinder das Verständnis dessen haben.

Eigentlich sind solche Platzhalteraufgaben ganz hervorragend, um die Zahlzerlegung zu festigen und zu üben. Aber dazu muss das „=" wirklich verstanden sein, und wir müssen darüber reden, was diese Aufgabe bedeutet. Jana kommentiert beispielsweise 2 + ☐ = 8 folgendermaßen: „Ich habe zwei, gebe noch etwas dazu und habe dann acht. Zwei und der andere Teil müssen also zusammen genau so viel sein wie acht." Sie trägt dies nun in die veränderte Zahlenmauer ein. Nun weiß sie, warum sie minus rechnet.

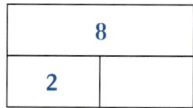

Diese veränderte Zahlenmauer – oder der „Zahlenkasten", wie die Kinder ihn nennen, eignet sich ganz hervorragend für den wirklich sinnvollen Umgang mit Platzhalteraufgaben, denn hier werden die Zahlbeziehungen sichtbar und verständlich.

Die oben aufgeführten Probleme oder Fallen finden wir in den meisten aktuellen Lehrwerken der frühen Grundschuljahre. Und wir müssen sie wirklich als FALLEN verstehen, weil sie gerade die Kinder, die mit eher schwachen Grundlagen in die Schule kommen, tatsächlich im Verständnis behindern. Denn sie laden sie ein, Aufgaben zu lösen, ohne zu verstehen, was man eigentlich dabei tut.

Bei Fortbildungsveranstaltungen fällt es immer wieder auf, dass selbst Grundschullehrkräfte damit überfordert sind, solche Fallen zu erkennen und in der Didaktik gezielt zu umschiffen. Meist richtet man sich doch nach dem Mathebuch und hofft, dass die Kinder nach einigen Erklärungen schon verstehen werden, worum es geht. Mittlerweile kursiert ein zynischer Spruch unter Dyskalkulie-Forschern: „Mathe lernen trotz Lehrwerks." Selbstverständlich lernen die Kinder mit einer guten Grundausstattung trotz all dieser Fallen gut rechnen. Aber für die schwachen Kinder können es Hürden sein, die sie am Lernen – und vor allem am Verstehen – hindern!

Die Liste ungünstiger Formulierungen und Darstellungen ließe sich noch schier endlos erweitern. Doch lassen Sie uns nun von den Hürden zu den Chancen gehen, denn auch diese beinhaltet der Mathematikunterricht – und insbesondere der gute Mathematikunterricht:

VERANSCHAULICHUNGSMITTEL – EINE CHANCE

Tatsächlich lernen Kinder vieles handelnd. Aber führt das bloße „Hantieren" mit Materialien im Mathematikunterricht tatsächlich zu stabilen Vorstellungsbildern? Immer wieder berichten Förderlehrkräfte: *„Im Förderunterricht wird Stunde um Stunde mit Material gearbeitet. Alle Aufgaben werden erst einmal damit gelöst. Aber kaum nimmt man den Kindern das Material weg, scheinen diese Handlungserfahrungen wie weggeblasen zu sein."*

Ist das verwunderlich? Erwarten wir wirklich, dass allein das Hantieren mit Rechenkette, Steckwürfeln, Abakus oder Ähnlichem die Kinder automatisch zum *Kern* dieser Handlung führt?

Tatsächlich ist es nicht die *Handlung*, sondern das *Nachdenken* darüber, das geistige Nachvollziehen, das Erläutern, warum man etwas auf diese Weise durchführt, das zur Verinnerlichung führt. Und so profitieren unsere Kinder dann vom Material, wenn wir es ihnen nicht abrupt entziehen, sondern sie schrittweise auf dem Weg zur Vorstellung begleiten:

- In einem ersten Schritt soll die Aufgabe mit Material gelöst werden.
- In der Folge soll das Kind die Handlung am Material nur beginnen und dann mit Worten beschreiben, wie es weiter verfahren würde.
- Im nächsten Schritt kann das Material vor ihm stehen, und das Kind beschreibt die Handlung, ohne sie am Material auszuführen.
- In einem weiteren Schritt schließlich kann die Handlung unter einem Tuch ausgeführt werden – und das Kind soll sie beschreiben.

Und wieder wird deutlich, wie wichtig Sprache für das Verständnis mathematischer Zusammenhänge und Prozeduren ist. Führt ein Kind eine Handlung aus, wissen wir nicht, ob es den abstrakten Kern dieser Handlung tatsächlich verinnerlicht hat. Lassen wir es genau beschreiben, was es tut und warum es das tut, können wir sicherstellen, dass es zu diesem Kern durchdringen wird.

Aktiv entdeckendes Lernen – eine Chance

Hinterfragt man die Bedeutung des Begriffes „entdecken", dann ergibt sich im Sinne von „entdecken" ein Blick unter die Oberfläche, der ein tieferes Eindringen in die Problematik und damit auch ein tieferes Verständnis der Situation ermöglicht. So ist auch „entdeckendes Lernen" im schulischen Mathematikunterricht zu verstehen: Indem Kindern Lösungswege nicht vorgegeben werden, sondern sie sich aktiv und eigenständig mit (mathematischen) Problemen auseinandersetzen dürfen, gelangen sie zu tiefen Einsichten in mathematische Zusammenhänge. Das bedeutet, dass Kinder, die im Mathematikunterricht eigene Lösungs- und Lernwege entwickeln dürfen, zu tieferem mathematischem Verständnis und somit zu besseren Rechenleistungen geführt werden können als Kinder, die im Sinne des „passiven Wissenserwerbs" vorgegebene „Lösungsrezepte" abarbeiten.

Entdeckendes Lernen:
Eigene Lösungs- und Lernwege entwickeln

Aber gilt das auch für schwächer begabte Kinder? Werden solche Kinder nicht durch zu viel Information und Hintergrundwissen überfordert? Tatsächlich scheinen viele Lehrkräfte schwächeren Kindern instinktiv „weniger zumuten zu wollen", indem sie ihnen weniger konzeptuelles Wissen (Warum ist das so?) vermitteln, dafür aber mehr Wert auf die intensive Übung der vorgegebenen Lösungsprozeduren legen. Es ist jedoch wissenschaftlich längst belegt, dass ganz besonders auch schwache Rechner von einem Unterricht, der konzeptuelles Wissen vermittelt und das selbstständige Ermitteln von Lösungswegen fördert, profitieren.

Lernen bedeutet nicht Nachahmen, sondern es ist ein aktiver Prozess, bei dem jedes Kind sich sein eigenes mathematisches Verständnis konstruieren muss. Optimal ist dabei die Vermittlung konzeptuellen Wissens über die intensive (!) Auseinandersetzung mit Anschauungsmaterialien, verknüpft mit gezielter Unterstützung durch die Lehrkraft bei der Wissenskonstruktion und vor allem mit intensivem Versprachlichen (Verbalisieren) der Zahlzusammenhänge. Erst wenn das tiefe Verständnis von Zahlen und Rechenoperationen gesichert ist, ist das Auswendiglernen der Zahlenfakten (kleines Einspluseins) zur Ent-

lastung des Arbeitsgedächtnisses sinnvoll. Die große Gefahr im schulischen Umgang mit leistungsschwächeren Kindern besteht also weniger in der Überforderung als in deren Unterforderung.
Mathematikunterricht muss die Kinder da abholen, wo sie stehen, das aktive, entdeckende Lernen fördern und bei Bedarf Strukturierungshilfen vorgeben, sodass die Kinder eigene Lösungswege finden und überprüfen können. Dazu ist die Fehleranalyse von größter Bedeutung. Fehler sind wertvoll, denn sie bilden die Konstruktionsversuche des Kindes ab. So sind sie nicht einfach durchzustreichen, sondern zu analysieren und – am besten in der Gruppe zu diskutieren. Denn sie bilden wichtige Grundlagen für die Optimierung des Lernprozesses, bei dem die Lehrkraft die Kinder begleitet.

VERMITTLUNG DER ZAHLBEZIEHUNGEN – EINE CHANCE

Im Mathematikunterricht werden verschiedene Aspekte der Zahlen vermittelt:

- Der **Ordinalzahl**-Aspekt beschreibt die Zahl in der Reihenfolge der Zahlwörter: Beispielsweise kommt die Fünf nach der Vier und vor der Sechs.
- Der **Kardinalzahl**-Aspekt bezieht sich auf die Mächtigkeit der Menge, die zu einer Zahl gehört: So gehören beispielsweise zur Zahl 5 fünf Elemente.
- Der **Relationalzahl**-Aspekt bezieht sich auf die Beziehungen zwischen Zahlen und fordert somit ein tieferes Zahlverständnis, das über die Zählfunktion und die Mengenbedeutung hinausgeht: So besteht beispielsweise zwischen der Zahl 5 und der Zahl 3 eine Beziehung, und diese Beziehung besteht in der 2, um die sich die 5 von der 3 unterscheidet. Der Relationalzahl-Aspekt wird in vielen schulischen Lehrwerken stark vernachlässigt, obwohl er einen ganz wesentlichen Aspekt des Zahlverständnisses darstellt. Ob ein Kind Zahlbeziehungen wirklich verstanden hat, erkennt man beispielsweise an Platzhalteraufgaben, *wie 4 + □ = 11*. Dass hier das bloße Anbieten von Umkehraufgaben völlig unangebracht ist, wurde bereits erläutert. Ein Verständnis der Zahlbeziehungen ist auch zur Lösung von Textaufgaben wichtig – zum Beispiel: Ernie hat 9 Kekse. Er hat 3 Kekse mehr als Bert. Wie viele Kekse hat Bert?

Platzhalteraufgaben und Textaufgaben – das sind gerade die Aufgabentypen, bei denen unsere Kinder häufig erste Rechenprobleme zeigen. Viele Kinder scheitern genau an diesen beiden Aufgabentypen, weil sie zwar Zahlen als

Symbole für Mengen und als Zählzahlen gut kennen, aber deren Beziehungen untereinander im Mathematikunterricht nicht hinreichend erforschen und erfahren konnten.

So muss im Unterricht von Anfang an größter Wert darauf gelegt werden, dass ein Kind bei Zahlen an deren „tiefen Sinn", also an das „Wieviel" denkt. Das bedeutet aber auch, dass Zahlen immer in Beziehungen zu anderen Zahlen gesehen werden müssen. Rechenschwache Kinder verharren demgegenüber bei Zahlen in reinem „Rangplatz-Denken", bleiben also bei den Zählzahlen stehen. Dieses Wissen muss insbesondere schwächeren Kindern explizit vermittelt werden. Erkennt ein Kind diesen „Zahlensinn" nicht von selbst, müssen wir es zu dieser Erkenntnis leiten.

Forschungsergebnisse belegen überdies eindeutig, dass Kinder und gerade auch schwächere Kinder sehr davon profitieren, wenn ihnen im Unterricht weniger mechanische Lösungswege vermittelt werden, wenn man sie nicht beim Zählen stehen lässt, sondern wenn sie stattdessen durch Textaufgaben und weitere Übungen zu den Zahlbeziehungen explizit die Möglichkeit zur Erweiterung und Vertiefung ihres Zahlverständnisses erhalten.

Um den Kindern Zahlbeziehungen zu vermitteln, genügt es also nicht, Ihnen Material zu geben, an dem sie „doch sehen können", dass 8 zwei weniger als 10 sind. Nein – das muss gerade für die schwächeren Kinder immer wieder intensiv besprochen werden. Es geht auch nicht darum, dass die Kinder irgendwann einmal etwas über Zahlbeziehungen gehört oder im Unterricht behandelt haben. Nein! Es geht darum, dass dieses Wissen immer, wenn sie mit Zahlen zu tun haben, völlig mühelos verfügbar ist. Wenn diese Beziehungen also richtig AUFDRINGLICH werden.

Auch die Finger sind dazu geeignet: Wir bitten die Kinder: „Zeigt acht Finger!" Das werden alle können. Doch das ist nicht das Wesentliche. Nun sprechen wir darüber, dass an der einen Hand fünf Finger ausgestreckt sind, an der anderen drei. Zur 8 gehören also drei Finger mehr als zur 5. Wir besprechen aber auch, dass von den zehn Fingern zwei noch eingeklappt sind, dass also 8 zwei weniger sind als 10. Dann bitten wir die Kinder, diese Fingerbilder unter dem Tisch zu zeigen. Und wir sprechen in gleicher Weise wie beim offenen Zeigen über die nun unsichtbaren – aber fühlbaren – Fingerbilder. Im letzten Schritt bitten wir die Kinder, sich die Fingerbilder nun nur vorzustellen – und sprechen wieder über die Beziehungen. So gelangen Beziehungen in die Vorstellung.

Nun mag manche Lehrkraft denken: „So viel Zeit haben wir gar nicht!" Doch! Denn was Sie beim Zahlbegriff säen, werden Sie später beim Rechnen ernten. Lassen wir uns viel Zeit, durch eine intensive Arbeit am Zahlbegriff den „Boden fruchtbar" zu machen. Damit können wir Addition und Subtraktion quasi gleichzeitig einführen und sparen jede Menge Zeit. Unser Leitsatz sollte sein:

Wenn die Zahlzerlegung gelingt, gelingen auch Addition und Subtraktion!

OPERATIVE BEZIEHUNGEN – EINE CHANCE

Unter „operativen Beziehungen" versteht man Beziehungen zwischen Rechenaufgaben. Fast alle rechenschwachen Kinder wissen, dass drei plus drei sechs ergeben. Bei drei plus vier nehmen sie aber sogleich die Finger und zählen zum Ergebnis. Haben diese Kinder vergessen, dass sie 3 + 3 doch können? Nein, sie erkennen nur nicht spontan die Beziehung zwischen den beteiligten Zahlen. Haben wir intensiv an den Zahlbeziehungen gearbeitet, weiß mein Kind sofort: „Das ist ja nur eins mehr – da muss ich ja gar nicht rechnen!" Dieses „Woran muss ich denken?" müssen und können wir gezielt üben (vorausgesetzt, wir haben sorgfältig an den Zahlbeziehungen gearbeitet). Eine Möglichkeit wäre ein Arbeitsblatt zum „Tip-Top-Tipp": Hier muss das Kind nicht rechnen (es gibt ja auch keinen Platz, um das Ergebnis der vorderen Aufgabe zu notieren), es muss nur in die zweite Spalte eintragen, welche bereits bekannte Aufgabe ihm hilft:

	Tip-Top-Tipp
4 + 3 = ■	3 + 3 = 6
6 + 5 = ■	5 + 5 = 10
4 + 5 = ■	5 + 5 = 10
6 + 7 = ■	–
–	–
–	–
–	–

Jan kommentierte dieses Arbeitsblatt folgendermaßen: „Mensch, prima, manchmal hilft es beim Rechnen sogar, wenn man erst mal nachdenkt!"

SACHAUFGABEN – EINE CHANCE

Vorab eine Begriffsklärung: Während die bereits vorher behandelten „Textaufgaben" *(Ernie hat zwei Murmeln weniger als Bert; Bert hat acht Murmeln)* sehr geringe Kontextanteile besitzen und die Zahlbeziehungen in den Vordergrund rücken, beziehen sich „Sachaufgaben" direkt auf die Erlebenswelt der Kinder. So sollen sie durch Aufgabenstellungen, die sich beispielsweise auf Situationen wie Reiterhof, Einkauf im Spielwarenladen, Schwimmbadbesuch etc. beziehen, lernen, diese Situationsmodelle in mathematische Modelle zu übertragen und Lösungen zu finden. Sachaufgaben sollen die Kinder somit zu der Erkenntnis führen, dass Mathematik nicht nur im Mathebuch und im gelben oder blauen Heft stattfindet, sondern immer und überall.

Fast alle Kinder mit Rechenschwäche und nicht nur diese – fürchten Sachaufgaben. Warum? Weil Sachaufgaben breit gefächerte Fähigkeiten und Fertigkeiten erfordern – beispielsweise:

- Ein gutes *Leseverständnis*
- Solides *Allgemeinwissen* (Miete, Ratenzahlung ...)
- Eine sichere *Zahlvorstellung*
- Tiefes Verständnis und flexible Anwendung von *Rechenoperationen*
- Viel Erfahrung im *Umwandeln von Situationsmodellen (Jana kauft Süßigkeiten für € 0,80 und für € 1,20) in mathematische Modelle (€ 0,80 + € 1,20)*
- Gut entwickelte *Problemlösestrategien*

Dem letzten Punkt wollen wir besondere Beachtung schenken, denn der Aufbau von Problemlösestrategien kommt im schulischen Unterricht häufig zu kurz. Vielfach werden Sachaufgaben nur zu der Rechenoperation gestellt, die gerade im Unterricht behandelt wird. So las **Tim** (10 Jahre alt) sich eine Sachaufgabe durch und begann unvermittelt mit der Rechnung. Als ich ihn fragte, warum er denn „*mal*" rechne, antwortete er: „*Weil wir in der Schule gerade Malnehmen üben. Da kommt nichts anderes dran.*"

So ist das im schulischen Unterricht vielfach verwendete Schema

Frage – Rechnung – Antwort

durchaus kritisch zu hinterfragen. Denn der wesentliche Punkt – nämlich die Überlegung, welches mathematische Modell die Datenverarbeitung zu diesem Situationsmodell erledigen kann – ist hier ausgelassen. Viel sinnvoller wäre diese Erweiterung:

Frage – Überlegung – Rechnung – Antwort

Die Überlegung soll in Form einer Skizze oder der Anfertigung eines Rechenplans dargelegt werden. Die Überlegung kann auch eine Partner- oder Gruppendiskussion über die angemessene Rechnung sein. Wichtig ist, dass diese Überlegung oder Planung Raum und damit Bedeutung erhält und nicht als knapper Zwischenschritt zwischen Frage und Rechnung gequetscht wird.

Es hilft auch wenig, wenn möglichst viele Sachaufgaben gerechnet werden. Viel sinnvoller ist die Hinführung zu einer effizienten Analyse, womit wir wieder beim Thema „Zahlbeziehungen" wären.
Wir dürfen unsere Kinder durchaus zwischendurch auch mit unrealistischen oder unlösbaren Sachaufgaben oder sogenannten „Kapitänsaufgaben" *(Das Schiff ist acht Meter lang und 4,20 Meter breit. Wie alt ist der Kapitän?)* konfrontieren. So schärfen wir ihre Fertigkeiten in der Problemanalyse. Als positives Beispiel könnte auch eine solche Aufgabe dienen:

Welche Rechengeschichte passt zu der Aufgabe 28 : 4 = 7?
☐ 28 Jungen und vier Mädchen spielen.
☐ 28 Kinder aus der Klasse 3b teilen sich auf vier Räume auf.
☐ Von 28 Kindern gehen vier Kinder weg.

Gerade bei Sachaufgaben zeigt sich also, ob wir den Kindern im Unterricht wirklich ein tiefes konzeptuelles Wissen und effiziente Problemlösestrategien vermitteln konnten, oder ob wir sie eher im mechanischen Abarbeiten von Rechenrezepten voranbrachten. Und wieder stehen Reflexion und Sprache im Mittelpunkt. Viel bedeutsamer als das eigentliche Ausrechnen sind Reflexion, Problemanalyse und Handlungsplanungsstrategien. Diese sind durch gezielte Instruktion auch bei schwächeren Kindern förderbar.

> **SO SOLLTE SCHULISCHE FÖRDERUNG SEIN**
>
> In der schulischen Förderung sollen unsere Kinder möglichst individuell betreut werden. Das kann nur von speziell fortgebildeten Fachkräften geleistet werden, die in Kleingruppen grundlagenorientiert mit den Kindern arbeiten. Reines Wiederholen bringt in der Regel nichts. Die Kinder müssen auf ihrem individuellen Fähigkeits- und Fertigkeitsstand abgeholt werden. So erreichen wir neben einem allmählichen Aufbau im Leistungsbereich auch eine Stabilität im Psychischen – unsere Kinder können Erfolg haben und trauen sich wieder etwas zu.

DIE ECKPFEILER DES SCHULISCHEN FÖRDERUNTERRICHTS

Schulischer Förderunterricht bedarf wie jede Fördermaßnahme einer ausführlichen Diagnostik als Basis. Wie bereits dargestellt, ist es in vielen Fällen nicht sinnvoll, einen rechenschwachen Drittklässler mit dem Stoffangebot der dritten Klasse zu fördern, weil seine individuellen Defizite wahrscheinlich wesentlich tiefer liegen. Auch der Stoff der zweiten Klasse kann zu hoch gegriffen sein, denn vielfach finden wir auch in höheren Klassenstufen noch große Lücken in Bezug auf den Zahlbegriff und das tiefe Verständnis der Rechenoperationen – also den Stoff des ersten Schuljahres. Diese Unsicherheiten gilt es herauszufinden, um durch die Förderung eine wirklich fundierte und tragfähige Basis zu schaffen.

> **Fünf Eckpfeiler für gezielte Förderung**
>
> Ein sinnvoller und effektiver Förderunterricht, der die individuellen Defizite eines Kindes erkennt und dessen individuellen Förderbedarf berücksichtigt, stützt sich auf fünf Eckpfeiler:
> - Sorgfältige Diagnostik
> - Orientierung an der Null-Fehler-Grenze
> - Konzeptuelles Wissen
> - Systematischer Aufbau
> - Emotionale Entlastung

Eckpfeiler 1: Sorgfältige Diagnostik

Als erster Eckpfeiler ist eine *sorgfältige Diagnostik* unverzichtbar. Diese bezieht sich nicht nur auf die Durchführung eines standardisierten *Rechentests*, sondern sollte auch Informationen über die *Lebenssituation,* insbesondere eventuelle emotionale Belastungssituationen des Kindes umfassen. Indem wir das Kind bitten, bei der Bearbeitung von Aufgaben laut zu denken, können wir seine *Problemlösestrategien* erfassen. Auch die *Fehleranalyse* wird durch ein solches Vorgehen zuverlässiger.
Auch wenn diese individuelle Betrachtung des Kindes sehr zeitaufwändig ist, es lohnt sich. Denn eine gute Ausgangsdiagnostik ist eine entscheidende Voraussetzung für effiziente Förderarbeit. Dabei sollte selbstverständlich sein, dass über die standardisierte Leistungsdiagnostik nicht nur der aktuelle Stoff abgeprüft wird, sondern auch basale Aspekte der Zahlverarbeitung und des Verständnisses der Rechenoperationen. (Geeignete Testverfahren sind in Kapitel 3 aufgeführt.)

Eckpfeiler 2: Orientierung an der Null-Fehler-Grenze

Ein zweiter unverzichtbarer Eckpfeiler ist sicherlich in der konsequenten *Orientierung entlang der Null-Fehler-Grenze* zu sehen. Das heißt nicht, dass wir den Kindern derart leichte Aufgaben geben, dass sie diese ohne jegliche Anstrengung lösen können. Null-Fehler-Grenze bedeutet, dass wir die Kinder an der Stelle abholen, an der sie unter Nutzung der ihnen bisher vermittelten Wissenseinheiten und Strategien und unter angemessener Anstrengung gerade noch in der Lage sind, die vorgegebenen Aufgaben erfolgreich zu bewältigen. Gemeint ist also die gezielte Anforderung und genau dosierte Überforderung der Kinder, sodass diese ihre mathematische Kompetenz schrittweise erweitern können. Dazu kann es auch sinnvoll sein, Kinder aus unterschiedlichen Klassenstufen in eine Fördergruppe aufzunehmen.

ECKPFEILER 3: KONZEPTUELLES WISSEN

Damit ergibt sich ein weiterer Eckpfeiler der Förderung: Die *Vermittlung konzeptuellen Wissens*. Grob gesagt setzt sich mathematische Kompetenz aus vier Wissensbereichen zusammen:

- Der erste Bereich, das *numerische Basiswissen*, bezieht sich auf grundlegendes Zahlwissen, Zählfertigkeiten etc.
- Der zweite Bereich, das *Faktenwissen*, meint schnell abrufbare Aufgabenergebnisse des kleinen Einspluseins oder Einmaleins.
- Das *Prozedurale Wissen* regelt das *Wie* der Aufgabenbearbeitung, etwa bei den schriftlichen Rechenverfahren.
- *Konzeptuelles Wissen* bezieht sich dagegen auf das *Warum*. Hier geht es also um ein tiefes Verständnis der Zahlbeziehungen und Rechenoperationen. Dieses konzeptuelle Wissen erlaubt den Kindern, beim Rechnen sinnvolle Umwege zu gehen, wenn die direkte Lösung einmal nicht verfügbar ist.

ECKPFEILER 4: SYSTEMATISCHER AUFBAU

Im *sytematischen Aufbau* ist schließlich ein weiterer entscheidender Pfeiler zu sehen, auf dem schulische Förderung ruhen muss. So sind die folgenden Bereiche diagnostisch abzuklären und nötigenfalls zu fördern:

Mengenvergleich: mehr, weniger, gleich viele
Zählen, auch rhythmisierendes Zählen (in 2er-, 10er-, 100er-Schritten ...)
Orientierung im Zahlenraum (innerer Zahlenstrahl)
Schätzen
Relationaler Zahlbegriff (Zahlbeziehungen)
Tiefes Verständnis des Stellenwertsystems (Bündelung)
Lesen und Schreiben von Zahlen
Operationsverständnis (plus, minus, mal, geteilt)
Vermittlung effizienter Rechenstrategien
Automatisierung (kleines Einspluseins, Einmaleins)
Prozedurales Wissen zu schriftlichen Rechenverfahren

Dieser Ablauf dient der groben Orientierung und sollte durch geometrische Erfahrungen immer wieder ergänzt werden. Außerdem sollte die Erarbeitung all dieser Bereiche durch die Vorgabe von Textaufgaben gesichert und vertieft werden.

Eckpfeiler 5: Emotionale Entlastung

Emotionale Entlastung stellt einen weiteren sehr bedeutsamen Eckpfeiler der Förderung dar. Der Zusammenhang zwischen Rechenschwäche und Angst ist wissenschaftlich gut belegt. Weiterhin ist unzweifelbar, dass Angst die Leistungsfähigkeit des Arbeitsgedächtnisses situativ stark herabsetzt, sodass ein Kind in einer angstbesetzten Rechensituation einfach nicht mehr „klar denken" kann. Sehr schnell wird ein „Teufelskreis" in Gang gesetzt: Das erlebte Versagen verstärkt die Angstreaktion, was sich wiederum negativ auf die Leistungsfähigkeit auswirkt. Das betroffene Kind kann diesen Zirkel nicht allein durchbrechen. Wir müssen ihm die Chance zur emotionalen Regulation geben. Ein hohes Angstniveau hat unterschiedliche Auswirkungen auf die oben dargestellten vier Formen des Wissens: Angst lähmt die Leistungsfähigkeit des Arbeitsgedächtnisses. Damit sind zwei bedeutsame Formen des Wissens – nämlich Faktenwissen und prozedurales Wissen – kaum mehr zugänglich. Alicia bringt es auf den Punkt: *„Ich hatte solche Angst, dass ich nicht mehr wusste, wieviel 6 +*

6 ist. Und selbst bei den einfachsten Aufgaben wusste ich nicht mehr, wie es geht, obwohl ich sie doch zu Hause mit der Mama so oft geübt und gekonnt hatte!"

Die beiden anderen Wissensformen sind in solchen Situationen eher verfügbar: Das numerische Basiswissen (darum fangen unsere Kinder unter Stress plötzlich wieder an, die einfachsten Aufgaben zählend zu lösen) und – falls vorhanden – das konzeptuelle Wissen. Auch wenn dem Kind die Lösung nicht direkt ins Bewusstsein drängt, kann es sein stabiles Fundament und sein sicheres Verständnis nutzen, um sich durchzukämpfen. Vorausgesetzt, ihm wurde hinreichend konzeptuelles Wissen – und nicht nur Rezepte zum mechanischen Finden von Lösungen – vermittelt.

Wann braucht mein Kind eine ausserschulische Dyskalkulie-Therapie?

Immer dann, wenn die Schule keine hinreichenden Fördermöglichkeiten anbieten kann – vor allem aber auch in Fällen schwerer Dyskalkulie – sind Eltern auf außerschulische Förderung ihres Kindes angewiesen. Eine Dyskalkulie kann zu schwerwiegenden psychischen Folgen führen – besonders, wenn sie stark ausgeprägt ist oder sehr spät erkannt wird und das Kind einen langen Leidensweg hinter sich hat, bevor es endlich unterstützt und entlastet wird. Das kann so weit gehen, dass das Kind sich in seinem sozialen Umfeld völlig isoliert und jedes Selbstvertrauen, jeden Lebensmut verliert. In diesen Fällen kann das Kind durch eine schulische Förderung allein natürlich nicht mehr aufgefangen werden.

Drei Therapieziele

Eine außerschulische Dyskalkulie-Therapie verfolgt drei Ziele:
- Gezielte individuelle Förderung beim Aufbau mathematischer Kompetenz
- Stabilisierung des Kindes in seiner psychosozialen Situation
- Unterstützung und Verselbstständigung der Eltern bei der Unterstützung des Kindes

Diese Therapieziele machen schon deutlich, dass eine Dyskalkulie-Therapie sehr individuell gestaltet sein muss. Es gibt kein festes Programm, das „abgespult" werden kann. Vielmehr muss jedes Kind da abgeholt werden, wo es steht, muss in seiner individuellen Problematik Unterstützung finden, um so nicht nur im Leistungsbereich, sondern vor allem auch in seiner Persönlichkeitsentwicklung und in seiner gesamten Situation innerhalb von Familie und Gesellschaft gestärkt zu werden.

Wer zahlt die Therapie?

Für solche Fälle, in denen Kinder durch ihre schulischen Probleme massiv belastet sind und beispielsweise mit Angst, Bauchschmerzen oder Übelkeit auf die Schule reagieren, sich selbst nichts mehr zutrauen oder zunehmend aus dem Freundeskreis ausgegliedert werden, ist in Deutschland die Finanzierung einer Dyskalkulie-Therapie von öffentlicher Hand vorgesehen, Kostenträger ist das Jugendamt. Dieses Recht der Eltern auf „Eingliederungshilfe" für ihr Kind ist im § 35a KJHG festgelegt. Ein entsprechender Antrag ist beim zuständigen Jugendamt unter Vorlage eines kinder- und jugendpsychiatrischen und schulpsychologischen Gutachtens zu stellen. Wie Sie dabei vorgehen müssen, erfahren Sie am besten bei den Selbsthilfegruppen der Elternverbände im Bundesverband Legasthenie und Dyskalkulie e. V. (Kapitel 9). Hier können Sie sich mit weiteren betroffenen Eltern über viele praktische Belange austauschen.

Wie erkennen Sie die Qualität einer ausserschulischen Dyskalkulie-Therapie?

Als Eltern haben Sie das Recht, die Stelle, die die Therapie durchführt, frei zu wählen. Dieses Wahlrecht bezieht sich im Falle einer Kostenübernahme durch das Jugendamt ausschließlich auf Therapeuten, die vom Jugendamt anerkannt sind. Wenn Sie die Therapie privat zahlen, sind Sie in Ihren Wahlmöglichkeiten selbstverständlich völlig unabhängig.
Wenn Sie nach einer außerschulischen Fördermöglichkeit suchen, werden Sie bald vor dem Problem stehen, sich bei der Fülle von seriösen und leider auch weniger seriösen Angeboten kaum entscheiden zu können. Ein wesentliches Problem besteht darin, dass die Berufsbezeichnung des „Lerntherapeuten" nicht geschützt ist und dass jeder, der meint, damit Geld verdienen zu können,

sich diesen Zusatz aufs Schild schreiben kann. So kommt es tatsächlich häufig vor, dass Ergotherapeuten, Logopäden, Erzieherinnen und weitere Berufsgruppen, die zwar vielfach schon lange mit Kindern arbeiten, aber im Bereich der Dyskalkulie keinerlei spezifische Ausbildung haben, rechenschwache Kinder „fördern", die jedoch unbedingt in die Obhut eines qualifizierten Therapeuten gehören.

In dieser Situation kann Ihnen die Selbsthilfegruppe des Bundesverbandes für Legasthenie und Dyskalkulie e. V. (BVL) eine große Hilfe sein. Hier werden Ihnen Therapeuten empfohlen, die seriös und auf dem neuesten Stand der Wissenschaft arbeiten. Seit einigen Jahren zertifiziert der BVL Akademien, die eine solide Ausbildung zum Dyskalkulie-Therapeuten anbieten, und unternahm damit einen wichtigen Schritt zur Qualitätssicherung. Solche Therapeuten haben eine mehrjährige berufsbegleitende theoretische und praktische Ausbildung hinter sich. Sie mussten in Prüfungen ihr Wissen unter Beweis stellen und mehrere Therapien an dyskalkulischen Kindern unter Supervision absolvieren. Fragen Sie also nach der Ausbildung des Therapeuten und vergewissern Sie sich bei den Selbsthilfeverbänden, ob die angegebene Ausbildungsstätte akzeptiert wird. Ein Zertifikat allein mit dem Titel „Lerntherapeut" genügt nicht!

Für Ihre Entscheidungsfindung möchte ich Ihnen noch die folgenden Hinweise mitgeben:

Achten Sie darauf, ...

- ... dass die Therapie nicht von einem Nachhilfeinstitut durchgeführt wird. Dyskalkulie-Therapie ist keine Nachhilfe!
- ... dass in der Fördereinrichtung ein qualifizierter Therapeut (pädagogisch-psychologische Fachkraft mit abgeschlossenem Studium und kontinuierlicher Weiterbildung) die Therapie durchführt.
- ... dass eine ausführliche Diagnose als Grundlage der Therapieplanung genutzt wird. Der Therapeut sollte alle Unterlagen der fachärztlichen und schulpsychologischen Begutachtung anfordern. Es genügt nicht, nur einen kurzen Rechentest durchzuführen, um Fehlerschwerpunkte zu ermitteln.

- ... dass der Therapeut mit Fachärzten (Kinder- und Jugendpsychiater, Kinder- und Jugendarzt, Hals-Nasen-Ohren-Arzt, Augenarzt etc.) und auch mit weiteren therapeutischen Fachkräften wie Ergotherapeuten oder Logopäden zusammenarbeitet.
- ... dass in der Therapie alle oben genannten Bereiche – nämlich Förderung im mathematischen Bereich, Stabilisierung der Persönlichkeit des Kindes und Elternarbeit – zum Tragen kommen.
- ... dass Ihr Kind eine Einzeltherapie mit einem regelmäßigen Termin pro Woche erhält.
- ... dass in der Dyskalkulie-Therapie mit wissenschaftlich fundierten und spezifischen Methoden und Programmen gearbeitet wird. Dabei sollte auf keinen Fall lediglich ein einzelnes Programm „durchgezogen" werden.
- ... dass Ihnen als Eltern regelmäßige Elterngespräche angeboten werden und dass Sie bei Bedarf auch kurzfristig einen Gesprächstermin vereinbaren können.
- ... dass der Therapeut großen Wert auf die Zusammenarbeit mit der Schule legt.
- ... dass ein möglicher Therapieerfolg Ihnen realistisch beschrieben wird: Dyskalkulie ist nicht in allen Fällen zu beseitigen, etliche Kinder können ihre Defizite nur in einem gewissen Maß kompensieren. Gerade hier ist eine Festigung der Persönlichkeit des Kindes von höchster Bedeutung, damit es an seiner Schwäche nicht zerbrechen muss.
- ... dass Sie bei einer privaten Finanzierung vertraglich nicht zu eng gebunden werden. Sie sollten einen Vertrag nur dann unterschreiben, wenn er Sie über maximal zwei Monate bindet. Außerdem sollte am Anfang unbedingt eine etwa vierwöchige Probezeit vereinbart werden. Bedenken Sie: Gegenseitiges Vertrauen ist die beste Basis für die Beziehung zwischen Ihnen, Ihrem Kind und dem Therapeuten. Viele gute Therapeuten zeichnen sich dadurch aus, dass sie keinerlei schriftliche Verträge, Kündigungsfristen etc. mit den Eltern vereinbaren, sondern die vertrauensvolle Kooperation in den Mittelpunkt stellen.

Kapitel 7: Das Wichtigste in Kürze

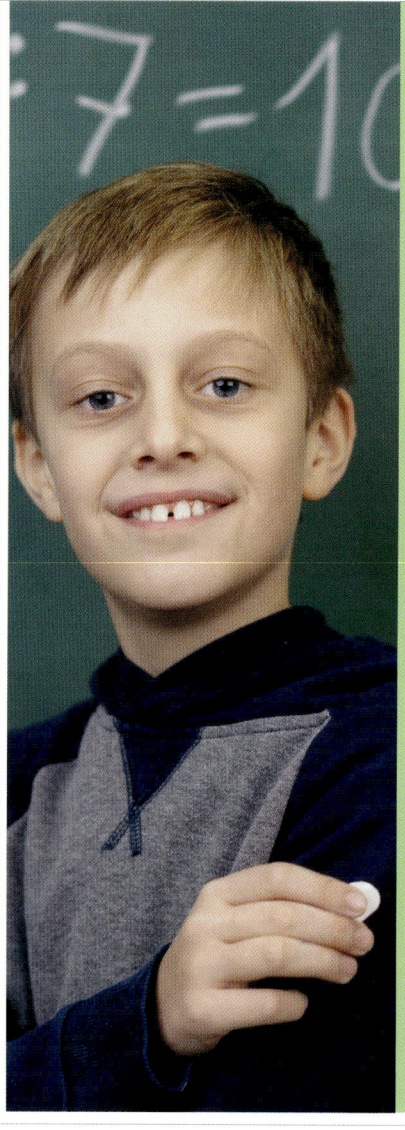

- Die Möglichkeiten der Schule, Rücksicht auf Kinder mit Dyskalkulie zu nehmen, sind je nach Bundesland verschieden.
- Elternverbände informieren Sie über die Vorschriften in Ihrem Bundesland.
- Schicken Sie Ihr Kind nicht mit verbesserten Hausaufgaben in die Schule. Sprechen Sie mit der Lehrkraft möglichst früh offen über die Rechenprobleme Ihres Kindes.
- Schulische Fördergruppen sind oft zu groß und bestehen aus Kindern mit verschiedenen Problembereichen (Lesen, Schreiben, Rechnen, mangelnde Sprachkenntnisse etc.).
- Schulischer Förderunterricht muss auf der Basis individueller Förderdiagnostik aufgebaut sein. Er muss jedes Kind da abholen, wo es steht.
- Wenn ein Kind durch die schulische Förderung nicht genug unterstützt werden kann, ist eine außerschulische Dyskalkulie-Therapie angezeigt.

Das „Kind im Brunnen":
Was können Lehrer tun?
Was können Eltern tun?

In diesem Kapitel erfahren Sie, ...

▶ wie Elternhaus und Schule bei der möglichst frühen Erkennung und Förderung des rechenschwachen Kindes optimal zusammenarbeiten können
▶ welche Übungen zu Hause Ihrem Kind tatsächlich „etwas bringen"
▶ welche Förderprogramme in Kleingruppen, etwa im Förderunterricht der Schule, angewendet werden können

Schule und Elternhaus: Das Netz, das rechenschwache Kinder tragen kann

Hilfe, die nicht weiterhilft
Luisas Mutter erinnert sich noch ganz genau an die Unsicherheit, die sie überfiel, als ihre Tochter bereits am Ende der ersten Klasse Probleme mit dem Rechnen hatte. „Will sie nicht, oder kann sie nicht?" • „Will sie mich nur provozieren?" • „Sollte ich mehr Druck machen, sie zu selbstständigerem Arbeiten zwingen?" Nur selten konnte Luisa ihre Hausaufgaben in Mathematik allein lösen, meistens gelang es erst nach endlosen Erklärungen. Im Gespräch mit anderen Müttern fand sich keine Entlastung – kein anderes Kind schien auch nur die geringsten Schulprobleme zu haben.
Luisa, ein sehr ehrgeiziges und sorgfältiges Kind, geriet bei den Mathematikhausaufgaben regelrecht in Verzweiflung. Auf keinen Fall wäre sie mit unvollständigen Hausaufgaben in die Schule gegangen – lösen konnte sie ihre Aufgaben aber auch nicht. So musste ihre Mutter sie zur Lösung führen, nein, eigentlich sagte sie ihr manchmal sogar das Ergebnis vor. Luisa war zufrieden, weil nun die richtige Lösung im Heft stand. Ihre Mutter aber hatte ein schlechtes Gefühl. So konnte ihre Tochter nicht rechnen lernen!

Luisas Mutter verhilft ihrer Tochter zwar zu kurzfristigen Erfolgen, denn die Hausaufgaben sind vollständig und korrekt – langfristig gesehen schadet sie ihr jedoch. Denn die Problematik wird lediglich verdeckt, und Luisas Gefühl der Hilflosigkeit und Abhängigkeit verstärkt sich immer mehr. Hausaufgaben dienen der Festigung und Automatisierung des Stoffs. Es gibt immer wieder Hürden und kleine Missverständnisse beim Lernen und es ist normal, dass ein Kind zu Hause hin und wieder zusätzliche Erklärungen braucht. Wenn aber ein Kind über längere Phasen hinweg mit den Hausaufgaben nicht zurechtkommt, ist das ein wichtiger Hinweis auf eine ernsthaftere, tiefere Problematik. Machen Sie sich bewusst, dass Ihr Kind keinerlei Vorteile dadurch hat, dass Sie es zu korrekten Lösungen „tragen". Indem Sie Ihrem Kind immer wieder nur „vormachen, wie's geht", lernt es nicht, selbst zur Lösung zu gelangen. Und seine Problemlösestrategien verkümmern immer mehr, weil es sich bald angewöhnt, überhaupt nicht mehr zu überlegen, wo denn das Problem liegt, was genau es nicht versteht, sondern sofort Unterstützung einfordert. Statt das Lösen von Problemen zu lernen, wird Ihr Kind allerdings etwas Anderes lernen: Es wird Sie ganz genau beobachten, jede Facette Ihrer Mimik kennen und deuten lernen.

Die Ratestrategie
Elena berichtet: „Ich hab bei den Hausaufgaben fast nie etwas kapiert. Ich habe meiner Mutter einfach verschiedene Zahlen als Lösung angeboten, und – je nachdem, wie sie schaute – war ich entweder schon am Ziel oder musste weiterraten."

Ihr Kind beobachtet Sie ganz genau: Seufzen oder tief einatmen könnte beispielsweise heißen: total daneben! Augenbraue hochziehen bedeutet vielleicht: schon besser, aber noch nicht ganz richtig. So verwendet Ihr Kind mehr Konzentration auf die Analyse Ihrer Gestik und Mimik als auf die Analyse der Aufgabe. Sie verstärken damit unbewusst seine Ratestrategien und letztendlich eine „erlernte Hilflosigkeit".

Wirksame Hilfe bei den Hausaufgaben

Sprechen Sie mit Ihrem Kind zu Beginn der Hausaufgaben einen Aufgabentyp durch, rechnen Sie eine Beispielaufgabe gemeinsam – und lassen Sie es dann weitere ähnliche Aufgaben allein bearbeiten. Fordern Sie von Ihrem Kind bei Verständnisproblemen immer eine konkrete Frage ein, geben Sie sich nicht mit der „Rundumklage": *„Ich kann das nicht!"* zufrieden. Zeichnen Sie Lösungspläne. Lassen Sie Ihr Kind also kleine Portionen selbstständig lösen, die Sie vorher gut vorbesprochen haben. Jede Minute, die Ihr Kind ohne Ihr Beisein rechnend verbringt, ist ein Schritt in Richtung Selbstständigkeit und Eigenverantwortlichkeit. Das bedeutet: Nicht Sie sind für die Hausaufgaben Ihres Kindes verantwortlich, sondern *Ihr Kind*. Sie sind aber dafür verantwortlich, dass es die Hilfen bekommt, die es wirklich gut leiten und allmählich verselbstständigen. Lassen Sie Ihr Kind nicht am Küchentisch Mathematikhausaufgaben machen, während Sie an Spülmaschine oder Herd hantieren. Dadurch wird seine Konzentrationsfähigkeit, die durch die Aufgaben ohnehin schon stark beansprucht ist, überstrapaziert. Natürlich ist es angenehmer, Ihnen träumend zuzusehen, als ein mathematisches Problem zu lösen.

Wenn Ihr Kind nicht in seinem Zimmer arbeiten möchte, stellen Sie ihm ein Hausaufgabentischchen in der Nähe der Küche auf. Das kann ein Klapptischchen sein, das Sie anschließend wieder abbauen. Ihr Kind darf Ihre Nähe spüren, soll aber durch Ihr Tun nicht abgelenkt werden. Gute Dienste leistet ein Glöckchen, mit dem Ihr Kind Sie „ruft", wenn es bei einem Problem feststeckt. Geben Sie dann kurze Erklärungen und lösen Sie sich wieder. Anfangs muss Ihr Kind nur kleine Schritte allein bewältigen. Erst nach einiger Gewöhnung und Sicherheit dürfen Sie die Strecken des Alleinarbeitens vergrößern.

Möglichst früh: Das Gespräch mit der Lehrerin

Wenn sich die Mathematikhausaufgaben bei Ihrem Kind schwierig gestalten, wenn Sie das Gefühl haben, Ihr Kind arbeitet stur Rezepte ab, versteht aber nicht, was es tut – dann suchen Sie möglichst früh den Kontakt zur Lehrerin. Eine Preisgabe Ihrer Nöte ist keine Kapitulation, sondern der erste Schritt zur Bewältigung des Problems. Fragen Sie die Lehrerin, ob sie bei Ihrem Kind Rückstände in der *basisnumerischen Verarbeitung* – insbesondere auch im Verständnis der *Zahlbeziehungen* vermutet. Wenn sie dazu nichts sagen kann, bitten Sie sie um eine entsprechende Überprüfung; die kann auch von der Beratungs- oder Förderlehrerin durchgeführt werden.

In vielen Bundesländern tragen die Klassenlehrerinnen die Verantwortung für die Früherkennung von Lernleistungsschwierigkeiten, die Aufstellung eines Förderplans und die Durchführung der Förderung im Rahmen der Binnendifferenzierung. Bitten Sie um Informationen über den Förderplan und sprechen Sie ab, wie Sie der Lehrerin zuarbeiten können. Grobe Anleitungen („Üben Sie das Minusrechnen") helfen Ihnen nicht. Sie brauchen genaue Anweisungen zum korrekten Vorgehen.

Bleiben Sie in kontinuierlichem Kontakt mit der Lehrkraft – und vor allem: Verschieben Sie nichts auf später. Mathematische Knoten platzen in den meisten Fällen nicht, sie verdichten und verfestigen sich und werden von einem Angstgespinst umwoben. Solche Knoten halten oft ein Leben lang!

Keine Materialschlacht

Wenn Ihr Kind in der 1. Klasse mit Material (Steckwürfel, Rechenkette, Einerwürfel und Zehnerstangen, Abakus ...) arbeitet, achten Sie darauf, dass es zu

Hause das gleiche Veranschaulichungsmaterial benutzt wie in der Schule. Es geht nicht an, dass es in der Schule mit Steckwürfeln rechnet und zu Hause mit Eierkartons. Material dient dem Aufbau eines „inneren Bildes", einer Vorstellung der Situation. Es erklärt sich von selbst, dass die Situation, die in die Vorstellung transportiert werden soll, immer in gleicher Form präsentiert werden muss.

Und ganz wichtig: Nicht das bloße Hantieren mit Material führt zur Vorstellung, sondern das Nachdenken darüber, *warum* man *was wie* macht. Lassen Sie sich von ihrem Kind das verdeckte Material gut beschreiben, bitten Sie es um Erklärungen dafür, warum es Würfel wegnimmt oder dazulegt. Entfernen Sie das Material nicht abrupt, sondern schrittweise: Lassen Sie einen Teil der Rechenhandlung am Material durchführen und den Rest mündlich erklären, stellen oder legen Sie das Material vor Ihr Kind und lassen Sie es erklären, was es tun würde, wenn ...

Die Grenzen des Fingerrechnens

Fast alle Kinder beginnen das Rechnen durch Zählen an den Fingern. Finger sind hervorragende „Rechenmaschinen". Denn wir besitzen insgesamt zehn davon und haben durch die beiden Hände auch noch die Fünfergliederung vor Augen, die gerade für Rechenanfänger so bedeutsam ist.

Während aber gute Rechner diese Zählstrategie beizeiten ablegen, bleiben schwache Rechner zumeist zählende Rechner. Diese Kinder zeigen uns, dass sie noch Veranschaulichung brauchen, dass der Aufbau eines belastbaren Vorstellungsbildes also noch nicht gelungen ist. Deshalb wäre es ein Fehler, diesen Kindern das Fingerrechnen schlicht zu verbieten, ohne ihnen die Grundlage für effizientere Strategien anzubieten.

Wir beobachten zwei Arten des Fingerrechnens: Während manche Kinder die Finger statisch zur Veranschaulichung von Mengen (*„Gib mir die Drei"*) verwenden, was sehr sinnvoll ist, verwenden andere die Finger einfach als Zählhilfe zum Hoch- oder Herunterzählen beim Lösen von Aufgaben. Letzteres sehen wir auch noch bei schwachen Rechnern in höheren Klassenstufen. Das zeigt, dass man sich davon offenbar nur schwer löst.

Sinnvoll ist es, die Kinder im ersten Schuljahr mit den Fingern schnell Mengen anzeigen zu lassen *(„Gib mir drei", „Gib mir sieben"* usw.). An solchen Fingerbildern kann man auch gut erkennen, wie viele Finger noch bis zur Zehn fehlen.

Zählen statt Rechnen:
Mangel an besseren Strategien

Darüber sollten wir explizit reden. Wenn Ihr Kind aber auch im zweiten Schuljahr noch die Finger zum Zählen bei Addition und Subtraktion verwendet, zeigt das, dass es keine besseren Strategien hat.

Zählendes Rechnen ist nicht nur fehleranfällig, sondern es blockiert vor allem den Arbeitsspeicher. Mit anderen Worten: Während man zählt, kann man nichts anderes im Kopf behalten. Wenn Ihr Kind beispielsweise eine Sachaufgabe zählend löst, ist es kein Wunder, wenn es nach dem ersten (mühsam ausgezählten) Zwischenergebnis die weiteren Rechenschritte vergessen hat. Überdauernd zählendes Rechnen hindert unsere Kinder somit am Aufbau effizienter Rechen- und Überwachungsstrategien.

Längst nicht jeder, der rechnen kann, kann einem Kind auch das Rechnen beibringen

Der irrigen Ansicht, gute Rechner seien automatisch auch gute Rechenlehrer, begegnet man häufig.

Geduld allein reicht nicht
*Auch **Ellas** Mutter war sich sicher, dass sie – die Mathematik früher in der Schule geliebt und als leicht und „logisch" empfunden hatte – ihrer Tochter das Rechnen also durch geduldiges Üben vermitteln könne. Als sie sich aber in ihrer Verzweiflung immer wieder zu Ella sagen hörte: „Das ist doch ganz logisch!" • „Das habe ich dir doch eben erst erklärt!" • „Siehst du das denn nicht?" • Jetzt schau doch mal genau hin!", wurde ihr klar, dass mathematisches Verständnis mehr erfordert als geduldiges Üben mit vielfältigen Beispielen.*

Vielleicht hilft uns das Bild des Pferdes, das man zwar zum Wasser führen kann, das jedoch das Trinken ganz allein bewerkstelligen muss. Wir können es locken und ihm gut zureden, den Vorgang des Trinkens aber kann es nur selbst steuern. So ist es auch mit der Mathematik: Jedes Kind muss sich sein eigenes mathematisches Verständnis konstruieren. Wir können ihm lediglich gute und unmissverständliche Beispiele geben, Wege aufzeigen und es ermutigen. Das innere Bild, die Abstraktion, die Vernetzung mit seinem bisherigen Wissen und vieles mehr muss es ganz allein konstruieren. „Man sieht nur, was man weiß!" Während es Ihnen beispielsweise sofort ins Auge sticht, dass die Lösung einer Aufgabe nicht korrekt sein kann, fällt Ihrem Kind vielleicht überhaupt nichts auf. Aber sieht es deswegen schlecht? Nein! Es weiß noch nicht genug – es hat noch nicht verstanden.

Immer wieder erleben wir es, dass die ganze Familie einem Kind beim Rechnen helfen will: die Mutter nachmittags bei den Hausaufgaben, der Vater abends und der Großvater vielleicht noch am Wochenende oder in den Ferien. Und jeder erklärt auf seine Weise. Diese vielfältige Betreuung bringt zumeist mehr Schaden als Nutzen, denn das Kind wird vollends verwirrt und verunsichert. Sie als Eltern haben sicherlich Ihr eigenes mathematisches Verständnis konstruiert. Aber das bedeutet noch lange nicht, dass Sie Ihrem Kind die exakt notwendigen Hilfen zum Aufbau *seines* Verständnisses geben können. Man braucht sehr viel Wissen über Mathematik, wenn man verstehen will, warum ein Kind nicht versteht – vor allem muss man auch die Irrwege kennen.

Allein verstehen lernen

Ella *formuliert es so: „Mit meiner Mutter Mathe zu üben war grauenhaft. Sie fand das alles logisch, einleuchtend, sonnenklar. Alles ging viel zu schnell und ich kam mir dann noch dümmer vor. In der Förderung bekomme ich Aufgaben, bei denen ich die Lösung ganz allein finde. Hier kann ich in Ruhe nachdenken, darf auch Fehler machen, ohne dass gleich jemand die Augen verdreht. Ja, wir reden sogar über die Fehler – und dann wird mir oft klar, dass ich gar nicht ‚dumm' gedacht, sondern nur eine Kleinigkeit übersehen habe."*

Selbstverständlich können Sie Ihr Kind, wenn es nur leichte, vorübergehende Matheprobleme hat, bei den Hausaufgaben gut betreuen. Hier hilft Ihnen besonders der Kontakt zur Lehrkraft, die Sie darüber informiert, welche Erklärungen sie in der Schule verwendet, worauf sie achtet usw. Wenn Sie aber spüren, dass Ihr Kind schon länger nicht mehr versteht, was es da in Mathematik eigentlich macht, wenn es rein mechanisch rechnet und bei veränderten Aufgabenstellungen plötzlich keinerlei Grundlagenwissen mehr anwenden kann, wenn es auch in höheren Grundschulklassen noch durch Fingerzählen rechnet, dann sollten Sie Hilfe von außen in Anspruch nehmen.

Übungen mit festem Anfang und sicherem Ende

Seien Sie ein verlässlicher Übungspartner für Ihr Kind. Klären Sie vorher, wann geübt wird. Dreimal pro Woche 15 Minuten sind ausreichend. Planen Sie einen festen Beginn, besprechen Sie vorab das Programm (zum Beispiel: vorwärts zählen, rückwärts zählen, Nachbarzahlen, Zählen in Zehnerschritten, Orientieren am Zahlenstrahl, kleines Einspluseins oder Einmaleins o. ä.). Nehmen Sie ein oder zwei Themen pro Übungseinheit. Stellen Sie dann einen (leise tickenden) Küchenwecker und machen Sie bei dessen Klingeln Schluss. Gefährlich sind Äußerungen wie: *„Heute bist du so fit, lass uns noch weitermachen."* Wenn Ihr Kind allerdings ausdrücklich fortfahren möchte, steht dem natürlich nichts im Wege. Begrenzen Sie auch die Zeit für die Mathematik-Hausaufgaben in Absprache mit der Lehrerin. Bitten Sie die Lehrerin um eine Einschätzung der aufzubringenden Zeit und beenden Sie danach die Bearbeitung der Aufgaben mit einer entsprechenden Notiz im Heft. Schnelles Durchhecheln vieler Aufgaben bringt für den Aufbau von Verständnis nichts. Wesentlich sinnvoller ist die intensive Auseinandersetzung mit wenigen Aufgaben. Beachten Sie, dass sich Kinder bis zum vierten Schuljahr maximal über 20 Minuten hinweg konzentrieren können und dann eine Pause brauchen. Jede Verlängerung bringt nur Verdruss, keinen Wissenserwerb.

Wer will denn schon üben?

Vermeiden Sie Sätze wie: *„Ich mach das doch alles nur für dich!"* • *„Wir üben doch nur um deinetwillen!"* • *„Wegen mir müssen wir doch nicht üben, es ist doch nur zu deinem Besten!"* Vergegenwärtigen Sie sich, dass Sie Ihr Kind beim Matheüben mit seiner Schwäche konfrontieren. Wir Erwachsenen hatten im Laufe unseres Lebens schon viele Gelegenheiten, die Erfahrung zu machen, dass wir weiterkommen, wenn wir an unseren Schwachstellen arbeiten. Kindern steht dieser Erfahrungsschatz noch nicht zur Verfügung. Sie sind daher wesentlich stärker ihren Unlustgefühlen, Ängsten und Verunsicherungen ausgeliefert. Grundsätzlich dürfen wir nicht davon ausgehen, dass ein rechenschwaches Kind gern übt – auch wenn wir ihm unsere Freizeit dafür schenken. Wir dürfen und müssen unser Kind also von außen motivieren. Beginnen Sie mit einem **„Punkteplan"** für Übungszeit: Jede eingehaltene Übungseinheit bringt einen Punkt. Bei zehn Punkten gibt es eine kleine Belohnung.

Hat ihr Kind eigentlich auch Stärken?

Viele betroffene Eltern nehmen bei ihrem Kind nur noch die Schwäche wahr – und alles andere scheint darum zu kreisen und davon überschattet zu sein. Für ein Schulkind ist Schulerfolg ein wesentlicher Teil seines Lebenserfolgs. Wenn es in der Schule häufig Niederlagen erlebt, müssen Sie ihm helfen, sein Bild wieder gerade zu richten und auch seine starken Seiten wertzuschätzen. Stellen Sie in Ihrem familiären Alltag die Stärken und Talente Ihres Kindes – wann immer es geht – in den Mittelpunkt. Unterstützen Sie seine musikalischen oder sportlichen Aktivitäten, geben Sie ihm Gelegenheit zu zeigen, dass es besondere Dinge kann. Streichen Sie auf keinen Fall die geliebten Reitstunden oder das Fußballtraining zugunsten des Übens. Schaffen Sie ein Umfeld, in dem Ihr Kind seine Stärken erleben und ausleben kann.

Das ist nicht leicht, und es gilt einiges neu zu organisieren, vielleicht auch das eigene Wertesystem zu überdenken – aber es lohnt sich. Sie arbeiten damit an der Persönlichkeitsentwicklung Ihres Kindes. Und ganz wichtig: Sprechen Sie nicht im Beisein Ihres Kindes mit anderen Personen über dessen Rechenprobleme oder gar über Ihre diesbezüglichen Sorgen.

Geben Sie Ihrem Kind Zeit

Wenn bei Ihrem Kind eine ernstere Rechenproblematik festgestellt wurde und es in der Schule oder außerschulisch Förderung erhält, erwarten Sie keine Wunder – und schon gar nicht von heute auf morgen. Eine gute mathematische Förderung setzt am Verständnis des Kindes an – und das kann meilenweit vom derzeitigen Klassenstoff entfernt sein.

Verständnis – das Fundament für alles andere
Lisa beispielsweise begann ihre Förderung zum Ende des zweiten Schuljahres. Da die Feindiagnostik auf gravierende Rückstände im basisnumerischen Bereich hinwies, musste erst ein grundlegendes Verständnis der Zahlen und der Rechenoperationen aufgebaut werden. Selbstverständlich zeigten sich in dieser Phase der Förderung noch keine Effekte in der Schule, denn hier war ja schon der Hunderter-Raum das Thema. Lisa hatte aber noch nicht einmal den Zehner-Raum erschlossen. Erst nachdem das Fundament gelegt war, konnte Lisa ihr neu gewonnenes Verständnis und ihr Wissen nun auch im erweiterten Zahlenraum einsetzen

und das ging dann sehr schnell. Denn Lisa stellte fest: „Es ist ja eigentlich immer das Gleiche. Zehn Einer ergeben einen Zehner, zehn Zehner einen Hunderter usw." Hätte man Lisa diese Zeit zu Beginn nicht gegeben, wäre ihr ein tiefes und übertragbares Verständnis dauerhaft verwehrt geblieben.

Arbeiten Sie an sich selbst

Mit den Ängsten, die Sie als Eltern um die Zukunft Ihres Kindes haben, beeinflussen Sie es natürlich auch in erheblichem Ausmaß. Ihr Kind spürt, dass Sie seinetwegen in Sorge sind, dass seine Probleme vielleicht sogar die ganze Familie belasten. So muss es sich nicht nur seiner eigenen Not stellen, sondern auch dem Gefühl, das „Sorgenkind" der Familie zu sein. Deswegen müssen Sie an Ihrer eigenen Wahrnehmung und Bewertung der Problematik arbeiten. Mathematik ist nicht alles – und wenn es Ihnen gelingt, Ihr Kind gesund und psychisch stabil durch die Schuljahre zu begleiten, steht ihm später die Welt offen. Schließen Sie sich einer Selbsthilfegruppe an. Es entlastet ungemein zu sehen, dass man mit diesen Problemen nicht allein ist. Holen Sie sich dort auch Tipps für den konstruktiven Umgang mit der Schule. Besuchen Sie Vorträge und Workshops zum Thema. Damit können Sie aktiv werden und Ihrem Kind tatsächlich mit Rat und Tat zur Seite stehen.

Sinnvolle Mathematikübungen für zu Hause

Im Folgenden habe ich einige Übungsbeispiele zusammengestellt, die Sie gut mit Ihrem Kind zu Hause durchführen können. Diese Übungen haben sich bewährt, wenn es darum geht, Kinder bei leichteren Verständnisproblemen gut auf den Weg zu bringen. Für Kinder mit gravierenden Rechenproblemen ersetzen solche häuslichen Übungen keinesfalls den schulischen Förderunterricht oder gar eine außerschulische Therapie.

Ganz wichtig ist, dass Übungen auf die individuelle Situation des Kindes zugeschnitten sein müssen. Das bedeutet: Wenn Ihr Kind schon in der zweiten Klasse ist und in der Schule den Hunderter-Raum bearbeitet, im Grunde aber noch ganz basale Probleme beim Zählen oder bei der Mengen-Zahl-Kompetenz im Zehner-Zaum hat, ist die aktuelle Klassenstufe bei der Auswahl des Übungsniveaus völlig nebensächlich. Wenn Sie wirklich etwas erreichen wollen, müssen Sie Ihr Kind da abholen, wo es steht: In diesem Fall also nicht im Hunderter-Raum, sondern beim Aufbau von Verständnis und Wissen im Zehner-Raum. Zum Vergleich: Wenn Sie ein Kind, das noch nicht laufen kann, auf eine Bergtour mitnehmen, wird es notgedrungen abstürzen: Es kann noch nicht einmal die Grundschritte und wird erst recht auf komplizierten Wegen und in schwindelerregender Höhe versagen. Lassen Sie Ihr Kind erst die Grundschritte sichern – dann traut es sich allmählich auch auf den Berg.

Schule spielen:
Lernen in der Rolle der Lehrerin

Auch beim Üben ist Qualität wichtiger als Quantität. Dreimal wöchentlich 15 Minuten sinnvoll und spielerisch zu üben ist wesentlich wertvoller als stundenlanges Pauken unter Druck. Viele Kinder spielen gern „Schule", wobei sie unbedingt die Rolle der Lehrkraft übernehmen wollen. Spielen Sie mit. Eine solche Situation eignet sich hervorragend dazu, Ihr Kind erklären zu lassen, *wie* es vorgeht und *warum*. Spielen Sie – etwa mit einer Handpuppe – die unsichere Schülerin, die nicht genau weiß, wie eine Aufgabe zu lösen ist. Lassen Sie sich Tipps geben und machen Sie auch Fehler – den Argusaugen der „Lehrerin" wird kaum etwas entgehen. In solchen Situationen haben Sie gleich mehrere Aspekte erfüllt:

- Ihr Kind ist aufgrund seiner Lehrerrolle emotional sicher.
- Es erklärt Ihnen etwas und nutzt damit sein konzeptuelles Wissen.
- Es überwacht Ihre Lösungsvorgänge und übt damit sein „Monitoring".
- Es begründet seine Vorgehensweise auf Ihre Nachfrage. So können Sie erkennen, ob Ihr Kind rein mechanisch vorgeht oder wirklich versteht, was es warum tut.

ÜBUNGEN ZUM ZÄHLEN

Auf jeder Wanderung, aber auch beim Weg zum Bäcker oder zum Spielplatz kann man Schritte zählen. Zählen Sie während des Gehens bis 20. Sobald einer von Ihnen zwischendrin klatscht, gehen beide rückwärts und zählen dabei rückwärts. Beim nächsten Klatscher geht es vorwärts weiter. So üben Sie auch Teile der Zahlwortreihe vorwärts und rückwärts ein.
Eine andere Variante des Vorwärts- und Rückwärtszählens: Füllen Sie 20 Spielsteine in einen Beutel. Ihr Kind nimmt nun nacheinander alle 20 Steine heraus und zählt dabei. Dann werden die Steine wieder zurückgelegt: 20, 19, 18, 17 ...

Übungen zum Zählen im erweiterten Zahlenraum
Ersteigern Sie ein Pferd ... oder ein dickes Auto. Legen Sie vorher fest, dass das Gebot immer in 10-€-Schritten erhöht werden darf. Nun beginnen Sie zu bieten: „Ich biete 13 €." Ihr Kind: „Ich biete 23 €." Sie: „Ich biete 33 €." usf. So steigern Sie sich in Zehnerschritten immer weiter nach oben. Damit Ihr Kind die gehörte Zahl nicht vergisst, dürfen Sie – als seine Sekretärin – jeweils das Gebot aufschreiben. Später dürfen Sie in Hunderterschritten steigern: 123 ... 223 ... 323. Oder Sie wechseln zwischen Zehner- und Hunderterschritten, wobei der Wechsel jeweils durch ein Klopfen oder Glöckchen angekündigt wird.

WIR SPRECHEN ÜBER DAS MATERIAL

Erkundigen Sie sich, welches Veranschaulichungsmaterial in der Schule verwendet wird und wie die Lehrkraft es einsetzt. Dabei sind auch ihre genauen Formulierungen wichtig. Achten Sie darauf, dass Sie zu Hause exakt das gleiche Material und dieselben Worte verwenden. Und begleiten Sie jede Handlung mit Nachfragen und Begründungen.

> **Beispiel:**
> Mutter: „Wie viele Steine legst du hin?"
> Kind „Drei!"
> Mutter: „Warum?"
> Kind: „Weil hier ‚3' steht!"
> Mutter: „Und was machst du nun? Tust du was dazu oder was weg?"
> Kind: „Ich tu was dazu."
> Mutter: „Warum denn das?"
> Kind: „Weil hier ‚plus' steht." ...

Gerade das Nachdenken und das Sprechen über das Material sind von großer Bedeutung. Dadurch wird das Verständnis gesichert und es entstehen innere Vorstellungsbilder. Wir hantieren also nicht mit Material, um schnelle Lösungen zu finden, sondern wir *führen uns mit dem Material vor Augen,* was eine Aufgabe bedeutet. Je mehr wir das mit Sprache begleiten, umso stabiler werden die Eindrücke.

Üben Sie den „Blitzblick"

In vielen Mathematikbüchern und Förderprogrammen findet man Rechenschiffchen oder Rechenboote, die etwa so gestaltet sind:

Hier lassen sich nun gut Mengen darstellen, beispielsweise:

Dabei wird die Fünfergliederung gut erkennbar. Und es lässt sich auch gut ablesen, wie viele Punkte noch bis zur Zehn fehlen.

Solche Kärtchen können Sie leicht selbst herstellen und durch Punkte die Mengen von 0 bis 10 eintragen. Fertigen Sie zu jeder Menge gleich mehrere Kärtchen an. Machen Sie nun ein Tempospiel daraus: Legen Sie Ihrem Kind Kärtchen für Kärtchen vor und lassen Sie es schnell die Anzahl benennen. Ihr Kind wird schnell merken, dass man nicht alle Punkte einzeln abzählen muss, sondern sich an der Gliederung orientieren kann. Auch das Auffüllen bis zur 10 lässt sich mit Blitzblick leicht üben. Ihr Kind soll immer dazu sprechen, beispielsweise: *„Vier plus sechs sind zehn."*

Transportieren Sie diese Darstellung in die Vorstellung. Bitten Sie Ihr Kind: „Stell dir die Sieben vor." Und Ihr Kind schaut in die Luft und beschreibt: „Oben fünf, unten zwei."

Nutzen Sie drei Ebenen

Rechnen spielt sich auf drei Ebenen ab, man kann auch sagen, in drei verschiedenen Sprachen:

- **Handlungsebene:** *„Tina hat sieben Bonbons und isst zwei davon."*

- **Bildliche Ebene:**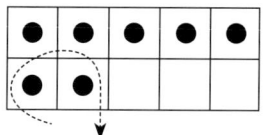

- **Symbolische Ebene:** 7 - 2 = 5

Um ein echtes Verständnis der verschiedenen Rechenoperationen zu erhalten, müssen unsere Kinder spielend leicht und schnell zwischen den einzelnen Ebenen bzw. Sprachen hin und her schalten können. Wir können sie darin unterstützen, indem wir die Aufgaben, die wir zum Üben verwenden, mit ihnen zusammen jeweils in alle drei Sprachen übersetzen: Zu einer vorgegebenen Aufgabe *(8 - 4 = ?)* fertigen wir eine rasche Zeichnung an und denken uns gleich auch noch eine kurze (!) Rechengeschichte aus *(„Ernie hat acht Kekse und isst vier davon")*. Diese Geschichten sollten kurz und einfach sein. Das Wesentliche, nämlich die Anzahl, die sich verändert, sollte nicht durch lange Erzählungen in den Hintergrund gedrängt werden. Anfangs sind unsere Kinder noch unsicher beim Erfinden solcher Geschichten. Wenn wir ihnen aber einige Beispiele vorgeben, trauen sie sich schon bald selbst heran. Durch die bewusste Verknüpfung der drei Ebenen helfen wir unseren Kindern beim Aufbau eines stabilen Operationsverständnisses.

Textaufgaben als Rätsel

Textaufgaben bieten hervorragende Möglichkeiten zur Sicherung der Zahlbeziehungen und damit zum Aufbau eines tiefen Zahlverständnisses. Dabei sind Textaufgaben ganz unterschiedlich anspruchsvoll:

- Die Aufgabe *„Paul hat vier Murmeln, Fritz hat drei. Wie viele Murmeln haben beide zusammen?"* lässt sich dadurch lösen, dass man einfach von der 4 aus weiterzählt. Es ist also keine besonders anspruchsvolle Aufgabe.
- Dagegen ist die Aufgabe *„Paul hat vier Murmeln, Fritz hat neun Murmeln. Wie viele Murmeln muss Paul noch bekommen, damit er genau so viele Murmeln hat wie Fritz?"* schon wesentlich schwieriger. Denn hier reicht reines Weiterzählen nicht aus.
- Noch viel schwieriger ist die Aufgabe *„Paul hat acht Murmeln. Er hat drei Murmeln mehr als Fritz. Wie viele Murmeln hat Fritz?"* Diese Aufgabe ist nur durch ein tiefes Verständnis der Zahlbeziehungen zu lösen. Denn während die erste vorkommende Menge (acht Murmeln) sich auf die tatsächlich vorhandene Menge der Murmeln Pauls bezieht, bezeichnet die zweite angegebene Menge (drei Murmeln mehr) eben nicht eine konkret vorliegende Menge, sondern die (abstrakte) Menge, um die Pauls Menge größer ist als die von Fritz.

Sie sind verwirrt? Kein Wunder! Sie merken: Um uns mit Zahlbeziehungen zu beschäftigen, brauchen wir keine großen Zahlen. Der Zehner-Raum reicht völlig aus. Solche Zahlvergleiche bereiten übrigens auch noch vielen rechenschwachen Kindern in der dritten oder vierten Klasse große Schwierigkeiten. Offenbar gelingt es etlichen Kindern nicht, im Verlauf der ersten Schuljahre ein wirklich tiefes Zahlverständnis aufzubauen, obwohl sie mit Zahlen natürlich ständig zu tun haben. Wie können Sie mit Textaufgaben üben?
Nennen Sie die Übung „Zahlenrätsel" und nehmen Sie Material (Spielsteine, Bohnen o. ä.) hinzu. Nun formulieren Sie das Rätsel.

Rätsel 1:

„Ich habe vier Steine. Du hast zwei Steine mehr als ich. Wie viele Steine hast du?"

Rätsel 2:

„Du hast fünf Steine. Ich habe drei Steine weniger. Wie viele Steine habe ich?"

Ihr Kind darf nun versuchen, mit dem Material die beiden Mengen zu legen. Wenn es sich an den Wortlaut Ihrer Vorgabe nicht mehr erinnert, dürfen Sie diese beliebig oft wiederholen. Legen Sie dann beide jeweils Ihre Steine in Reihen untereinander. So kann man genau erkennen, wie viele Steine es mehr oder weniger sind.

Rätsel 1:		**Rätsel 2:**	
Mama:	●●●●	Kind:	●●●●●
Kind:	●●●●●●	Mama:	●●

Ganz besonders wertvoll sind Aufgaben wie:
„Ich habe fünf Steine. Du hast sieben Steine. Hast du mehr oder weniger Steine als ich? Wie viele Steine hast du mehr als ich?"
Selbstverständlich hilft es uns auch hier, die Steine in Reihen untereinander zu legen (Eins-zu-eins-Zuordnung), so dass die Beziehung zwischen den beiden Mengen und somit auch zwischen den beiden Anzahlen offensichtlich wird. Solche Übungen sind keinesfalls trockener Übe-Drill. Mit ein wenig Phantasie lassen sich daraus nette Rate- oder Detektivaufgaben gestalten.

DER ZAHLENSTRAHL

Wie Sie wissen, besitzen gute Rechner einen sicheren „inneren Zahlenstrahl", also eine Vorstellung des Zahlenraums. In diesem Zahlenraum schwirren die Zahlen nicht wirr herum, sondern sie sind linear angeordnet. Darum ist es sinnvoll, die Abbildung eines Zahlenstrahls auch immer wieder für häusliche Übungen zu verwenden – und zwar nicht zum zählenden Rechnen, sondern zur Orientierung *("Wo sind wir denn gerade?")*.
Lassen Sie Ihr Kind, wenn es in der ersten Klasse den Zehner-Raum erschließt, immer wieder mal einen Zahlenstrahl zeichnen. Geben Sie ihm einen horizon-

talen Strich vor, tragen Sie die 0 und die 10 ein und versuchen Sie gemeinsam herauszufinden, wo denn die 5 liegen könnte. Diskutieren Sie darüber. Dann suchen Sie die Positionen der restlichen Zahlen.

Die nebenstehende Zeichnung stammt von einem rechenschwachen Kind am Ende des zweiten Schuljahres. Hier können Sie gut erkennen, dass es nicht selbstverständlich ist, dass ein Kind sich die Lage der Zahlen vorstellen kann. Und auch der immer gleiche Abstand zwischen den aufeinander folgenden Zahlen ist diesem Kind nicht klar. Bei einer so vagen Vorstellung vom Zahlenraum verwundert es nicht, dass dieses Kind große Rechenprobleme hat.

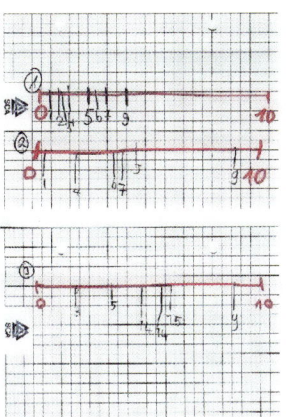

Rechenschwaches Kind:
Keine Vorstellung von der Lage der Zahlen

„Sowosammaneger"
Kirsten*, eines meiner Therapiekinder, erfand für solche Zahlenstrahlübungen das Bild der „Sowosammaneger". Sie kennen die Sowosammaneger nicht? Dieser ganz und gar nicht rassistisch gemeinte Begriff steht für kleine Männchen mit dunkler Hautfarbe, die sich aufgrund ihrer geringen Körpergröße im hohen Gras der Steppe nur schwer zurechtfinden. So müssen sie auf ihren Wanderungen zwischendurch immer in die Höhe hüpfen und tun das mit dem Ausruf: „So, wo samma denn jetzt?" (für Nicht-Bayern: „So, wo sind wir denn jetzt?"), und schon haben sie die Orientierung wieder.*

Es ist sinnvoll, immer wieder kleine Orientierungsaufgaben auf dem Zahlenstrahl einzuschieben. So zum Beispiel bei einem Kind, das den Zahlenraum bis 20 in der Schule hat: *„Suche die 17. Welche Zahl kommt genau davor, welche genau danach? Was ist näher, die 10 oder die 20?"*
Wir benutzen also den Zahlenstrahl *nicht zum Rechnen, sondern zum Lokalisieren*. Wenn Ihr Kind die Aufgabe „8 + 5 = ?" lösen muss, soll es rasch auf die 8 zeigen und dann schnell einschätzen, ob man bei der Lösung über die 10 hinauskommt oder nicht. Wenn sich Ihr Kind schon im Hunderter-Raum bewegt,

benutzen Sie einen Zahlenstrahl bis 100 und lassen Sie es beispielsweise die 42 suchen und dann die Nachbar-Einer (41 und 43) und Nachbar-Zehner (40 und 50) bestimmen. Durch solche Spaziergänge auf dem Zahlenstrahl helfen Sie ihm, seine Orientierung zu sichern. Anschließend soll Ihr Kind den Blick vom Zahlenstrahl abwenden und versuchen, diese Übungen auszuführen, indem es sich den Zahlenstrahl im Kopf vorstellt. Bei Unsicherheiten ist ein Blick auf den Strahl gestattet. Sie können auch in Zweier- oder Dreiersprüngen mit Spielfiguren auf dem Zahlenstrahl entlang hüpfen.

Sehr beliebt: Das (fast) Olympische Murmelspiel

Man nehme einen Zahlenstrahl bis 20 oder 100, lege ihn vertikal vor sich (die 0 bei Ihnen), und dann brauchen Sie nur noch zwei Murmeln und ein Blatt Papier, um die Punkte aufzuschreiben. Nun schubst der eine Spieler seine Murmel an, nach oben am Zahlenstrahl entlang. Die Zahl, bei der die Murmel stoppt, wird als Punktzahl notiert. Aber Vorsicht: Wenn die Murmel über das Ende des Zahlenstrahls hinaus rollt, gibt es 0 Punkte! Nach jeder Runde bekommt nun der Spieler mit der jeweils höchsten Punktzahl ein Sternchen. Wer am Schluss die meisten Sternchen hat, ist Sieger. (Sorgen Sie bitte dafür, dass Ihr Kind meistens gewinnt.)

Zehner und Einer

Wenn Ihr Kind die mehrstelligen Zahlen kennenlernt, hilft ihm ein einfacher Trick, deren Struktur zu erfassen. Basteln Sie Zehner- und Einerkarten:

Dann legen Sie die 5 über die 0 der Zehnerkarte und erhalten so die 15:

Solche Zahlenkarten können Ihr Kind im gesamten Hunderterraum und später auch bis zum Tausender begleiten (für Letzteren müssen Sie natürlich noch Hunderterkarten herstellen). Wenn Ihr Kind in der Schule Zehner und Einer mit unterschiedlichen Farben kennzeichnet, übertragen Sie diese Farben auf die Karten. Ihr Kind kann nun den Zusammenhang zwischen Aufgaben wie *14 + 2* und *4 + 2* direkt erkennen. Auch Aufgaben wie *24 + 10* laden nun nicht mehr zum Zählen ein – man legt einfach den nächsten Zehner unter.

Der Zehner-Übergang

Wenn Kinder im Verlauf des ersten Schuljahres anfangen, beim Rechnen den Zehner zu überschreiten, beispielsweise mit Aufgaben wie „7 + 5 = ?", dann sind damit ganz enorme Anforderungen verbunden. Viele Kinder mogeln sich durch Weiterzählen durch, was jedoch später zu großen Problemen führen kann. Will Ihr Kind diese Zehner-Überschreitung richtig meistern, muss es sehr viel wissen und planen.

Zwischenschritte
Laura macht es vor: *„Also, die Aufgabe heißt: 8 + 7 = ? Jetzt muss ich erstmal wissen, wieviele von der 8 bis zur 10 fehlen. Hmmm ... das sind 2. Jetzt bin ich bei der 10. Die 2 muss ich jetzt von der 7 wegnehmen, muss rausfinden, wie viele dann von der 7 noch übrig sind, ... hmmmmm ... das sind 5. Und diese 5 muss ich dann noch zur 10 dazutun, ... hmmm ... dann haben wir 15."*

Laura dokumentiert bei der Lösung dieser Aufgabe ein enormes Wissen über Zahlbeziehungen, Zahlzerlegung und außerdem noch gute Planungskompetenzen. Wenn Sie Laura beim „lauten Denken" zuhören, werden die enormen Anforderungen an das Arbeitsgedächtnis offenbar. Ständig muss zwischengespeichert werden. Und wenn man einmal vergisst, wo man gerade ist, muss man wieder von vorn anfangen. In der Schule werden die Aufgaben darum häufig so präsentiert:

$$8 + 7 = \underline{}$$
$$\wedge \uparrow$$
$$\underline{}\ \underline{}$$

Das Kind trägt sich die Zwischenschritte ein:

$$8 + 7 = \underline{}$$
$$\wedge \uparrow$$
$$\underline{2}\ \underline{5}$$

So entlastet es sein Arbeitsgedächtnis und gelangt schließlich zur Lösung:

$$8 + 7 = \underline{15}$$
$$\wedge \uparrow$$
$$\underline{2}\ \underline{5}$$

Bei solchen Aufgaben sind auch die Finger eine wertvolle Hilfe. Keinesfalls zum zählenden Rechnen, sondern zum Anzeigen des zweiten Summanden. Bei der Aufgabe *8 + 7* zeigt das Kind also die 7 mit den Fingern, klappt dann 2 weg und erkennt, dass noch 5 zur 10 dazu kommen müssen. So verwendet sind die Finger als Strukturierungshilfe sehr hilfreich und ebnen den Weg zu sinnvollen Rechenstrategien.

AUTOMATISIEREN

Es wird angestrebt, dass Kinder zum Ende des ersten Schuljahres das kleine Einspluseins automatisiert abrufbar haben. Das heißt, die Lösung kleiner Aufgaben im Zehner-Raum sollte ihnen ohne langes Überlegen rasch einfallen. Wie können wir es uns eigentlich erklären, dass man irgendwann Rechenergebnisse weiß, ohne zu rechnen?
Indem wir bei den Aufgaben (etwa *4 + 3 = ?*) immer wieder auf das gleiche Ergebnis kommen (nämlich 7), entsteht eine Verbindung zwischen Aufgabe und Ergebnis, Gedächtnisforscher sagen: Die Assoziationsstärke zwischen Aufgabe und Ergebnis steigt an. So werden Aufgabe und Ergebnis aneinander gekoppelt – und das ist de facto nichts anderes als Auswendiglernen einer Verknüpfung. Wichtige Voraussetzung dafür ist jedoch, dass die Basis, also das Verständnis

der Zahlen, stimmt. So haben also auch starke Rechner irgendwann Rechenergebnisse „auswendig gelernt" – weil sie zum einen verstanden, was Aufgabe und Lösung bedeuten, und weil sie auch immer wieder zum gleichen Ergebnis kamen.

Schwache Rechner dagegen gelangen häufig nicht zum korrekten Ergebnis (einmal ergeben 4 plus 3 zusammen 7, ein andermal 8 oder 6 ...), wodurch sich auch keine stabile Verbindung zwischen der Aufgabe und dem korrekten Ergebnis aufbauen kann. Außerdem fehlt schwachen Rechnern häufig ein tiefes Verständnis dessen, was sie beim Rechnen wirklich tun. Und etwas, was man nicht versteht, lässt sich auch nicht leicht abspeichern.

Wenn Ihr Kind also solche Zahlenfakten nicht rasch abrufen kann, klären Sie zuerst mit der Lehrerin, ob es stabile Mengen-Zahlen-Kompetenzen hat und über ein gesichertes Operationsverständnis verfügt. Wenn das der Fall ist, dürfen Sie ihm mit Kärtchenarbeit Automatisierungshilfen geben.

Und das geht so: Fertigen Sie Kärtchen mit sogenannten „Zahlentripeln" an. Diese sehen etwa so aus:

	8	
2		6

Das ist aber die Rückseite. Auf der Vorderseite fehlt einer der Teile:

	8	
2		

Nun schaut sich das Kind die Vorderseite an. Falls es schnell die fehlende Zahl nennen kann, kommt die nächste Karte. Fällt ihm die fehlende Zahl nicht ein, soll es auf keinen Fall überlegen oder zählen, sondern es soll sofort auf der Rückseite nachschauen und dann alle Zahlen benennen: „Acht ... zwei und sechs." Nun nehmen Sie eine andere Karte (die dem Kind leichtfällt) und legen anschließend wieder diese Ursprungskarte vor.

Hier ist es nicht sinnvoll, möglichst viele Karten an einem Nachmittag „durchzuhecheln". Viel besser ist es, wenn Sie die Karten systematisch einsetzen, beispielsweise zuerst die Zerlegungen der 10, dann Karten, auf denen einer der Teile 5 ist usw.

Grundsätzlich gilt dabei immer: Wenn Ihrem Kind die Lösung einer Karte nicht so schnell einfällt, gilt ein wichtiger Leitsatz: *Bloß nicht anstrengen!* Sammeln Sie die Karten, die Ihr Kind noch nicht auf Anhieb lösen kann, und legen Sie ihm dann jeweils nur drei Karten auf einmal vor. Bei Bedarf darf Ihr Kind das Kärtchen einfach umdrehen. Sobald es alle drei Karten kann, ersetzen Sie eine der Karten durch eine neue Karte und fragen wieder durcheinander ab. So wiederholt Ihr Kind ständig Karten bzw. Zerlegungen, die es schon beherrscht, und bekommt auch immer wieder neue Zerlegungen, dazu. Diese Übung sollten Sie maximal zehn Minuten pro Tag machen, dafür möglichst oft in der Woche. Die Kunst besteht in Ihrer Gelassenheit: Es ist selbstverständlich, dass der Speicherprozess nicht von jetzt auf gleich funktioniert. Ihr Kind wird Karten wiederholt umdrehen müssen, bis es die Tripel abgespeichert hat, das ist ganz normal. Mischen Sie in den Dreiergruppen immer wieder neue und bekannte Karten, damit Ihr Kind Erfolge hat und dadurch motiviert wird. Wenn Ihr Kind alle Kärtchen kann, sollten Sie sie regelmäßig hervorholen und auffrischen, damit die Fakten stabil im Langzeitgedächtnis gespeichert werden.

Warum enthalten diese Karten Zahlentripel und keine Plus- oder Minusaufgaben? Weil in diesen Tripeln alle Plus- und Minusaufgaben enthalten sind! Machen Sie Ihrem Kind bewusst: „Wenn Du beispielsweise dieses Kärtchen kannst,

9	
4	5

hast Du folgende Aufgaben drauf:
4 + 5 = 9
5 + 4 = 9
9 - 4 = 5
9 - 5 = 4 ... aber auch
9 - □ = 5
9 - □ = 4
4 + □ = 9
5 + □ = 9
□ + 4 = 9
□ + 5 = 9

Na, ist dieser Effekt noch zu schlagen? Garantiert nicht – und schon gar nicht durch Zählen!"

Zum Einsatz dieser Übungen

Wenn Sie sich mit diesen Übungen vertraut gemacht haben, werden Sie sehen, dass sich einige durchaus auch auf einen größeren Zahlenraum, etwa Hunderter oder Tausender übertragen lassen. So können Sie die „Sowosamma-Übungen" natürlich auch am Hunderter-Zahlenstrahl einsetzen, zu den Zahlenkarten mit Zehnern und Einern können Sie Hunderter-Zahlenkarten hinzufügen und so die Zahlstruktur im Tausender-Raum verdeutlichen. Die Prinzipien der Entlastung des Arbeitsspeichers können Sie selbstverständlich auch beim Hunderter-Übergang einsetzen. Und die „Olympischen Murmelspiele" lassen sich auch mit einem zwei oder drei Meter langen Maßband durchführen. Die Ergebnisse werden dann als dreistellige Zahlen notiert.

Wichtig ist, dass Sie bei der Auswahl passender Übungen immer in Kontakt mit der Lehrkraft stehen und von ihr erfahren, ob Ihr Kind im basalen Mengen-Zahl-Bereich wirklich gesichert ist. Um es noch mal zu betonen: Bei der Auswahl der Übungen ist der aktuelle Schulstoff weniger bedeutsam als der Verständnisstand Ihres Kindes. Hier muss angesetzt werden, um das Verständnis des Kindes zu sichern und zu erweitern. Auch wenn Sie durch dieses Buch nun schon einiges über den Aufbau mathematischer Kompetenz wissen, wird es Ihnen kaum gelingen, per Augenschein zu beurteilen, wo Ihr Kind gerade steht. Nutzen Sie dazu die Erfahrung und das Fachwissen der Lehrkraft.

Sie dürfen auch mal „Taschenrechner" sein

Überlegen Sie immer, *was genau* Sie mit Ihrem Kind üben wollen. Wenn es beispielsweise darum geht, dass Ihr Kind die Lösung einer Sachaufgabe gut plant und Schritt für Schritt abarbeitet, dürfen Sie ruhig – in dieser speziellen Übungssituation – den Arbeitsspeicher Ihres Kindes dadurch entlasten, dass Sie ihm beim Kopfrechnen „assistieren" und den sprechenden Taschenrechner spielen. Selbstverständlich muss Ihr Kind Ihnen dazu einen konkreten Auftrag geben (etwa so: Kind: *„Wieviel sind neun plus vier?"* Mutter: *„Dreizehn."*). Diese Hilfsdienste ermöglichen es Ihrem Kind, sich auf das momentan Wesentliche, nämlich die Planung und die komplette (!) Ausführung des Plans zu konzentrieren. Müsste Ihr Kind zwischen den Lösungsschritten immer wieder Zwischenergebnisse zählend produzieren, wäre es kein Wunder, wenn es Lösungsschritte vergäße. Denn sein Arbeitsspeicher wäre durch die Zählstrategie komplett blockiert.

Ähnlich ist es beim Einüben schriftlicher Rechenverfahren. Auch hier müssen wir entscheiden: Üben wir Kopfrechnen oder üben wir das Abarbeiten der Prozedur? Beides gleichzeitig kann für rechenschwache Kinder eine Überlastung sein und zu keinerlei Lernzuwachs führen. So gibt es erst einmal „eine Zeit der Kopfrechenübungen" und „eine Zeit der Prozedurenübungen". Schließlich kann beides zusammengeführt werden.

Im nächsten Abschnitt erfahren Sie, mit welchen Förderprogrammen in der Schule als wichtigstem Lernort wirksame mathematische Förderung geleistet werden kann.

Förderprogramme

Während es für die Förderung lese-rechtschreibschwacher Kinder mittlerweile eine Fülle von Förderprogrammen gibt, ist die Auswahl für den Bereich der Rechenschwäche deutlich geringer. So waren Förderlehrkräfte bislang vielfach darauf angewiesen, selbst Übungen zusammenzustellen, die ihnen sinnvoll erschienen. Da jedoch das Thema „Rechenschwäche" erst in jüngerer Zeit intensiv wissenschaftlich erforscht wird, kam bislang vieles zur Anwendung, dessen Sinnhaftigkeit und Wirksamkeit mittlerweile – bei verbessertem Kenntnisstand – sehr kritisch zu hinterfragen ist. Hier eine kleine Auswahl:

Kritisch beleuchtet: „Kieler Zahlenbilder"

Dieses Förderprogramm *(Rosenkranz,* 2001) ist weit verbreitet und seit Jahren in schulischen und außerschulischen Fördergruppen im Einsatz. Es will rechenschwachen Kindern den Aufbau eines Zahlbegriffs erleichtern, indem sie „innere Vorstellungsbilder" zu den einzelnen Zahlen aufbauen. Zentral sind die speziellen Zahlenbilder, in denen für jede Zahl ein strukturiert angeordnetes Punktmuster in einem „Zehnerhaus" steht – beispielsweise:

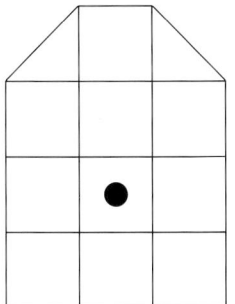 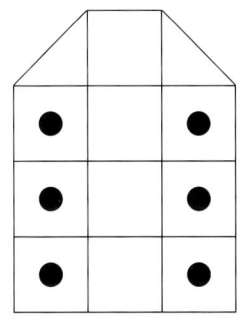 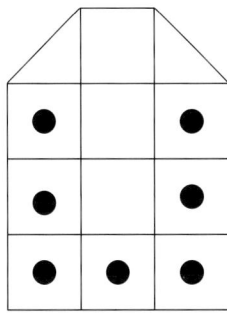

Kieler Zahlenbild 1   Kieler Zahlenbild 6   Kieler Zahlenbild 7

Diese Punktemuster werden zuerst handelnd bearbeitet, indem das Kind auf einem Zahlenhaus-Steckbrett die Muster mit kleinen Holzzylindern steckt. Die Handlung wird sprachlich begleitet. Zu jedem Zahlenbild wird ein Reim gesprochen – zum Beispiel: *„Eins ist besser als keins"* oder *„Eins, zwei, drei – Ausfahrt frei"* oder *„Ganz egal, wie es auch steht – 3-3-3 ist ein Neunerpaket"*.

Nun wird darauf hingearbeitet, dass das Kind sich die Struktur dieser Zahlenbilder, also die Anordnung der Stecker im Zehnerhaus, einprägt. Dazu werden nach dem Stecken die Zahlenbilder mit den Fingern auf dem Steckbrett getippt. Dann wird das Tippen auf ein leeres Zahlenhaus aus Papier übertragen.

Durch diese zusätzliche psychomotorische Übung soll auf eine aktive Übertragung und den Aufbau eines sicheren Vorstellungsbildes hingearbeitet werden. Schließlich arbeiten die Kinder nur noch mit Handkarten zu den Zahlenbildern, auf denen jede Zahl eine bestimmte Farbe hat und zu denen dann noch die Ziffernzahlen kommen. Mit diesen Zahlenbildern sollen auch Zerlegungen (etwa 9 = 6 + 3) und Rechenaufgaben veranschaulicht werden.

Diese Abfolge bildet den sorgfältigen Übergang von der handelnden Ebene (Steckbrett) über die bildliche Darstellung (Zahlenkarten) bis zur symbolischen Darstellung (Ziffern). Handelnd sollen die Kinder den Zusammenhang zwischen Mengen und Zahlen erfahren. Positiv ist dabei die Abstraktheit der Zahlenbilder, durch die die numerischen Aspekte in den Vordergrund rücken. Das macht es recht wahrscheinlich, dass die Kinder zu jeder Zahl von 1 bis 10 ein inneres Vorstellungsbild aufbauen können. Sehr positiv ist auch die kontinuierliche sprachliche Begleitung: Alles Tun wird mit Sprache verknüpft, sodass den Kindern der numerische Gehalt der Situationen immer wieder verdeutlicht wird.

Doch sind die hier verwendeten Vorstellungsbilder wirklich optimal? Beim Aufbau von Mengen-Zahlen-Kompetenzen geht es nicht nur um die Erkenntnis, dass zu *jeder einzelnen Zahl eine bestimmte Menge gehört,* sondern auch um die allmähliche Hinführung zu dem Verständnis, dass *Zahlen in Beziehungen zueinander stehen („5 sind 2 mehr als 3"),* so wie Mengen Beziehungen zueinander haben (mehr als, weniger als ...). Wird nicht dieser wesentliche Aspekt des Zahlverständnisses durch diese Art der Zahlenbilder verschleiert?

Dass die Zahlenbilder unterschiedliche Farben haben, trägt zu ersten Missverständnissen bei: Wie werden aus 4 rosaroten Punkten 5 braune? Hier ist das Prinzip der „Zunahme um eins" durchbrochen. Wenn aus der rosaroten 4 dadurch eine 5 wird, dass ein rosaroter Punkt dazukommt, ist das verständlich. Aber hier verschwinden 4 rosarote Punkte, und 5 braune Punkte kommen neu dazu. Für Kinder, die genau beobachten, liegt das Wesentliche nicht auf der Hand.

Noch drastischer wird das Prinzip der Zahlbeziehungen durch die Struktur der folgenden Zahlenbilder selbst durchbrochen: Wie wird hier aus dem Zahlenbild der 5 das Zahlenbild der 6? Indem der mittlere Punkt unten im Fünferbild verschwindet und im Sechserbild an den Seiten zwei Punkte dazukommen. Dadurch wird die Zunahme um eins verschleiert.

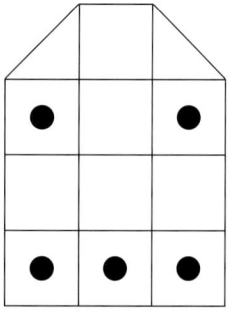
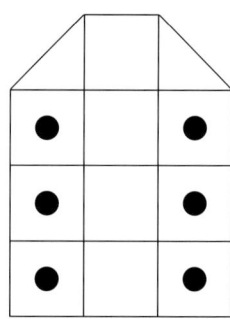

Kieler Zahlenbild 5   *Kieler Zahlenbild 6*

Schließlich sollen die Zahlenbilder den Kindern die Erkenntnis erleichtern, dass Zahlen aus anderen Zahlen zusammengesetzt sind. Diese Erfahrung soll sich direkt aus den Zahlenbildern ableiten lassen. Ist das mit diesen Zahlenbildern überhaupt möglich? Versucht man beispielsweise, die Erkenntnis, dass 7 aus 5 und 2 zusammengesetzt werden können, an diesen Zahlenbildern nachzuvollziehen, muss man scheitern. Die 2 Punkte des Zahlenbildes 2 passen nämlich nicht in das Zahlenbild 5, weil ihre Felder dort schon besetzt sind. Die Punkte im Zahlenbild 2 müssten so angeordnet sein, dass man sie in das Zahlenbild 5 übertragen kann – und dadurch das Zahlenbild 7 entsteht.

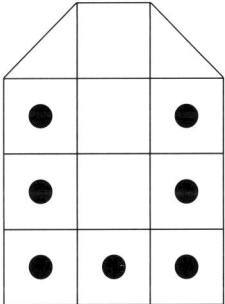 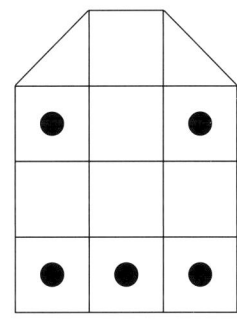 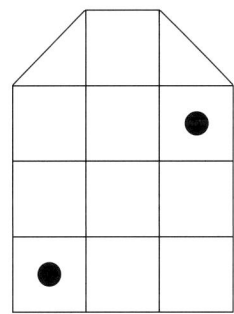

Kieler Zahlenbild 7   *Kieler Zahlenbild 5*   *Kieler Zahlenbild 2*

So lässt sich feststellen, dass die Kieler Zahlenbilder zwar gute Anteile enthalten – nämlich die sprachlich unterstützte Begleitung vom Handeln über die bildliche Darstellung hin zur Zahl – dass aber die so wichtige „Zone der nächsten Entwicklung" den Kindern gerade durch die Struktur dieses Materials eher verstellt als erkenntlich gemacht wird. Um ein tiefes Zahlenverständnis zu erreichen, dürfen Zahlen eben nicht als einzelne Bilder, sondern müssen immer in Beziehung zueinander betrachtet werden. Diese Beziehung muss sich aus dem Material selbst ergeben, ja sich dem Auge richtig „aufdrängen".
Diesem wichtigen Prinzip werden die Kieler Zahlenbilder nicht gerecht, sodass dieses Förderkonzept kritisch betrachtet werden muss. Dass es trotzdem so weit verbreitet ist, liegt wohl eher daran, dass es als eines der ersten Programme über lange Zeit quasi konkurrenzlos dastand. Überdies passt die Struktur des Materials mit seiner Dreiergliederung nicht zu den in Schulen üblicherweise verbreiteten Materialien, in denen sinnvollerweise die Fünfergliederung hervorgehoben ist. Werden Kinder in der Schule mit der Fünferstruktur, in der Förderung aber mit einer Dreierstruktur konfrontiert, ist ihre Verunsicherung vorhersehbar und ein Zusammenführen des Gelernten unwahrscheinlich. Da für die Wirksamkeit dieses Programms bislang noch keinerlei wissenschaftliche Belege vorliegen, muss die Effektivität seines Einsatzes ernsthaft in Frage gestellt werden.

AUSBAUFÄHIG: „DORTMUNDER ZAHLBEGRIFFSTRAINING"

Für rechenschwache Kinder ab Ende der ersten Klasse entwickelten die Autoren *Moog* und *Schulz* (2005) dieses Trainingsprogramm. Sein Einsatz ist auch für Lernbehinderte im zweiten und dritten Schuljahr vorgesehen. Voraussetzung für den Einsatz ist, dass das Zählen bis 15 gelingt.
Das achtstufige Programm verfolgt das Ziel, die Kinder bei der Ablösung vom Fingerzählen zu unterstützen. Es umfasst 19 Einzelsitzungen à 30 Minuten. Ein Kind, das noch durch Fingerzählen rechnet, zeigt, dass es sich noch nicht vom Anschauungsmaterial lösen kann. Ihm soll durch die Verwendung sinnvollen Materials die *„Ablösung von sensorisch kontrollierten Zählhandlungen (Fingerzählen) hin zu internen Zähl- und Abzählfertigkeiten"* ermöglicht werden. Als Material werden die *„Kuehnelschen Zahlenbilder"* verwendet, die die Fünfer- und Zehnerstruktur sehr gut abbilden und auch gut erkennen lassen, wie die einzelnen Zahlen auseinander hervorgehen:

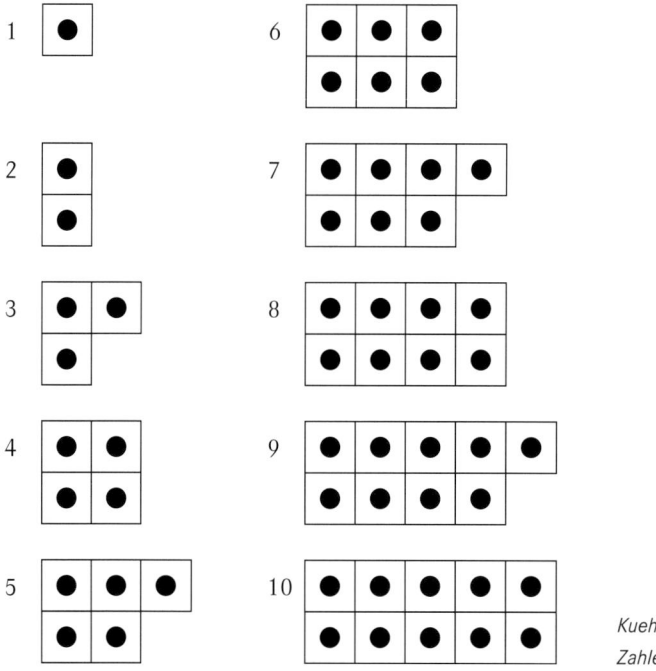

Kuehnelsche Zahlenbilder

Die Kinder sollen im Verlauf des Programms diese Zahlenbilder in ihre Vorstellung übertragen und Abzählvorgänge nicht mehr an den Fingern, sondern intern an diesen strukturierten Zahlenbildern meistern.

Die Verwendung dieser Kuehnelschen Zahlenbilder ist sehr positiv zu bewerten, denn sie verdeutlichen sehr gut, wie aufeinander folgende Zahlen auseinander hervorgehen. Sie zeigen auch sehr gut, wie Zahlen in andere Zahlen zerlegt werden können, und sind sogar gut geeignet zur Darstellung des Unterschieds zwischen zwei Zahlen. So lässt sich hier beispielsweise gut erkennen, dass die 5 aus der 3 und der 2 zusammengesetzt werden kann, aber auch aus der 4 und der 1. Dieses Material besitzt somit das Potenzial, Kindern tatsächlich ein tiefes, auch auf Zahlbeziehungen hin ausgerichtetes Zahlverständnis zu vermitteln. Es muss nur entsprechend eingesetzt werden.

So ist es schade, dass dieses Programm die Zahlenbilder zwar als Material zur Sicherung des internen Zählens nutzt, nicht aber dessen Möglichkeiten zur intensiven und expliziten Vermittlung der Zahlbeziehungen. Tatsächlich zielt der größte Teil des Trainings auf die Automatisierung des Abzählens von Mengen ab, während die Zerlegung von Anzahlen nur in sechs Sitzungen thematisiert wird. Und auch in diesen steht das Abzählen im Vordergrund, und die Auseinandersetzung mit den Zahlstrukturen steht im Hintergrund. Keinesfalls ist im internen Abzählen ein deutlicher Fortschritt gegenüber dem Fingerzählen zu sehen, denn diese Methode führt die Kinder immer noch nicht vom zählenden Rechnen weg. Aber gerade das verfestigte zählende Rechnen stellt ein typisches Symptom der Rechenschwäche dar, sodass es ein wichtiges Ziel der Förderung sein muss, die Kinder besonders bei der Ablösung vom Zählen – auch vom internen Zählen zu begleiten.

Grundsätzlich gilt, dass unsere Kinder Material so lange verfügbar haben sollen, wie sie es benötigen. Insofern bietet das gut strukturierte Material der Kuehnelschen Zahlenbilder sehr wertvolle Möglichkeiten, Zählprozesse zu optimieren. Damit werden die vielfach schwachen Arbeitsgedächtnisressourcen der rechenschwachen Kinder sicherlich entlastet. Außerdem wird so sichergestellt, dass sie die vorgestellten mathematischen Operationen wirklich verstehen. Darüber hinaus müssen wir die Kinder aber schließlich zu einem expliziten Verständnis der Zahlstruktur und der Zahlbeziehungen hinführen, um ihnen die Möglichkeit zu eröffnen, sich vom zählenden Rechnen zu lösen. Insofern bietet das Dortmunder Zahlbegriffstraining grundlegend gute Förderchancen an – die Aufmerksamkeit der Kinder sollte jedoch wesentlich stärker auf die (sehr gute) Struktur der Zahlenbilder gelenkt werden, um ihnen langfristig stabile Rechenwege jenseits des Zählens zu eröffnen. Wenn eine in Theorie und Praxis erfahrene Förderlehrkraft in der Lage ist, das Dortmunder Zahlbegriffstraining um diese wichtigen Aspekte zu ergänzen, kann sie damit sinnvolle Förderarbeit leisten.

AUF SOLIDER BASIS: „KALKULIE"

Auf der Grundlage eines Modells mathematischer Kompetenzentwicklung ist dieses Förderprogramm von *Gerlach, Fritz, Ricken* und *Schmitt* (2007) aufgebaut. Die umfassende theoretische Fundierung des Konzepts spiegelt sich darin wider, dass Bausteine und Methoden, die nach dem neuesten Stand der wissenschaftlichen Forschung für den Aufbau stabiler Mengen-Zahlen-Kompetenzen und effizienter Rechenstrategien unerlässlich sind, in diesem Programm enthalten sind. Das Programm ist geeignet für Kinder ab dem ersten Schuljahr bis hin zu Schülern, die auch in höheren Schulstufen noch unzureichende Basiskompetenzen haben. Einsatzmöglichkeiten bieten sich im Klassenunterricht der Schule, in speziellen Fördergruppen und auch im Rahmen der außerschulischen Förderung. Die Autorinnen empfehlen tägliche, ca. 15-minütige Übungen.

Da innerhalb der von Förderkräften geforderten Fachkompetenzen die exakte Versprachlichung mathematischer Inhalte von größter Bedeutung ist, erscheint der Einsatz des Programms Fachkräften vorbehalten. Es ist kein Programm für Eltern zum häuslichen Üben.

Dem Programm sind Diagnoseaufgaben vorangestellt, die den Stand der mathematischen Kompetenzentwicklung eines Kindes überprüfen und Hinweise auf die zu verwendenden Programmbausteine geben sollen. Allerdings ist die prognostische Qualität dieser Diagnoseaufgaben gering, und die Einschätzung eines Risikos für Rechenschwäche kann damit keinesfalls zuverlässig geleistet werden. Die durch eine erfahrene Förderkraft durchgeführte Fein- und Förderdiagnostik bleibt unerlässlich und sollte die wesentliche Grundlage für den Einsatz des Programms „Kalkulie" darstellen.

Das Programm zielt auf den Aufbau stabiler Grundlagen und effizienter Strategien ab. Dazu werden die Kinder in verschiedenen, aufeinander aufbauenden Inhaltsbereichen systematisch gefördert:

- Mengen- und Zahlwissen werden integriert.
- Verständnis für die Zerlegbarkeit von Mengen und Zahlen wird aufgebaut.
- Es werden tragfähige Problemlösestrategien vermittelt.
- Die unterschiedlichen Ebenen (Handlung, bildliche Darstellung, Rechnungen mit Zahlen) werden systematisch verknüpft.
- Und schließlich werden immer wieder Sachaufgaben angeboten, um die Anwendung mathematischen Verständnisses in Sachsituationen einzuüben.

Durchgehend werden die Kinder zur Reflexion des eigenen Vorgehens, der eingeschlagenen Rechenwege und der Zahlzusammenhänge angehalten, womit ein stabiles konzeptuelles Verständnis *("Warum tue ich das?")* angestrebt wird. Aus den folgenden drei Bausteinen setzt sich „Kalkulie" zusammen:

- **Baustein 1** dient dem Aufbau fertigkeitenspezifischer Voraussetzungen. Er enthält Übungen zum Reihenbilden und Zählen. Mengen und deren Mächtigkeit werden intensiv untersucht. Die Zusammenführung von Mengen- und Zahlenwissen wird begleitet.
- **Baustein 2** ist fokussiert auf das Erkennen von Strukturen im Zwanziger-Raum. Hier sollen die Kinder Strukturen in der Anordnung zur raschen Anzahlerfassung nutzen lernen, wobei die Fünfer- und Zehnergliederung im Mittelpunkt steht. Unter Einsatz und reflektierender Besprechung von Veranschaulichungsmaterial soll der Aufbau visueller Vorstellungen zu gegliederten Mengen unterstützt werden. Schließlich wird auch die schrittweise Ablösung vom Material begleitet.
- **Baustein 3** enthält Übungen, durch die die Ablösung vom zählenden Rechnen gezielt unterstützt werden soll. Auf der Basis des Verständnisses, dass Zahlen – ebenso wie Mengen – in Teile zerlegbar sind, werden die Fakten der Zahlzerlegung eingeübt und schließlich automatisiert.

Dieses Förderprogramm beinhaltet somit die Bausteine, die nach derzeitigem wissenschaftlichem Kenntnisstand eine solide und umfassende Förderung rechenschwacher Kinder kennzeichnen. Das Programm „Kalkulie" befindet sich derzeit in wissenschaftlicher Evaluation.

Auch für Schulkinder noch hilfreich: „Mengen, Zählen, Zahlen (MZZ)"

Dieses bereits in Kapitel 6 vorgestellte Förderprogramm wurde für den Kindergartenbereich entwickelt. Forschungsarbeiten belegen jedoch, dass die hier vermittelten Inhalte auch für rechenschwache Grundschulkinder noch von größter Bedeutung sein können.

In der Regel liegt die Ursache für mangelndes Verständnis der Grundrechenoperationen darin, dass den Kindern der Aufbau abstrakter Zahlenraum-Vorstellungen nicht gelingt. Genau dieser Bereich wird im MZZ gefördert. Besonders der dritte Förderschwerpunkt („Teil-Ganzes-Beziehungen und Anzahlunterschiede") scheint rechenschwachen Kindern am Ende des ersten Grundschuljahres ganz entscheidende Erkenntnisse zu vermitteln, die ihnen die Tür zur Grundschulmathematik erst öffnen. So ließ sich belegen, dass solche Kinder nach nur sechs Fördersitzungen mit diesem Programmschwerpunkt sowohl bei der Bewältigung von Sachaufgaben als auch in einem standardisierten Rechentest signifikant besser abschneiden konnten als eine untrainierte Kontrollgruppe. Dieser Befund zeigt wieder einmal die Bedeutung eines tiefen Verständnisses der Zahlbeziehungen und des Aufbaus des Zahlenraums für die erfolgreiche Bewältigung der Grundschulmathematik.

Wie hilfreich sind solche Förderprogramme?

Grundsätzlich ist es zu begrüßen, dass Förderlehrer bei der Unterstützung der Kinder nicht auf eigene Intuition und gute Einfälle angewiesen sind, sondern auf Förderprogramme zurückgreifen können, die sich in der Praxis lange bewährt haben bzw. deren Wirksamkeit wissenschaftlich belegt werden konnte. Insofern können Eltern beruhigt sein, wenn mit ihrem Kind nicht bloß „stures Üben ohne Plan" durchgeführt wird.

Auf der anderen Seite leuchtet es aber auch ein, dass bei Verwendung eines bestimmten Programms sicherlich nicht immer auf die individuellen Schwierigkeiten und Bedürfnisse des einzelnen Kindes eingegangen werden kann. So wie im alltäglichen Leben unserer Kinder nichts nach Programm abläuft, lässt sich auch die Förderung des mathematischen Verständnisses – wenn erst einmal Schwierigkeiten da sind – kaum in ein Programm pressen.

So liegt es nahe, die vorliegenden Förderprogramme lediglich als „Werkzeuge" zu sehen. Und bekanntlich liegt der große Wert eines Werkzeugs nicht in diesem selbst, sondern in der Person, die es gezielt, geschickt und mit viel Sachkenntnis zu verwenden vermag.

Erst wenn die Person, die mit unseren Kindern fördernd arbeitet, ...

... über detailliertes Wissen zu diesem Problembereich verfügt

... jedes zu fördernde Kind als Individuum und somit auch als individuelle Anforderung an ihr eigenes Arbeiten sieht

... bereit ist, für jedes Kind seinen Schwächen und Stärken (!) entsprechend den geeigneten Förderansatz auszuwählen

... in der Lage ist, laufend zu überprüfen, ob sie zusammen noch auf dem richtigen Weg sind,

kann sie dem einzelnen Kind wirklich helfen. Das ist unser Wunsch für Kinder, Eltern und Förderkräfte.

Kapitel 8: Das Wichtigste in Kürze

- Es gibt eine ganze Reihe sinnvoller Übungen, mit denen Sie Ihr Kind beim Aufbau mathematischer Kompetenz begleiten können – oft „ganz nebenbei" und spielerisch.
- Schulischer Förderunterricht dient neben der fundierten und individualisierten Vermittlung mathematischer Kompetenzen auch der emotionalen Sicherung des Kindes.
- Für Kinder mit ernsten Problemen beim Rechnenlernen gibt es mittlerweile einige Förderprogramme, die in Fördergruppen an der Schule, in Beratungsstellen oder sonstigen Einrichtungen in Kleingruppen durchgeführt werden können.
- Der Erfolg solcher Förderprogramme steht und fällt mit der Sachkenntnis der Person, die es anwendet – mit deren Motivation und Bereitschaft, auf jedes Kind mit seinen individuellen Schwierigkeiten und den individuellen Ursachen für seine Schwierigkeiten einzugehen.

Info-Magazin

▶ Glossar
▶ Nützliche Adressen
▶ Literaturhinweise

Glossar

Abakus: Rechenbrett für die vier Grundrechenarten mit frei beweglichen Rechensteinen

Addition: Plus-Rechnen *(5 + 8 = 13)*

Arbeitsgedächtnis: Ermöglicht die kurzfristige Speicherung und Bearbeitung von Informationen über wenige Sekunden.

Basisnumerische Verarbeitung, auch Zahlenverarbeitung: Bezieht sich u. a. auf das Lesen und Schreiben arabischer Zahlen, das Verständnis des Stellenwertsystems, den Aufbau eines inneren Zahlenstrahls, den Zahlensinn („Wie viel?") und das Erfassen von Zahlbeziehungen.

Division: Geteilt-Rechnen *(9 : 3 = 3)*

Eins-zu-eins-Zuordnung: Frühe Methode zum Mengenvergleich, wobei Elemente der beiden Mengen jeweils paarweise einander zugeordnet werden.

Einspluseins, auch „kleines Einspluseins": Bezeichnet rasch abrufbare Rechenergebnisse „kleiner Aufgaben" (z. B. *3 + 4 = 7)*, die als Faktenwissen im Langzeitgedächtnis niedergelegt sind.

Faktenwissen: Siehe kleines Einspluseins; auch das Einmaleins ist im Langzeitgedächtnis gespeichert.

Grundrechenoperationen: Plus-, Minus-, Mal- oder Geteilt-Rechnungen

Hunderter-Raum: Zahlenraum von 0 bis 100

Kardinalzahl: Aspekt des Zahlbegriffs, der sich auf den numerischen Wert einer Zahl, also die Mächtigkeit der zugehörigen Menge, bezieht. (Zur 5 gehören fünf Dinge.)

Klassifikation: Ordnung in Gruppen nach vorgegebenen Kriterien

Kommutativgesetz = Vertauschungsgesetz: Bei Additions- und Multiplikationsaufgaben darf die Reihenfolge der beteiligten Operanden (Rechenzahlen) vertauscht werden *(5 + 3 = 3 + 5; 4 · 5 = 5 · 4)*.

Konzeptuelles Wissen: Meint das Verständnis arithmetischer Prozeduren und bezieht sich somit auf das *Warum* der Lösungsprozedur.

Langzeitgedächtnis: Speichersystem zur langfristigen Speicherung und zum raschen Abruf von Informationen

Mengen-Zahlen-Kompetenzen: Verknüpfung von Mengenwissen und Zahlenwissen. Entspricht der Mengenbewusstheit von Zahlen.

Monitoring: Überwachung ablaufender (Rechen-)Prozesse

Multiplikation: Malnehmen *(3 · 4 = 12)*

Ordinalzahl: Aspekt des Zahlbegriffs, der sich auf die Position einer Zahl in der Zahlwortreihe bezieht

Platzhalteraufgaben: Rechenaufgaben, bei denen einer der Operanden (Rechenzahlen) durch ein Platzhaltersymbol ersetzt ist, z. B.: *4 + □ = 12*. Die Lösung solcher Aufgaben erfordert ein Verständnis der Zahlbeziehungen.

Prozedurales Wissen: Wissen um die Abfolge der Lösungsschritte (Algorithmen) bei mehrgliedrigen Rechnungen *(Wie geht es?)*

Relationalzahl: Aspekt des Zahlbegriffs, der sich darauf bezieht, dass der Unterschied zwischen zwei Zahlen wiederum als Zahl ausgedrückt werden kann.

Seriation: Ordnung nach einem Kriterium, das sich in auf- bzw. absteigender Größe darstellt

Stellenwertsystem: Bezieht sich auf das arabische Notationssystem, also die Zahlenschreibweise mit Einer-, Zehner-, Hunderterstelle etc.

Subitizing: Rasche Erfassung kleiner Mengen bis zu vier Elementen

Subtraktion: Minus-Rechnen *(9 - 5 = 4)*

Tausender-Raum: Zahlenraum von 0 bis 1000

Veranschaulichungsmaterial: Würfel, Ketten o. ä. Material, das zur visuellen Erfassung von Mengen und den zugehörigen Zahlen bzw. Rechenoperationen mit diesen dienen soll

Vorläufermerkmale, Vorläuferfertigkeiten: Fähigkeiten oder Fertigkeiten, die beispielsweise dem Verständnis der Grundschulmathematik vorausgehen und z. T. hohen Vorhersagewert besitzen

Zahlbeziehungen: Aspekt des Zahlbegriffs, der eine wesentliche Grundlage des Rechnens als Manipulation von Mengen darstellt: Zahlen sind keine Eigennamen, sondern sie stehen in Beziehungen zueinander. So besteht die Beziehung zwischen den Zahlen 3 und 8 in der Anzahl fünf, um die diese sich unterscheiden. Siehe Relationalzahl.

Zahlstruktur: Bezieht sich auf die Zusammensetzung einer Zahl aus kleineren Zahlen, so wie Mengen aus Teilmengen zusammengesetzt sind

Zahlsymbol: Ziffer zur symbolischen Darstellung eines Zahlwortes: „1" steht für „eins".

Zahlwortreihe: Abfolge der Zahlwörter (eins, zwei, drei, vier ...)

Zehner-Raum: Zahlenraum von 0 bis 10

Nützliche Adressen

Ansprechpartner für Eltern, Lehrkräfte und zur Therapeutensuche

Deutschland

Bundesverband Legasthenie und Dyskalkulie (BVL)
c/o EZB Bonn
Postfach 201338
53143 Bonn
www.bvl-legasthenie.de

Schweiz

Verband Dyslexie Schweiz
Edenstrasse 20
8027 Zürich
www.verband-dyslexie.ch

Österreich

Berufsverband Akademischer Legasthenie-Dyskalkulie-TherapeutIinnen
c/o Angelika Pointner
Moos 72
5431 Kuchl
Österreich
www.legasthenie-dyskalkulie.at

Weiterführende Literatur

Schneider, W., Küspert, P. & Krajewski, K. (2016). Die Entwicklung mathematischer Kompetenzen. Paderborn: Schöningh / UTB.

Landerl, K. & Kaufmann, L. (2013). Dyskalkulie: Modelle, Diagnostik, Intervention. München: Reinhardt.

Gaidoschik, M. (2014). Rechenschwäche – Dyskalkulie. Eine unterrichtspraktische Einführung für LehrerInnen und Eltern. Hamburg: Persen.

Dipl.-Psych. Dr. Petra Küspert: Neue Strategien gegen Legasthenie

Lese- und Rechtschreibschwäche: Erkennen, Vorbeugen, Behandeln

Vielen Kindern fallen das Lesen und die Rechtschreibung schwer, obwohl sie eigentlich einen aufgeweckten und intelligenten Eindruck machen: Sie leiden unter der Lese- und Rechtschreibschwäche, auch Legasthenie genannt. Leider wirkt sich diese Schwäche in der Schule nicht nur auf den Sprachunterricht aus, sondern auch auf andere Fächer.
Dieses Buch zeigt, wie Eltern, Erzieher und Therapeuten helfen können. Es erklärt Ursachen und Auswirkungen und gibt Ihnen die Möglichkeit auch schon im Kindergarten und im Vorschulalter Signale zu erkennen, die auf eine mögliche spätere Lese- und Rechtschreibschwäche hindeuten. Dieses Buch ist nach eingehender Überarbeitung auf dem neuesten wissenschaftlichen Stand.

Hardcover, 192 Seiten, 4-fbg. Fotos, 19.90 € [D], 20,50 € [A], ISBN 978-3-934333-12-3

www.oberstebrink.de

OBERSTEBRINK

Die Ratgeber von Oberstebrink sind leicht verständlich und unterhaltsam geschrieben. Alle Autoren sind erfahrene Experten für das Thema ihres Buches.
Deshalb werden die Bücher laufend von Kinder- und Jugendärzten, Hebammen, ErzieherInnen, LehrerInnen und FamilientherapeutInnen eingesetzt und empfohlen.

Das A•D•S-Buch
Neue Konzentrationshilfen für Zappelphilippe und Träumer

Aust-Claus/Hammer
Hardcover, 320 Seiten
4-fbg. Abb. und Illustr.
19,80 € [D], 20,40 € [A]
ISBN 978-3-9804493-6-6

Das A•D•S-Erwachsenen-Buch
Neue Konzentrations- und Organisationshilfen für Ihr Berufs- und Privatleben
Aust-Claus/Claus/Hammer
Hardcover, 352 Seiten
4-fbg. Abb. und Illustr.
19,80 € [D], 20,40 € [A]
ISBN 978-3-934333-06-2

Stark von Anfang an
Kinder auf dem Weg zur Resilienz begleiten

Haug-Schnabel/Schmid-Steinbrunner
Hardcover, 246 Seiten
19,90 € [D], 20,50 € [A]
ISBN 978-3-934333-45-1

So sag ich's meinem Kind
Wie Kinder Regeln fürs Leben lernen
Adele Faber/Elaine Mazlish
Hardcover, 272 Seiten
4-fbg. Fotos
22.90 € [D], 23,60 € [A]
ISBN 978-3-934333-41-3

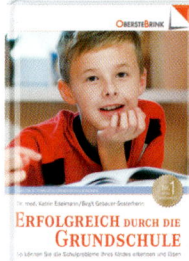

Erfolgreich durch die Grundschule
So können Sie die Schulpropleme Ihres Kindes erkennen und lösen
Gebauer-Sesterhenn/Edelmann
Hardcover, 282 Seiten
mit farbigen Fotos
22,90 € [D], 23,60 € [A]
ISBN 978-3-934333-43-7

Auch das Lernen kann man lernen
Was Sie tun können, damit Ihr Kind gut und gern lernt

Aust-Claus/Hammer
Hardcover, 160 Seiten
4-farbig mit Fotos
19,95 € [D], 20,50 € [A]
ISBN 978-3-934333-52-9

www.oberstebrink.de